NOWITZKI

Peter Sartorius

Joachim Mölter

Dirk Nowitzki

Rowohlt

1. Auflage Juni 2008
Copyright © 2008 by Rowohlt Verlag GmbH,
Reinbek bei Hamburg
Alle Rechte vorbehalten
Lektorat Harald Krämer und Uwe Naumann
Innengestaltung Joachim Düster
Lithographie Grafische Werkstatt Susanne Kreher
Satz aus der Quadraat und Meta PostScript
bei KCS GmbH, Buchholz bei Hamburg
Druck und Bindung CPI – Clausen & Bosse, Leck
Printed in Germany
ISBN 978 3 498 04689 7

INHALT

Kapitel 1 Die Operation
Entscheidende Tage im Juni 1998   7
Dirk Nowitzki: «Go, do it! Go to the Mavs!»   39

Kapitel 2 Die Weissagung
Erste Ahnungen von Größe   45
Dirk Nowitzki: «Zwei Meter sieben – kein Grund, panisch
zu werden»   64

Kapitel 3 Der Bazillus
Ein Querdenker und sein Institut für angewandten Unfug   71
Dirk Nowitzki: «Holger Geschwindner ... für mich der Beste
der Welt»   106

Kapitel 4 Der Konzern
4,85 Millionen für eine Unterschrift   113
Dirk Nowitzki: «Zum Abschied heulte die Mutter und die
Freundin auch»   131

Kapitel 5 Schweres Wetter
Ein Anfang voller drückender Lasten   135
Dirk Nowitzki: «Es ging drunter und drüber in meinem
Kopf»   160

Kapitel 6 Victory Lane
Mit den Mavericks auf der Siegesstraße   169
Dirk Nowitzki: «Am beeindruckendsten war, gegen
Michael Jordan anzutreten»   192

Kapitel 7 Showtime
Bühnenwechsel und ein außerirdischer
Auftritt   197
Dirk Nowitzki: «Was mich schockiert hat: dass auch
Steve Nash ging»   216

Kapitel 8 Showdown
Fiskus, Finale und der große Frust   223
Dirk Nowitzki: «Ich fühlte mich ohnmächtig, ausgeliefert»   252

Kapitel 9 Der Traum
Olympia, einmal dabei sein ...   259
Dirk Nowitzki: «Alle wollen den nächsten Nowitzki finden»   281

Kleines Glossar der Basketballbegriffe   286

Bildnachweis   288

Entscheidende Tage im Juni 1998

Es war Freitag, später Vormittag, als die drei Amerikaner auf dem Frankfurter Flughafen Rhein-Main eintrafen. Sie erreichten ihr Ziel fast zur gleichen Zeit, kamen aber aus unterschiedlichen Richtungen. Alle drei hatten es eilig. Man schrieb den 26. Juni 1998. Das Wochenende stand bevor, und den Reisenden blieben gerade noch vier Tage, um eine Zusage zu erlangen, von der die Zukunft ihres Unternehmens abhängen konnte. Denn vom 1. Juli an würde ein Arbeitskonflikt in ihrer Branche ihre Aktivitäten vermutlich auf Monate hinaus blockieren.

An der gläsernen Schiebetür hinter der Zollabfertigung wartete auf sie ein Deutscher namens Holger Geschwindner, von Beruf selbständiger Projektentwickler, ein Mann, wortkarg, hager und verschlossen wirkend wie Clint Eastwood in seinen Rollen auf der Leinwand. Im Auto war er herübergekommen von dem fränkischen Ort Peulendorf, wo er den Flügel eines vom Alter gezeichneten ockergelben Schlosses bewohnte, das wegen seiner Abgeschiedenheit den Bamberger Bischöfen in den Zeiten der großen Pest, so heißt es, als Refugium gedient hatte. Die Amerikaner wussten, dass Geschwindner die Schlüsselfigur ihrer Operation sein würde. Aber sie durften nicht sicher sein, mit ihm ins Geschäft zu kommen, obwohl sie mit einem Angebot lockten, das eigentlich nicht abzulehnen war. Um einen Vertrag ging es, der mit knapp fünf Millionen Dollar dotiert war, eine Laufzeit von drei Jahren hatte und eine Option enthielt, die weitere zweieinviertel Millionen Dollar wert war. Freilich betraf das

Angebot nicht Geschwindner selbst, sondern einen soeben 20 Jahre alt gewordenen jungen Mann, als dessen Interessenvertreter der Mann aus Peulendorf auftrat.

Was die drei Amerikaner betraf, auf die er wartete – noch 24 Stunden zuvor hatte er keine Ahnung, dass sie es sein würden, die ihn zu sprechen wünschten. Klar, Amerikaner würden mit ihm Kontakt aufnehmen wollen. Er rechnete mit Leuten aus Milwaukee. Hinweise darauf hatte Geschwindner von einem Bekannten in Kalifornien bekommen, der seine Kenntnis wiederum aus dem amerikanischen Fernsehen bezog. Milwaukee, das hatte eine gewisse innere Logik. Schließlich ging es darum, Geschwindners Klienten nach Amerika zu holen. Und der würde ausgezeichnet nach Milwaukee passen. Jemand, der einerseits Deutscher ist und andererseits einen polnisch klingenden Namen trägt – so einer würde in Milwaukee gut ankommen. Denn die Geschichte der Stadt ist geprägt von deutschen und polnischen Einwanderern. Jedenfalls, Holger Geschwindner war noch am Morgen des 25. Juni im Glauben gewesen, mit Abgesandten aus Milwaukee über eine Verpflichtung des von ihm betreuten Basketballtalents Dirk Nowitzki nach Amerika zu verhandeln.

Doch dann erreichte Geschwindner ein paar Stunden später ein neuerlicher Anruf, der alles in einem ganz anderen Licht erscheinen ließ. Das Telefonat kam aus Texas und besagte, dass er Besuch aus Dallas bekommen würde, auch wenn, wie sich herausstellte, dann nur zwei der drei Besucher auf direktem Weg aus der Stadt kamen, in der 1963 Präsident John F. Kennedy erschossen worden war. Der dritte brach zu dem hastigen Trip in der französischen Stadt Nizza auf, im Privatflugzeug, einer schneeweißen, zweistrahligen Düsenmaschine vom Typ Falcon 50, wie sie Top-Manager und Multimillionäre für Reisen rund um die Welt benutzen.

Kapitel 1

Dallas-Coach Don Nelson (Mitte) mit Holger Geschwindner und
Dirk Nowitzki im Juni 1998 in Peulendorf

Die Operation

Ross Perot jun. (3. v. l.) mit Don Nelson, Donnie Nelson, Dirk Nowitzki und dessen Vater Jörg 1998 in Würzburg vor der Trainingshalle

Kapitel 1

Unbekannt war Geschwindner indes keiner der drei Amerikaner. Mit einem von ihnen war er bereits zuvor zusammengetroffen, dem jüngsten, einem Mann namens Donnie Nelson, von dem er annehmen durfte, dass er ihm im schwarzseidenen Anzug, mit Cowboystiefeln und Baseballkappe in der Ankunftshalle des Flughafens entgegentreten würde. Jedenfalls fällt es schwer, sich Donnie Nelson mit weniger extravaganten Requisiten seines Egos vorzustellen. Er war im internationalen Basketballsport eine vertraute Erscheinung. In seinem Hauptberuf war er Assistenzcoach einer professionellen amerikanischen Mannschaft. Nebenher betreute er als eine Art Entwicklungshelfer seit Jahren die Nationalmannschaft Litauens und zeitweise auch diejenige Chinas.

Auf dem Flug nach Frankfurt begleitete er seinen Vater Don Nelson, einen massigen Mann mit schaufelartigen Pranken, der zur besseren Unterscheidung von seinem Sohn auch Nellie genannt wird. Oder auch einfach Coach. Natürlich wusste Geschwindner, dass dieser Don Nelson im amerikanischen Millionengeschäft Basketball einer der erfahrensten Trainer war, mit einer Erfolgsbilanz wie kaum ein anderer. Schließlich war Geschwindner selbst Basketballer gewesen, ein ganz Großer auf nationaler Ebene, Kapitän der deutschen Olympia-Mannschaft von 1972. Am Ende seiner sportlichen Karriere hatte der studierte Mathematiker eine berufliche Existenz aufgebaut, aber in Altherrenteams weiterhin Körbe geworfen. Einmal, im Jahr 1994, fuhr er zu einem Spiel nach Schweinfurt, und es sollte sich herausstellen, dass dies einer jener Tage war, die Lebensläufe verändern. Als Geschwindner mit seiner Mannschaft eintraf, war die Sporthalle noch von Jugendlichen besetzt. Was blieb ihm übrig, als sich die Zeit damit zu vertreiben, ihnen zuzuschauen? Und dabei, wird er später sagen, sei er auf diesen langen, dünnen Jungen aufmerksam geworden – ein außerge-

Die Operation

wöhnliches Talent schon auf den ersten Blick. Geschwindner ließ dies die Eltern wissen und bot ihnen an, sich des Jungen anzunehmen. Die Eltern waren einverstanden, und der Projektentwickler Geschwindner machte sich daran, sein größtes Projekt zu entwickeln, ein ganz privates, das Projekt Nowitzki.

Holger Geschwindner kannte natürlich auch den Namen des dritten Amerikaners, der ihn so dringend sprechen wollte. Aber wer kannte den nicht? Ross Perot. Das war doch der Mann, der sich um das Präsidentenamt der Vereinigten Staaten beworben hatte, der Ölmilliardär aus Texas, der kleine Mann, dessen Markenzeichen ein kahler Schädel und ziemlich große Ohren sind und der einst auch dadurch weltweit von sich reden gemacht hatte, dass er Firmenangehörige, die im Iran als Geiseln gefangen gehalten wurden, in einem von ihm selbst angeführten Kommandounternehmen gewaltsam befreien wollte. Heute räumt Holger Geschwindner gern ein, dass er ziemlich perplex war, als er sich auf dem Frankfurter Flughafen einem Ross Perot gegenübersah, der weder einen kahlen Schädel noch große Ohren hatte und auch deutlich jünger war als erwartet. Ross Perot stellte sich als Ross Perot jun. vor, als Sohn des Ölmagnaten.

Wie sein Vater hatte es auch der jüngere Perot zu bemerkenswertem Wohlstand gebracht, wozu sicher auch das Geld und der Einfluss seiner Familie beitrugen. Er hatte einen weltweit operierenden Konzern aufgebaut, zu dessen Geschäft es gehört, brachliegendes Land zu erwerben, es nutzbar zu machen und mit Gewinn weiterzuveräußern oder zu bebauen – ein risikoreiches Millionenspiel auf Feldern, die in Acre vermessen werden. Zusätzlich zu den 3000 Acre Weideflächen, die ohnehin im Besitz seiner Familie waren, hatte Ross Perot jun. Mitte der achtziger Jahre 15 000 Acre Grasland zwischen Dallas und der als Viehmarkt groß gewordenen Nachbarstadt Fort Worth aufgekauft.

18 000 Acre sind mehr als 7000 Hektar oder mehr als 70 Quadrat-
kilometer, und Perot spekulierte, dass dieses weite Land schnell
Bedeutung als Umschlagplatz für Güter bekommen würde, mit
denen der halbe Süden der USA beliefert werden konnte. Denn
in unmittelbarer Nachbarschaft war der internationale Flughafen für Dallas und Fort Worth gebaut worden und hatte sich zu einem der großen Luftverkehrskreuze Amerikas entwickelt. Ross
Perot besorgte sich finanzkräftige Partner und ließ nicht weit
entfernt von Dallas/Fort Worth International Airport einen zweiten Flughafen in das flache Land legen, einen Cargo Airport,
ausschließlich dazu gedacht, Handelsgüter heranzuschaffen.
Es war eine Milliardeninvestition, aber sie lohnte sich. Weltkon-
zerne wie Nestlé, die großen amerikanischen Kaufhausketten
und auch deutsche Autohersteller wie Audi oder VW siedelten
sich an. Aus dem Weideland, das Perot gehörte, wurde über
Nacht erstklassiges Bauland für alle von den beiden Flughäfen
abhängigen Industrien und auch für neue Vorstädte von Dallas,
das zu den am schnellsten wachsenden Metropolen Amerikas
zählt und mittlerweile Zentrum eines Ballungsraums von mehr
als sechs Millionen Einwohnern ist.

   Mitte der neunziger Jahre fiel Ross Perots Blick auf ein weiteres Stück Land, ein vergleichsweise winziges Stück verwildertes
Terrain, gerade einmal 72 Acre und damit weniger als ein Drittel
eines Quadratkilometers groß. Es war ein Abladeplatz für allerlei Unrat mit den Resten eines längst aufgelassenen Kraftwerks
darauf sowie einem verrosteten Getreidesilo, in den sich seit
Jahren niemand mehr hineingetraut hatte, weil in seinem Inne-
ren gefährliche Dämpfe vermutet wurden. Das Gelände, eingeklemmt zwischen Highways, war ein Schandfleck für die Stadt.
Aber einer in exklusiver Lage, unmittelbar am Fuß der Wolken-
kratzer von Downtown Dallas. Und dies war es, was bei Ross
Perot mindestens so große Visionen weckte wie zuvor bei dem

Die Operation

14

Ein neues Stück Downtown Dallas vor der Kulisse von Wolkenkratzern: das American Airlines Center

Kapitel 1

riesigen Weideland neben dem Dallas/Fort Worth International Airport. Auch hier, nahe den verspiegelten Bürotürmen von Dallas, konnte wertvollstes Bauland geschaffen werden. Wenn das Terrain erst einmal gerodet und der Boden von seinen Giften befreit war, konnten auf dem Areal Hotels und Bürohochhäuser für die prosperierende Stadt aus dem Boden wachsen, neben Luxusapartments und einem Bahnhof für eine Schnellverbindung von Dallas zum Großflughafen und weiter bis nach Fort Worth. Und eine Flaniermeile mit Boutiquen würde auch dorthin passen, als Verbindungsglied zwischen den Museen und Galerien des Art District und den Fabrikationsstätten des Design District der Stadt.

Mit solchen Überlegungen hatte es zu tun, dass Ross Perot jetzt in aller Hast geschäftliche Besprechungen an der französischen Riviera unterbrach, um mit seiner Falcon 50, beinahe mit Schallgeschwindigkeit, zum Blitzbesuch nach Deutschland aufzubrechen. Natürlich würde das Urbanisierungsprojekt nicht Thema der Begegnung mit Holger Geschwindner und Dirk Nowitzki sein. Nicht einmal erwähnt würde es werden, Ross Perot würde gar nicht die Zeit dazu haben. Noch am gleichen Nachmittag musste er zurück nach Frankreich. In den paar Stunden einer Stippvisite in Würzburg wollte er sich bloß bei Nowitzki vorstellen und dessen Eltern versichern, wie wichtig es ihm war, dass ihr Sohn nach Dallas käme, zu den Mavericks, den Profis des lokalen Basketballklubs, die von Nellie und Donnie Nelson gemanagt und trainiert wurden. Denn Ross Perot war, neben allem anderen, auch Besitzer dieser Mavericks. Er hatte sie zwei Jahre vorher gekauft.

Es gehört zu den Eigenheiten des amerikanischen Sportsystems, dass Milliardäre Profisportklubs in ihr Portfolio nehmen und meist als persönliches Spielzeug ansehen, das zudem Profit verspricht. Das gilt auch für die Klubs der National Basket-

Die Operation

ball Association, die Weltstars wie Michael Jordan, Larry Bird oder Earvin «Magic» Johnson hervorgebracht hat und deren Kürzel NBA heute für eine der am besten organisierten Sportligen der Welt steht. Für Ross Perot sind die Dallas Mavericks freilich niemals Spielzeug gewesen. Dem Sport steht er eher distanziert gegenüber. Er machte nie ein Hehl daraus, dass für ihn der Klub lediglich im Hinblick auf die Entwicklung der erworbenen 72 Acre Ödland interessant war. Perot brauchte den Klub. Und zusätzlich brauchte er die Partnerschaft mit Tom Hicks, einem weiteren Milliardär aus der Stadt, der später von sich dadurch reden machen sollte, dass er nach dem Vorbild des russischen Ölmagnaten Roman Abramowitsch im englischen Fußball als Großaktionär des FC Liverpool einstieg. Als er die Partnerschaft mit Perot einging, gehörte ihm bereits die Baseballmannschaft der Texas Rangers. Aber auch die Dallas Stars, ein Eishockeyteam der National Hockey League, waren im Besitz von Tom Hicks.

Mit der Hilfe der Dallas Stars und der Dallas Mavericks, so Perots Kalkül, konnte der tote Streifen Land unterhalb der Büroriesen von Downtown Dallas schnellstmöglich zum Leben erweckt werden. Es bedurfte eines steinernen Symbols für die Entwicklungsmöglichkeiten des Ödlands. Und war es nicht so, dass man im sportbegeisterten Dallas seit langem jammerte, dass hier keine Halle von der Größe und Ausstattung zur Verfügung stand, wie sie standesgemäß für ein Profiteam im US-Sportbusiness ist? Die Mavericks ebenso wie die Stars brauchten ein anspruchsvolleres Domizil als die veraltete Reunion Arena, in der sie ihre Spiele austrugen. Sie brauchten eine Halle mit mindestens 20 000 komfortablen Sitzplätzen und mit allen Hightech-Installationen, die in Amerika Sportveranstaltungen zur dröhnenden Technoshow machen.

Das Puzzle nahm Gestalt an. Mit Tom Hicks kam Ross Perot

überein, dass auf seinem Grund die beiden Klubs gemeinsam eine Arena von den Ausmaßen des berühmten Madison Square Garden in New York bauen sollten. Aber nur erfolgreiche Mannschaften würden die Ränge eines solch modernen Kolosseums füllen. Hicks' Eishockeystars waren dies. Perots Basketballer waren es nicht. Eine Mannschaft waren sie, die über eine Statistenrolle in der NBA nicht hinauskam. Perot wollte sie siegen sehen, nicht nur, damit die Fans die neue Halle füllten, sondern auch, weil er die Besitzrechte an den Mavericks wieder abgeben wollte, wenn die neue Bühne bereitstand. Ein Winner verkauft sich besser als ein Loser. Um aus Verlierern Gewinner zu machen, holte er die beiden Nelsons nach Dallas, den großen Coach und den Weltreisenden in Sachen Basketball. Er erwartete von ihnen, dass sie für ihn ein Team zusammenstellen würden, das der neuen Spielstätte würdig war.

Aber anders als im großen, weltweiten Fußballgeschäft können in Amerikas Profisport Siege nicht durch Millioneninvestitionen erkauft werden. Sportlicher Erfolg, so das Grundprinzip im amerikanischen Sportbusiness, darf nicht abhängig sein von den finanziellen Möglichkeiten eines Klubs. Ebenso wie die anderen Ligen veranstaltet die NBA deshalb jährlich die sogenannte Draft, auf der sie an die einzelnen Klubs Exklusivrechte für Vertragsverhandlungen mit Talenten aus dem Amateurlager vergibt. Damit die Wettbewerbsfähigkeit aller Teams gewährleistet ist, werden dabei diejenigen bevorzugt, die in der abgelaufenen Saison am schlechtesten abgeschnitten haben. Als Erste dürfen sie einen Wunschspieler benennen, den sie unter Vertrag nehmen wollen. Die Erfolgreicheren müssen sich hinten anstellen, müssen bei der Draft – der Einberufung, wie sich der Begriff sinngemäß übersetzen lässt – nehmen, was übrigbleibt. Nach der ersten Runde geht das Spiel von neuem los, und wieder sind die schwächeren Klubs bevorzugt.

Die Operation

In den Wettbüros von Las Vegas bis Atlantic City werden Millionen Dollar auf den Ausgang dieser Spielerziehung gewettet, und am Tag der Entscheidung sind die Live-Kameras der Fernsehsender auf die Bühne gerichtet, auf der von den Profiteams geerntet wird, was auf den Spielfeldern der amerikanischen Colleges herangereift ist. Und nicht nur dort. Früher war es zwar tatsächlich nur der Nachwuchs aus den Hochschulen der USA, deren Sportmannschaften den Unterbau der Profiligen bilden. Inzwischen schwärmen jedoch besonders im Basketball die Talentsucher auf der ganzen Welt aus, um Muskeln, Gelenkigkeit, Willensstärke, Führungsqualität junger Spieler zu prüfen. Die ermittelten Informationen füllen Datenbanken im Computer. Die Maschine vergleicht das Potenzial von Talenten mit dem Profil und den Leistungsdaten früherer Profis, analysiert und rechnet hoch, wer am besten den Anforderungen entspricht. Der Mensch im Suchraster einer seelenlosen Maschine, auch wenn es am Ende das menschliche Gehirn ist, das den Ausschlag gibt, der Instinkt der Scouts und Coaches, deren Erfahrung und scharfes Auge.

Für wen sich die Klubs dann bei der Draft entscheiden, ist ein aufregendes Spiel, das mit Raffinesse und Pokerface betrieben wird. Seine eigentliche Dramatik erhält es aber erst dadurch, dass die Klubs mit den ihnen zugeteilten Draft-Rechten wie mit Aktien handeln können. Da wird ein hochwertiges frühes Ziehungsrecht eingetauscht gegen eine Anzahl weniger attraktiver Rechte eines anderen Klubs oder auch gegen Rechte, die erst im folgenden Jahr oder noch später wahrgenommen werden können. Oder man gibt ein Recht an einen anderen Klub ab und übernimmt dafür von diesem einen Spieler, der sich bereits als Profi bewährt hat. Alles Verhandlungssache. Und, natürlich, geheime Kommandosache. Niemand weiß genau, welcher Klub welchen Kandidaten im Auge hat oder ob ein Klub, der gerade an die Reihe kommt, in einer Blitzaktion, buchstäblich in der letzten Minute, sein Ziehungsrecht noch tauscht. Jedes Mal, wenn ein Klub einen Namen auf der Liste aufgerufen hat, entsteht eine neue Situation, auf welche die nachfolgenden Klubs blitzschnell reagieren müssen. Wer ist noch frei? Wer passt noch in die eigenen Vorstellungen? Oder gilt es, ganz neue Überlegungen anzustellen?

Als am 24. Juni 1998 die Draft der NBA über die Bühne ging, saßen die beiden Nelsons für die Mavericks am imaginären Pokertisch. Aber Don Nelson kam sich in den entscheidenden 15 Minuten vor, als sei er auf dem elektrischen Stuhl angeschnallt und jemand lege gleich den Hebel um. So erzählt er es. In der fürchterlichen Angst habe er damals gelebt, dass das Zukunftskonzept des Klubs zunichtegemacht werden könnte. Wie weggeblasen war die Zuversicht, von der er und auch sein Sohn Donnie erfüllt waren, als sie sich ein trickreiches Spiel ausgedacht hatten, nämlich sich ihren Wunschspieler auf der Draft List zu sichern und obendrein einen etablierten, aber noch jungen Profi aus einem anderen Klub als eine Art Zugabe zu bekommen, den Kanadier Steve Nash vom Konkurrenz-Klub Phoenix Suns.

Die Draft fand in Vancouver statt, weil die NBA auch in Kanada ein Team stehen hat. Aber Vater und Sohn Nelson hatten daheim in Dallas, in den Büros der Mavericks, ihren Kommandostand eingerichtet. Don Nelsons Assistenten standen bereit, den Head Coach mit Infos und Daten zu versorgen. Man war telefonisch vernetzt mit anderen NBA-Teams. Eine zusätzliche Standleitung war zum Cap d'Antibes bei Nizza eingerichtet worden, wo Ross Perot, der Klubeigner, versuchte, die Kontrolle über das Geschehen zu behalten.

Die Mavericks, die, wie schon in den Jahren zuvor, als Verliererteam frühzeitig an der Reihe waren, die Hand auf einen Spieler zu legen, hatten alles getan, um ihre Strategie zu verschleiern. Bekannt war zwar, dass Dirk Nowitzki der Wunschkandidat Don Nelsons war. Aber nur eigentlich. Denn bekannt war auch, dass Holger Geschwindner seinen Schüler in Vancouver zwar draften lassen, ihn aber danach vermutlich keinen Vertrag unterschreiben lassen würde, weil er es lieber sah, wenn der junge Mann zunächst noch zwei Jahre in Europa spielte und erst dann in die NBA einstieg. Nur unter der Bedingung, dass durch geschickten Tauschhandel noch ein zweiter junger Spieler verpflichtet werden konnte, einer, der sofort verfügbar war, hatte Ross Perot seinem Generalmanager und Coach Don Nelson erlaubt, sich um die Rechte für Verhandlungen mit Nowitzki zu bemühen. Don Nelson entwickelte daraufhin eine Strategie, die viel damit zu tun hatte, dass er zuvor Coach der Milwaukee Bucks gewesen war und sein Sohn Donnie Assistant Coach der Phoenix Suns, bevor sie beide nach Dallas wechselten.

Im Alten Schloss von Peulendorf war man ahnungslos, was Nelson plante. Holger Geschwindner und Dirk Nowitzki warteten in Geschwindners Wohnzimmer, der früheren Schlosskapelle, eher gelassen auf den Ausgang der Draft. Dirk war längst nicht mehr der dünne Bub, den Geschwindner in Schweinfurt gesehen hatte. Er war gewachsen, in jeder Hinsicht. Wenn man so will: über sich selbst hinaus. Er war dabei, mit seiner Größe von zwei Metern und dreizehn Zentimetern nach den Sternen zu greifen. Deutscher Junioren-Nationalspieler war er geworden. Und in San Antonio, Texas, war er in eine Weltjugendauswahl berufen worden und hatte dort derart brilliert, dass amerikanische Reporter nachher von einem «German Wunderkind» schwärmten. Es war, im Übrigen, bei diesem Anlass, dass die Nelsons Nowitzkis Potenzial erkannt hatten. Denn die Auswahl hatte nicht nur in Dallas trainiert, sondern war auch von Donnie Nelson betreut worden.

In der deutschen Basketballszene hatte Holger Geschwindners Entscheidung, den Jungen auf die Draft List zu setzen, indes Unverständnis ausgelöst. Noch nie hatte es etwas Vergleichbares gegeben, auch wenn schon Deutsche in der NBA Fuß gefasst hatten. Vor allem Detlef Schrempf, aber auch Uwe Blab und Christian Welp. Doch alle drei hatten sich an amerikanischen Colleges auf ihre Profikarriere vorbereitet. Dirk Nowitzki hingegen hatte diese harte Schule nicht durchlaufen, in Deutschland noch nicht einmal in einem Top-Verein gespielt. Was hatte er jetzt schon auf der Bühne zu suchen, auf der Michael Jordan, bestaunt wie ein Weltwunder, seine Kunststücke zelebrierte und die schwarzen Spieler das Sagen hatten? Basketball, das war der Sport der Schwarzen aus dem Ghetto der Großstädte. Hinter den Käfiggittern trostloser Schulhöfe holten sie sich ihre artistische Fertigkeit und Härte, in den Turnhallen der High Schools und den Sportarenen der Colleges kämpften sie auch um ihre Lebenschancen und träumten den amerikanischen Traum. Und nun sollte auf dem Parkett der Profis Dirk Nowitzki gegen sie antreten, der als Erfahrung lediglich die Jahre bei einem Verein der katholischen Jugendbewegung mitbrachte? Und war Dirk mit seinen 20 Jahren nicht ohnehin zu jung? Die amerikanischen Neuprofis sind im Schnitt ein Jahr älter, wenn sie aus dem College kommen. War da also bei Holger Geschwindner Größenwahn, gar Hochstapelei im Spiel?

Aber Geschwindner wusste, was er tat. Der Mathematiker wollte den Stellenwert des Würzburger Jungen ermitteln. Wenn der Name Nowitzki vor der Draft bei all den Spekulationen, Hochrechnungen, Wetten nicht unter den Top-Kandidaten auftauchte, wollte er ihn wieder von der Liste nehmen. Aber er brauchte es nicht zu tun. Nowitzki wurde als ein Kandidat gehandelt, der aller Wahrscheinlichkeit nach gedraftet würde, noch bevor das erste Dutzend von Verhandlungsrechten verge-

Die Operation

ben war. Aber welcher Klub die Rechte erwerben würde – dies konnte niemand voraussagen.

Die Ungewissheit machte Dirk Nowitzki nicht nervös. Die Draft, die NBA – alles kam ihm, soweit es seine Person betraf, recht unwirklich vor. Noch betrieb er das amerikanische Spiel mit leichter Hand und in dem Bewusstsein, es jederzeit abbrechen zu können. Noch wurde er nicht von dem Gedanken heimgesucht, dass er seine Freunde und das vertraute Milieu würde aufgeben müssen, wenn er sich auf die NBA einließ. Welcher Klub es auch sein mochte, der in der Draft Rechte erwerben würde, die seine Person betrafen, er, Dirk Nowitzki, würde Herr des Verfahrens bleiben und damit auch Herr über seine Zukunft. Er brauchte sich nicht einem Diktat zu unterwerfen, sich nicht zu verkaufen. Er musste nicht über einen Vertrag verhandeln, wenn er dies nicht wollte. Er konnte nein sagen, ganz einfach: No, Sirs! Ganz ohne Begründung. Er konnte darauf hinweisen, dass er noch eine Zeitlang in Europa bleiben wollte, bevor er den Sprung über den Atlantik wagte. Amerika jedenfalls war für ihn noch weit, weiter als die viertausend Kilometer, die den neuen vom alten Kontinent trennen.

In den Stunden vor der Draft hatte er mit Geschwindner noch in der Schulturnhalle der fränkischen Marktgemeinde Rattelsdorf sein übliches Nachmittagstraining absolviert und sich danach mit seinem Lehrmeister unter die Rundbögen im Alten Schloss in Peulendorf begeben. Der Hausherr hatte Dirk absichtlich auf Distanz zur NBA gehalten und ihn nicht nach Vancouver geschickt, wo wie bei einer Oscar-Verleihung die Fernsehkameras sofort nach dem Jungen gesucht, sein Gesicht herangezoomt und seine Reaktion festgehalten hätten, sobald sein Name aufgerufen worden wäre. Bei einer Draft ausgewählt zu werden, von welchem Klub auch immer, ist einer der größten Tage im Leben eines College-Studenten. Aber Geschwindner lag nichts an Medienrummel. Deshalb blieben er und Dirk daheim und brauchten sich nach dem Rattelsdorfer Training noch nicht einmal zu beeilen, um an Nachrichten über das Geschehen in Vancouver zu kommen.

Als dort die Draft begann, war es in Peulendorf bereits nach Mitternacht.

Als es dann in Vancouver so weit war, ließen sich Geschwindner und Dirk sporadisch per Telefon von einem kalifornischen Kontaktmann informieren, wie sich die Dinge entwickelten. Die ersten acht Klubs gaben ihr Votum ab, darunter auch Dallas als sechster. Der Name Nowitzki war nicht gefallen. Erst nachdem der neunte Klub mit der Nennung seines Kandidaten an die Reihe gekommen war, rief Geschwindners Kontaktmann an: Es ist Milwaukee, es sind die Bucks!

Holger Geschwindner und Dirk Nowitzki hörten es ohne Enthusiasmus. Die Milwaukee Bucks, eine Mannschaft so gut wie viele andere, aber auch nicht besser, jedenfalls kein Name, wie ihn die Bulls aus Chicago, die Celtics aus Boston oder die Lakers aus Los Angeles hatten, die Großen der Szene. Und es war keine der attraktiven Städte, in der Dirk Nowitzki seine Profikarriere verbringen würde für den Fall, dass er sich mit den Bucks einigte. Aber das ist das Los der Rookies, der frisch rekrutierten Profis. Sie haben keine Wahl – außer «No» zu sagen und damit ganz auf die NBA zu verzichten. Alles, was Geschwindner und Nowitzki im Moment tun konnten, war, einen Atlas zu bemühen und sich zu vergewissern, dass Milwaukee unterhalb der kanadischen Grenze und nördlich von Chicago am Michigansee lag. Dann legten sie sich schlafen. Es war spät geworden.

Einige Stunden später aber dieser überraschende Anruf aus Dallas mit der Mitteilung, dass Don und Donnie Nelson sich gerade auf den Weg nach Würzburg machten und dass auch Ross Perot aus Nizza einfliegen würde. Und dass es die Dallas

Die Operation

Mavericks seien, welche das Recht erworben hatten, mit Dirk zu verhandeln.

Es dauerte eine Weile, bis man sich in Peulendorf von der Überraschung erholt hatte. Aber nachvollziehen konnte man dort nicht, was der Mavericks-Coach und sein Sohn alles eingefädelt hatten, um zum Ziel zu kommen. Unbekannt war ihnen zu diesem Zeitpunkt auch, dass die Nelsons zudem Steve Nash von Phoenix nach Dallas geholt hatten und damit Ross Perots Forderung nach einer zweiten erstklassigen Neuerwerbung erfüllten. Sie wussten auch nichts von dem Glücksfall, dass die Milwaukee Bucks ihre ganzen Hoffnungen auf einen College-Spieler aus Michigan gesetzt hatten, von dem sie überzeugt waren, er würde ihnen vor der Nase weggeschnappt – eine Sorge, die es den Mavericks ermöglichte, mit den Bucks ein profitables Geschäft abzuschließen. Es beinhaltete, dass die bei der Rechtevergabe als sechstes Team zum Zug kommenden Mavericks den Wunschspieler der Bucks draften sollten, während diese dann als Neunte im Gegenzug für Dirk Nowitzki votieren wollten, und dass beide Klubs unmittelbar darauf die Rechte auf Verhandlungen mit den beiden Spielern tauschten, um zu ihren ursprünglichen Wunschspielern zu kommen. Für die Mavericks stellte dies freilich ein hohes Risiko dar. Sie mussten damit rechnen, dass die Rechte für Verhandlungen mit Nowitzki bereits vergeben waren, wenn die Bucks ihre Stimme abgeben konnten. Deshalb verlangte Don Nelson eine Angstprämie dafür, dass er sich auf den elektrischen Stuhl begab. Und bekam sie. Die Bucks, die durch einen anderen, früheren Deal noch über eine weitere erstklassige Draft Choice verfügten, offerierten ihm dieses Ziehungsrecht als Entschädigung für das Risiko. Es war die Grundlage dafür, dass die Mavericks den Deal mit den Phoenix Suns hatten machen können, denn die hatten als Kompensation für die Freigabe von Nash zwei hochklassige Draft

Kapitel 1

Choices von den Mavericks verlangt. Nelson konnte den Suns die von den Bucks erworbene Draft Choice und eine eigene Draft Choice in der ersten Ziehungsrunde des darauffolgenden Jahres anbieten.

Und damit war der erste Teil des Manövers bereits gelungen. Dallas würde Nash bekommen. Aber auch Nowitzki?

Alle bei den Mavericks hielten den Atem an, nachdem Dallas für den Kandidaten der Bucks votiert hatte und die Entscheidungen zweier weiterer Klubs abwarten musste, die bei der Draft als siebter und achter Klub an die Reihe kamen. Es handelte sich um Sacramento und Philadelphia. Aber die vielleicht noch größere Gefahr, dass jemand vor den Bucks Hand auf Nowitzki legen würde, ging von den Boston Celtics aus, die kurz zuvor bereits Kontakt aufgenommen und Dirk bei einem Probetraining in Rom getestet hatten. Zwar waren die Celtics erst an zehnter Stelle und damit nach den Bucks an der Reihe. Aber würden sie nicht vielleicht ebenfalls rochieren, mit Sacramento oder Philadelphia, und den Bucks zuvorkommen? Oder würde, wenn Boston es nicht tat, vielleicht ein Klub es tun, mit dem niemand rechnete? Alles ist bei einer Draft möglich. Don Nelson war darauf gefasst, dass einer den Hebel umlegt.

Aber niemand tat es. Dirk Nowitzki war noch zu haben, als die Bucks an der Reihe waren. Aufatmen. Schulterklopfen. Die Strategie der beiden Nelsons war aufgegangen. Sie hatten die Weichen für die Zukunft der Mavericks stellen wollen, und sie hatten sie gestellt. Aber welch große Zukunft es sein würde – keiner von ihnen konnte es zu diesem Zeitpunkt wissen. Sie wussten noch nicht einmal, ob der junge Deutsche überhaupt gewillt sein würde, nach Dallas zu kommen. Sie hatten noch nicht einmal mit dem Kandidaten gesprochen. Und die Zeit für Kontakte lief aus. Denn die Players Association, welche die Interessen der

Die Operation

NBA-Profis vertritt, hatte sich mit den 30 Klubeignern nicht auf ein neues Tarifabkommen einigen können, auf ein sogenanntes Collective Bargaining Agreement. Es war bereits der 24. Juni, und am 1. Juli würde die Liga in ein Koma fallen, in einen vertragslosen Zustand. Dann würde es nicht mehr möglich sein, Vertragsverhandlungen zu führen, und erst recht nicht, eine Spielsaison zu starten.

Würde also die Zeit noch reichen, mit Dirk Nowitzki handelseinig zu werden? Würde der Deutsche überhaupt Interesse an den Mavericks bekunden? Und dies war nicht die einzige Sorge der Mavs. Wie würden die örtlichen Medien es aufnehmen, dass die Mavericks bei der Draft auf einen jungen Ausländer gesetzt hatten? Die Nelsons hatten ihren Chef Ross Perot jun. bereits vor der Draft gewarnt, dass die Fans in Dallas eine Entscheidung für den jungen Würzburger möglicherweise als Verschleuderung von Zukunftskapital ansehen würden. Und unbequeme Fragen würden gestellt werden: Wäre nicht, zum Beispiel, Paul Pierce die viel bessere Wahl gewesen, ein herausragender College-Spieler, dem jeder eine große Karriere voraussagte und der überraschenderweise noch auf dem Markt war, als die Milwaukee Bucks, stellvertretend für Dallas, an der Reihe waren, einen Kandidaten zu benennen? Warum nicht er, das Schnäppchen? Bei ihm wäre, im Gegensatz zu dem Deutschen, zumindest klar gewesen, dass es zu einem raschen Vertragsabschluss kommen konnte.

Grund genug für Don und Donnie Nelson, in aller Eile die Koffer zu packen. Die Flugbuchungen waren schon vorher gemacht worden. First-Class-Tickets für Flüge zwischen Dallas und Frankfurt. Nicht für zwei Flüge hin und zurück, sondern gleich für vier, zwei davon für Nowitzki und dessen Mentor Geschwindner. 32 000 Dollar ließen sich die Nelsons die Operation kosten: eine Zukunftsinvestition. Bereits wenige Stunden nach dem Ende der Draft saßen sie im Flugzeug, und Ross Perot ließ an der Côte d'Azur seine Falcon 50 startklar machen für den Zangenangriff auf den Deutschen. Sie wollten, sie mussten Dirk Nowitzki nach Dallas entführen, ihn dort vorzeigen, wenn sie nicht als dumme Jungen dastehen wollten. Sie brauchten dessen öffentliches Bekenntnis, dass er gewillt war, für die Dallas Mavericks zu spielen und mitzuhelfen, die Mannschaft aus dem sportlichen Tief herauszubringen.

Und natürlich mussten sie bei Holger Geschwindner ansetzen, bei dem Mann, auf den Nowitzki hörte.

Und so kamen sie alle drei, Don und Donnie Nelson sowie Ross Perot, am Morgen des 26. Juni fast gleichzeitig in Frankfurt an. Geschwindner verfrachtete die beiden Nelsons in sein Auto und fuhr mit ihnen nach Würzburg. Ross Perot kam mit Chauffeur und eigener Limousine nach. Er wollte sich von den spielerischen Qualitäten Dirks überzeugen, den jungen Mann Bälle werfen sehen, den ihm seine Coaches ans Herz gelegt hatten. Also hatte, während die Amerikaner noch auf dem Weg nach Würzburg waren, Holger Geschwindner ein paar Basketballer zusammengetrommelt, damit Dirk in der damaligen Carl-Diem-Halle vorspielen konnte.

Ross Perot war hingerissen. Und ist es heute noch. «Zehn Dreier mit der linken Hand, zehn Dreier mit der rechten – Mann, nicht viele können so was.»

Unvergesslich ist Ross Perot dieser erste Eindruck geblieben, diese Fähigkeit Dirk Nowitzkis, aus der Distanz den Korb zu treffen, von links, von rechts, von überall. Nowitzki war dazu schon damals in der Lage, als er noch bei der DJK Würzburg spielte, einem zweitklassigen Klub, dem der Geruch der Provinz anhaftete.

Von den Weinbergen, der monumentalen Feste und den Tür-

Die Operation

men und Kuppeln der Gotteshäuser, die das Bild Würzburgs prägen, bekam Ross Perot wenig mit. Die Zeit drängte, eine Pressekonferenz musste organisiert werden, wie sie selbstverständlich ist daheim in den USA, wenn gedraftete Spieler den nach großen Worten lechzenden Medien präsentiert werden. Bis in den hintersten Winkel des Landes wird bei solchen Anlässen übertragen, was der Eigner zur Entscheidung seines Teams zu sagen hat und mit welchem Stolz der Auserwählte im gleißenden Licht der Fernsehkameras das Trikot mit seinem Namen und der blockigen Nummer darauf vor die Brust hält. Bataillone von Reportern drängen sich um das Podium, auf denen Eigner, Coaches und gedrafteter Spieler Rede und Antwort stehen.

Aber in Würzburg gab es kein Gedränge und kein Geraufe von Reportern, Fotografen, Kameraleuten um den besten Platz. In einem Nebenzimmer des Hotels Wittelsbacher Höh sah sich Perot einem einsamen Trio von Reportern gegenüber, einem Mann vom Lokalblatt, einem weiteren vom Lokalradio und einem dritten vom lokalen Fernsehsender TV Touring. Nicht jeder von ihnen konnte etwas mit seinem Namen anfangen. Dirk Nowitzki, die Hauptperson, wäre am liebsten im Erdboden versunken vor Scham.

Tapfer versichert Ross Perot heute, dass ihn das mangelnde Interesse an den Mavericks nicht getroffen habe, schließlich habe er um den Stellenwert des Basketballs in Deutschland gewusst. Aber lieber plaudert er über die erhebenden Augenblicke vor und nach dem Pressetermin, zum Beispiel über die Begegnung mit Nowitzkis Familie.

Bei der Verpflichtung eines jungen Spielers schauen die Profiklubs in den USA genau auf dessen soziales Milieu. Und was Perot und seine Coaches in Würzburg sahen, erfüllte sie mit Genugtuung.

«Great family», fand Ross Perot, als er mit Jörg und Helga

Dirks Eltern Helga und Jörg Nowitzki

Die Operation

Nowitzki sowie Dirks Schwester Silke bekannt gemacht worden war. «Great athletes, all of them.»

Es war ihm berichtet worden, dass es Helga Nowitzki und Silke im Basketball zu Nationalspielerinnen gebracht hatten und Jörg Nowitzki früher als Handballspieler eine lokale Berühmtheit war. Dem texanischen Milliardär vermittelte sich das Bild einer intakten, beruflich erfolgreichen Familie. Jörg Nowitzki, so ließ sich Ross Perot übersetzen, führe ein Malergeschäft. Interesting, very interesting! Die Besucher spürten, mit welchem Stolz die Eltern auf ihren Sohn blickten und auch darauf, dass gleich drei Amerikaner seinetwegen nach Würzburg gekommen waren. Aber sie spürten auch, dass Helga Nowitzki, mit gesunden mütterlichen Instinkten ausgestattet, ihnen bei aller Freundlichkeit doch mit Zurückhaltung gegenübertrat. Nein, sie würde ihr Kind nicht gern an Amerika verlieren wollen, ließen sich Mr. Perot und die doppelten Nelsons übersetzen. Und was Jörg Nowitzki betraf, den Vater, der gab Ross Perot zu verstehen, dass er seinen Sohn eigentlich lieber in seinem Malergeschäft sehen würde. Wer sonst, Mr. Perot, soll den Betrieb einmal übernehmen?

«Well, Jorg, your son can make much money in Dallas.» So ähnlich, erinnert sich Ross Perot, lief die höfliche Konversation. Es war ein Abtasten, ein Ausloten gegenseitiger Interessen, ein erster Schlagabtausch.

Holger Geschwindner hielt sich eher im Hintergrund, fungierte als Dolmetscher. Aber später, nachdem sich Ross Perot in Richtung Frankfurter Flughafen verabschiedet hatte, übernahm er die Rolle des Gastgebers. Jetzt wurde das Ganze seine Party. Im Alten Schloss von Peulendorf organisierte er für Don und Donnie Nelson ein Grillfest. Barbecue auf Fränkisch. Bratwürste und Bier vor der Kulisse eines ockerfarbenen Schlosses im saftigen Grün eines abgelegenen Tals – Germany wie aus dem Bilderbuch für Amerikaner. Just great! Am Ende hatte niemand mehr Lust, nach Würzburg zurückzufahren, und wäre wohl auch kaum noch dazu in der Lage gewesen. Die Nelsons wurden bei Geschwindner einquartiert. Und außerdem, da der Besuch aus Dallas nun mal da war, wollte man ihm auch die touristischen Attraktionen Frankens zeigen.

Was landschaftliche Reize angeht, so ist jemand, der aus Dallas, Texas, kommt, nicht verwöhnt. Und noch weniger, was Historie betrifft, sofern man von der Vergangenheit der Southfork Ranch absieht, die einmal Schauplatz einer Soap-Opera war mit Larry Hagman als Ekel J. R. Geschwindner konnte dagegen mit Bamberg aufwarten, dem Weltkulturerbe, das von Peulendorf allenfalls eine halbe Stunde entfernt liegt. Er zeigte den Bamberger Reiter im Dom vor genauso wie die historische Gaststätte Schlenkerla, in der die Nelsons Bekanntschaft mit einer eigenwilligen Spezialität machten, dem Rauchbier, das über die Grenzen der Stadt hinaus bekannt ist, jedenfalls bis ins nahe Nürnberg. Interesting, interesting!

Aber niemand vergaß auch nur einen Augenblick, worum es ging bei dem Besuch. Die Zusage! Man brauchte sie. Doch Dirk Nowitzki wollte sie nicht geben. Noch nicht. Genaueres wollte er wissen. Wie Dallas sei. Und wie die Mavericks seien. Wie, überhaupt, sein Leben mit ihnen und bei ihnen aussähe, gesetzt den Fall, dass er komme. Was da, generell, so abgehe.

«Komm rüber, Dirk, schau's dir an, flieg mit uns rüber, right now!»

Und während es die Amerikaner noch sagten, wedelten sie schon mit den Tickets. Das machte Eindruck. Zumindest diese eine Zusage waren Geschwindner und Nowitzki am zweiten Tag des Besuchs aus Texas bereit zu geben: die Zusage, nach Dallas zu kommen, gleich am nächsten Tag, dem Sonntag, alles ganz unverbindlich, you know.

Die Operation

Die Mavericks hatten Dirk Nowitzki an der Angel. Jetzt mussten sie nur noch den Fisch an Land ziehen.

«Ein Wochenendtrip in den winzigen Ort Würzburg war alles, was Don und Donnie brauchten, um Nowitzki zu überzeugen, mit ihnen zusammen nach Dallas zurückzufliegen», meldeten anerkennend die «Dallas Morning News», die Lokalzeitung. Dass das Blatt Würzburg mit seiner Bedeutung als wirtschaftliches und kulturelles Zentrum Unterfrankens für ein winziges Städtchen hielt, mag an den besonderen Maßstäben der Texaner für Größe liegen.

Würzburg kann auch nicht mithalten, was den Aufwand angeht, mit dem man in Dallas Besucher beeindrucken und zum Bleiben bewegen will.

Als Dirk Nowitzki auf dem Dallas/Fort Worth International Airport aus dem Flugzeug stieg, wartete bereits eine ganze Legion Journalisten am Ausgang. Und hinter ihnen ballten sich die Fans, eine Menschenmenge, die umgehend zu kreischen begann, als sie unter den ankommenden Reisenden den Deutschen durch dessen Größe ausmachten. Sofort wurden Schilder mit seinem Vornamen gereckt und aufgeregt geschwenkt, so wie inzwischen immer in Dallas, wenn Dirk Nowitzki die Basketballbühne betritt. Auf dem Flughafen von Dallas herrschte eine Atmosphäre wie bei der Ankunft eines Pop-Idols.

Erst nach einem Moment der Verwirrung begriff Dirk Nowitzki, dass ihm das frenetische Geschrei galt, dass er als Star gefeiert wurde. Und doch begriff er nichts. Konnte nichts begreifen. Wie hätte er wissen können, dass die Mavericks alle, deren sie habhaft werden konnten, zum Flughafen beordert hatten als Claqueure, um ein Verhandlungsklima zu schaffen, in dem es Dirk Nowitzki möglichst schwerfallen sollte, noch «No» zu sagen, jetzt, da er in Dallas angekommen war?

Das örtliche Fernsehen, die Radio-Stationen, die Zeitungen in Dallas, die Medien in ihrer geballten Macht wollten aus Nowitzkis Mund hören, dass es ihm eine Ehre sei, das Trikot des Klubs zu tragen, der ihn bei der Draft ausgewählt hatte.

Ein Interview folgte dem anderen. Nach dem scheinbar letzten Mikrophon wurde dem Ankömmling immer noch ein weiteres, allerletztes Mikrophon entgegengehalten. Und dann noch ein allerallerletztes. Und dann noch eines ...

Jedes seiner Worte wurde analysiert, interpretiert. Aber auch die intensivste Begutachtung der Aussagen brachte keine neuen Erkenntnisse. Ein «Ja» war darin nicht zu finden. Dirk Nowitzki wollte sich noch immer nicht festlegen, auf keinen Fall etwas sagen, was er nachher vielleicht bereuen würde.

Er wollte es auch nicht am Tag darauf, am 29. Juni, dem Montag. Gerade noch 24 Stunden trennten die NBA von dem Stichtermin, an dem sie in ihre Komastarre fallen würde. Der Montag bot die letzte Gelegenheit, den Youngster auf Händen zu tragen, wie es die «Dallas Morning News» ausdrückten. Der Klub unternahm alles, um Dirk bei Laune zu halten. An diesem Tag traf im Achtelfinale der Fußball-Weltmeisterschaft Deutschland in Montpellier auf Mexiko, und natürlich ließen sich die Mavericks per Telefon ständig über den Spielstand unterrichten, um ihren Gast auf dem Laufenden halten zu können, als sie ihn auf einer Sightseeing-Tour durch die Stadt chauffierten, vorbei auch an dem Grundstück, auf dem die neue Arena entstehen sollte, die Sport-Kathedrale, die Ross Perot jun. zusammen mit Tom Hicks als ein Ausrufezeichen für die Attraktivität des Areals errichten wollte und die als Dirks künftiger Arbeitsplatz vorgesehen war.

Dirk Nowitzki war so erschöpft, dass er sich nur ungenau daran erinnert, was damals alles für ihn arrangiert worden war. Irgendwann an diesem Tag spielte er – eins gegen eins – gegen

Die Operation

einen Basketballprofi. Er hatte das gewünscht, um sich ein Bild von der Härte der NBA verschaffen zu können und auch um seine Konkurrenzfähigkeit zu testen. Nach seinem Dafürhalten bestand er den Test. Vielleicht ließ man ihn auch die Herausforderung nur bestehen. Alles war durchgeplant, auf den Effekt berechnet – selbst ein geplanter Lunch im nobelsten Einkaufstempel von Dallas, der Galleria, der aber wieder aus dem Programm gestrichen werden musste, weil Dirk einzunicken drohte.

Es reichte gerade noch dafür, ihn mit einem Sakko auszustaffieren. Dirk war im offenen Hemd und ohne Jackett in Dallas angekommen. Aber Ross Perot wünschte, dass der Deutsche zum Höhepunkt des Tages in dezenter Kleidung erscheinen sollte. Denn noch einmal stand, wie schon zuvor in Würzburg, die offizielle Präsentation des gedrafteten Spielers durch die Mavericks an, diesmal vor dem ganz großen Publikum und im strahlendsten Scheinwerferlicht. Es war nicht allein Dirk Nowitzki, der als möglicher Spieler der Mavericks vorgezeigt werden sollte. Mit ihm auf dem Podium, neben den Coaches, saß dieser andere junge Spieler, dessen Wechsel nach Dallas die Mavericks durch ihren Ringtausch bei der Draft möglich gemacht hatten. Dirk Nowitzki nahm neben Steve Nash Platz, und wie sich herausstellen sollte, begründete der erste Handschlag von beiden eine der ungewöhnlichsten Freundschaften unter Sportlern.

Vielleicht war für Dirk Nowitzkis Karriere die Begegnung mit Steve Nash so wichtig wie vier Jahre zuvor in Schweinfurt diejenige mit Holger Geschwindner.

Unauffällig in einer Ecke abseits der Kameras Platz nehmend, verfolgte Geschwindner mit kritischem Blick die Anstrengungen, mit denen die Mavericks versuchten, Dirk für sich zu gewinnen. Noch waren Ross Perot, Don und Donnie Nelson nicht am Ziel. Und auch nach der Pressekonferenz hatten sie nicht das Wort, auf das es ihnen so sehr ankam. Kein «Ja», noch nicht einmal die Andeutung eines «Ja». Den «Dallas Morning News» gab Nowitzki sogar die alarmierende Auskunft, er neige nach wie vor dazu, in Europa zu bleiben.

Und nur noch ein paar Stunden blieb den Mavericks Zeit, ihn davon abzubringen. Sie rüsteten für den Showdown am Abend. Schauplatz: Don Nelsons Villa im vornehmen North Dallas.

Dirk Nowitzki betrat eine Welt, wie sie in amerikanischen Hochglanzmagazinen als Inbegriff von Wohnkultur präsentiert wird. Mächtiges Backsteinhaus mit Kuppel, Säulenvorbau und einem schneeweißen Flügel neben bauchigen griechischen Vasen in der Eingangshalle. Ein haushoher Salon, gespickt mit Indianerpfeilen, Kampfschilden und allerlei Federschmuck über dem Kamin. Ein Garten mit dem obligaten Pool und einem zierlichen Springbrunnen neben grünen Büschen und schattenspendenden Bäumen.

Dirk Nowitzki und Holger Geschwindner betraten die Bühne für den Schlussakt einer großen Inszenierung. Bereits versammelt am Grillrost: die Spieler der Mavericks. Alle waren sie zur Seelenmassage des deutschen Ehrengastes geladen worden, Michael Finley darunter, der Bekannteste der Mavericks. Ihm vor allem fiel die Rolle zu, den Klub und dessen Coaches zu loben und zu preisen und Dirk endlich das ersehnte Ja-Wort zu entlocken.

Auch Steve Nash gab sein Bestes. Aber das Werben der einen, das Zögern des anderen musste jetzt, in dieser Nacht, zu einem Ende kommen – so oder so. Nowitzki wusste es. Geschwindner wusste es. Der Gastgeber Don Nelson wusste es. Irgendwann am Abend verabschiedeten sich Finley, Nash und die anderen. Zurück blieben der Hausherr und die beiden Deutschen als Hausgäste. Was hätte Don Nelson jetzt noch unternehmen können? Noch ein letztes Mal auf Dirk Nowitzki und Holger Geschwindner einreden? Noch einmal mit Dollars winken und

Die Operation

Kapitel 1

Die Operation

mit Bier anstoßen, so wie bei der Grillparty im Alten Schloss in Peulendorf?

Don Nelson tat nichts von alledem. Er zog sich zurück und ließ seine Gäste am Swimmingpool allein.

Die brütende Hitze des Tages war gewichen. Die Zikaden in den Bäumen hatten ihr schrilles Konzert angestimmt. Dirk Nowitzki hörte Holger Geschwindner zu. Und der hörte Dirk Nowitzki zu. Aber sehr viel brauchten sie sich in dieser Nacht nicht mehr mitzuteilen. Dirk Nowitzki kannte Holger Geschwindners Gedanken. Und Holger Geschwindner wusste genau, was in Dirk Nowitzki vorging. Dirk Nowitzki und Holger Geschwindner blieben gleichwohl sitzen, bis der Morgen heraufzog.

Es war schon hell, als Nowitzki sagte, er sei bereit, für die Mavericks zu spielen.

«Aber», sagte er zu seinem Gegenüber am Pool, «ich brauche dich.»

«Dirk, wir machen das», sagte Holger Geschwindner.

Die Würfel waren gefallen.

Noch am gleichen Nachmittag saß Dirk Nowitzki mit seinem neuen Sakko und neuen Lebensperspektiven im Flugzeug und flog mit Holger Geschwindner first class zurück nach Deutschland. Er wusste, dass er nur noch auf befristete Zeit seine vertraute Umgebung würde genießen dürfen, bevor er sich der großen Herausforderung in der NBA zu stellen hatte.

«Go, do it! Go to the Mavs!»

In den Tagen nach der Draft 1998 hatte ich kaum Zeit zum Nachdenken. Alles kam so schnell auf mich zu, zu schnell eigentlich, wenn man bedenkt, dass mein sportliches Leben damals in nur vier Tagen entschieden wurde. Dass ich gleich bei der NBA einsteigen würde, konnte keiner voraussehen, auch wenn ich mich bereits mit Rick Pitino, dem Coach der Boston Celtics, in Rom ziemlich heimlich in einer Sporthalle am Stadtrand getroffen und ihm vorgespielt hatte. Es sollte ja vor der Draft keiner wissen, dass die Celtics sich für mich interessierten. Nach dem Test sagte Pitino, dass es recht nett gewesen sei, was er gesehen habe. Ich war aber nicht überzeugt, dass ich mich in der NBA körperlich durchsetzen würde.

Wir hatten zuvor auch schon Angebote von Colleges gehabt. Dort zu spielen, so wie Detlef Schrempf, wäre sicher eine Gelegenheit gewesen, sich auf die NBA vorzubereiten. Aber Holger und ich haben das dann doch ausgeschlossen. Nicht, dass ich nicht gern auf einem College gespielt hätte, aber dort wäre ich wegen meiner Länge wohl auf die Center-Position gestellt worden, und das wollte ich nicht. Mich hauptsächlich unterm Korb zu postieren, war mir zu wenig. Es hätte mein ganzes Spiel verändert.

Die Situation vor der Draft 1998 war also so, dass ich innerlich mehr auf Europa als auf Amerika eingestellt war. Deshalb bin ich auch gar nicht erst zur Draft nach Vancouver gefahren, obwohl ich eingeladen war. Ich war nur ein bisschen

Dirk Nowitzki: Aus meiner Sicht

gespannt, als ich mit Holger in dessen Schloss in Peulendorf wartete. Als ich dann mitten in der Nacht hörte, dass mein Name bereits als neunter bei der Draft von Milwaukee aufgerufen wurde, war ich mehr überrascht als glücklich. Ich empfand es einerseits als große Ehre, so früh von einem Klub ausgewählt zu werden. Andererseits befürchtete ich, dass man zu viel von mir erwartete. Mir war klar, dass ich für den Klub ein großes Risiko darstellte. Die Verantwortlichen in Milwaukee kannten mich nicht persönlich, mein ganzer Hintergrund war ihnen unbekannt. Und sie mussten ja damit rechnen, dass ich ihnen absagen oder sie zumindest vertrösten würde, erst in ein, zwei Jahren zu ihnen zu kommen.

Dann sind aber erst einmal die Amerikaner nach Würzburg gekommen, wenn auch ganz andere, als Holger und ich erwartet hatten. Es hat sich zwar alles schnell aufgeklärt, aber meine Unsicherheit wurde noch größer wegen des Aufwands, den Ross Perot und Don Nelson mit seinem Sohn Donnie betrieben. Der Klubeigner kam im Privatflugzeug eingeflogen! Und die beiden Coaches hofierten mich, als ob ich schon ein Star wäre! Und dann diese merkwürdige Pressekonferenz im Hotel Wittelsbacher Höh, auf der Perot und die Nelsons erklären wollten, warum sie mich unbedingt für Dallas verpflichten wollten. Ich weiß nicht, ob sie einen großen Presserummel erwartet hatten, aber dass dann gerade mal drei Reporter gekommen waren, war mir megapeinlich. Ich fürchtete, die Amerikaner würden schockiert sein.

Mit Ross Perot habe ich nicht viel Kontakt gehabt. Nachdem er mir ein bisschen zugeschaut hatte, wie ich werfe und spiele, ist noch ein Schnappschuss mit ihm gemacht worden – und schon war er wieder auf dem Weg zurück zum Flughafen nach Frankfurt. Mir ist gerade noch in Erinnerung geblieben, wie er mir beim Abschied sagte, dass die Mavericks mich unbedingt haben wollen. Unbedingt! Aber erst

Kapitel 1

die Nelsons haben Holger und mir dann beim Grillen in Holgers Garten in Peulendorf eröffnet, dass sie nicht ohne uns nach Dallas zurückkehren wollten. Holger meinte, wir könnten das ruhig machen, diese Blitzreise nach Dallas. «Schauen tut uns nicht weh», sagte er.

Ich weiß nicht, was sich die Nelsons dachten, als ich sie von Peulendorf zurück nach Würzburg mitnahm, in meinem alten weißen VW Golf, bei dem die Schiene des Fahrersitzes nach hinten verlängert war, damit ich mit meinen 2,13 Meter überhaupt reinpasste. Jetzt mussten sich noch die zwei Amerikaner hineinzwängen, die große Schlitten gewohnt waren. Und dann hatte der Golf zu allem Überfluss einen Kolbenfresser. Das war eine Schau: Neben mir der massige Nellie, hinten der kleine Donnie eingeklemmt, und jedes Mal, wenn ich Gas gab auf der Autobahn, quäkte der Golf fürchterlich. Ich kam mir vor wie in einem schlechten Film.

Ich glaube, den Nelsons hat der Aufenthalt bei uns trotzdem gefallen. Sie sind ja beide gesellige Naturen. Was wir ihnen zu bieten hatten, war vom Komfort her vielleicht nicht das, was sie von Amerika gewohnt waren – mit den Villen, in denen sie wohnen, und Fünf-Sterne-Hotels, in denen sie absteigen. Aber wir haben unser Bestes gegeben als Gastgeber.

Am nächsten Tag bekam ich auf dem Frankfurter Flughafen bereits einen Vorgeschmack auf das, was mich in Dallas erwartete. Beim Einchecken trafen wir auf zahlreiche Amerikaner, die wohl zum Personal der Militärbasis gehörten. Vermutlich waren sie durch ihren Soldatensender oder ihre Zeitung «Stars and Stripes» über meinen Abflug informiert worden. Sie haben Nellie natürlich sofort erkannt, und mir haben alle zugerufen: «Go, do it! Go to the Mavs!» Richtig überwältigt war ich dann bei der Ankunft in Dallas. Das war Wahnsinn mit den vielen Fans, die uns empfangen haben.

Dirk Nowitzki: Aus meiner Sicht

Dass jeder Angestellte der Mavericks rausmusste zum Flughafen, wusste ich natürlich damals noch nicht, das habe ich erst später begriffen. Bei der Pressekonferenz auf dem Flughafen hätte ich mich am liebsten verdrückt. Interviews habe ich noch nie gemocht, nicht mal auf Deutsch, und nun sollte ich in meinem holprigen Englisch antworten! Ich antwortete immer nur mit: «Yes, yes, yes.» Nur wenn es darum ging, ob ich einen Vertrag unterschreiben werde, habe ich lieber geschwiegen.

Als ich dann am nächsten Tag mit Steve Nash zusammentraf, fielen mir als Erstes seine blond gefärbten Haare auf. Damit hat er, sagen wir mal, leicht gestört ausgesehen. Dass er mir später auf dem Weg in meine Profikarriere half wie sonst nur noch Holger und dass er mein bester Freund in der NBA werden sollte – das ahnte damals keiner von uns.

Irgendwann an diesem Montag gab's auch dieses Eins-gegen-eins-Spiel, Mann gegen Mann, über das Holger immer erzählt, ich hätte ihm danach gesagt: «Wenn ich ein bisschen trainiere, dann schieße ich die NBA-Jungs aus der Halle.» Von meiner Mentalität her neige ich eigentlich nicht zu so großspurigen Äußerungen. Aber damals herrschte irgendwie Ausnahmezustand in meinem Kopf. Auf mich war einfach zu viel in kürzester Zeit hereingestürzt. Bei dem Test spielte ich gegen Samaki Walker, den die Mavericks zwei Jahre davor gedraftet hatten, der also schon Erfahrung in der NBA hatte. Er hat mich zwar geschlagen, aber ich konnte mithalten und habe schon auch ein paar Punkte gemacht. Und das war gut fürs Selbstvertrauen. Aber ich erkannte auch, dass mir noch eine Menge Arbeit bevorstand, wenn ich mich für die NBA entscheiden würde.

Am Montagabend, beim Barbecue zu Hause bei Nellie, begegnete ich wieder Steve Nash und Samaki Walker. Und zum ersten Mal auch Michael Finley, damals der Star der

Kapitel 1

Mavericks. Wir spielten Pool-Billard, und Michael redete mir gut zu: «Probier es einfach, es kann nicht viel schiefgehen. Wir sind ohnehin keine Playoff-Mannschaft, wir sind erst im Aufbau. Und wenn es nicht so läuft, wie du denkst, kannst du wieder zurück. Du hast keinen Druck.»

Als Holger und ich am Ende allein am Pool saßen, haben wir resümiert. Mit meinen Eltern hatte ich nie richtig über Amerika diskutiert, in den drei Tagen nach der Draft war dazu einfach keine Zeit. Ich glaube aber, sie wollten nicht, dass ich so früh den Sprung nach Amerika wage. Sie hätten mich gern näher bei sich gehabt, in Italien oder in Spanien, wenn ich Würzburg schon verlassen musste. Vor allem meine Mutter war nicht so happy. Sie sieht immer zuerst die Risiken.

Holger und ich mussten eine Entscheidung treffen, denn ich hatte auf der Pressekonferenz am Montag versprochen, dass ich mich vor dem Rückflug am Dienstag festlegen werde. Holger sagte: «Wenn du's machst, wird sich dein Leben schlagartig ändern.» Ich wollte das eher nicht, ich zauderte. Aber im Leben kriegt man manchmal nur eine Chance. Und ich dachte mir: Wenn du jetzt erst einmal in Italien spielst und verletzt dich dort schwer – dann hast du deine Chance vertan. Am Ende war es dann doch ganz allein meine Entscheidung, für die Mavericks zu spielen. Holger hätte mich nicht zwingen können. Ich solle noch einmal drüber schlafen, sagte er noch, bevor wir zu Bett gingen. Aber viel geschlafen habe ich nicht. Am nächsten Morgen sagte ich Nellie beim Frühstück: «Lass es uns probieren, lass uns angreifen!»

Erste Ahnungen von Größe

Auf einem Höhenzug über dem tiefen Einschnitt, den der Main in die unterfränkische Landschaft gekerbt hat, thront die Feste Marienberg. Man blickt hinunter auf die Stadt Würzburg und den in der Sonne silbrig glänzenden Fluss. Würzburgs jahrhundertealte Geschichte ist unübersehbar präsent. Die fürstbischöfliche Residenz, ein barockes Meisterwerk des Baumeisters Balthasar Neumann, das die Verheerungen im Zweiten Weltkrieg wie durch ein Wunder überstanden hat und heute zum Weltkulturerbe zählt. Der Dom St. Kilian, die Marienkapelle, das Neumünster. In der Universität hat einst Wilhelm Conrad Röntgen gelehrt, der große Strahlenforscher, der im Jahr 1901 als erster Physiker mit einem Nobelpreis ausgezeichnet worden war. Aber trotz der geschichtlichen und kulturellen Bedeutung Würzburgs ist die Stadt im guten Sinne Provinz geblieben, ein überschaubares Gemeinwesen, eingebettet nicht nur in seine Rebhänge, sondern auch in ein Gemeinschaftsgefühl. Großstadt ist Würzburg mit seinen 130 000 Einwohnern eher verwaltungstechnisch als im eigentlichen Wortsinn.

Ende der achtziger Jahre fiel hier einem Jurastudenten namens Pit Stahl die sportliche Begabung eines Kindes auf. Stahl selbst war Basketballspieler. Das Kind hingegen spielte in einem anderen Verein Handball und Tennis. Gleichwohl warf Pit Stahl dem Kind Dirk den Basketball zu. Das Kind nahm ihn auf, so wie es immer alle Bälle aufnahm, die in seiner Reichweite waren. Und so konnte Stahl den Boden für jene bereiten, die nach ihm kamen und Dirk Nowitzki sportlich zu dem formten, was er heute ist.

Noch anderes Bemerkenswertes trug sich in der kleinen Welt von Würzburg zu. Eine Prophezeiung wurde gemacht. Sie besagte, dass Dirk einmal ein Großer werde. Aber anders als im Märchen wurde sie dem Kind, als es am 19. Juni 1978 geboren wurde, nicht in der Wiege zuteil. Als die Weissagung gemacht wurde, war der Junge bereits in der Pubertät. Sie erschreckte ihn. Denn sie besagte, dass er auf erheblich mehr als zwei Meter Körperlänge wachsen würde.

Man hatte dies Dirk aus der Hand gelesen, mittels eines medizinischen Handwurzeltests. Anfang der neunziger Jahre war das, als er begonnen hatte, seinen Altersgenossen über den Kopf zu wachsen.

In dieser Zeit war Dirk bereits durch seine sportliche Begabung aufgefallen. Sie war in seinen Genen angelegt. Der Vater war in den sechziger Jahren als wurfgewaltiger Handballer von dem in der Nähe Würzburgs beheimateten Bundesligaverein TV Großwallstadt umworben worden. Die Mutter hatte in der Schule und dann im Verein Basketball gespielt und von dort den Sprung in die Nationalmannschaft geschafft. Dirk brachte die Athletik des Vaters und das Ballgefühl der Mutter gleichermaßen mit, eine Doppelgabe der Natur, die auch seine ältere Schwester Silke auszeichnete. Als Basketballspielerin wurde sie ähnlich erfolgreich wie die Mutter. Und auch Holger und Bettina Grabow, die Kinder von Jörg Nowitzkis Schwester, waren sportlich talentiert. Sie wohnten im selben Haus im Würzburger Stadtteil Heidingsfeld wie die Nowitzkis und waren etwas älter als Dirk, aber wiederum nicht so alt, dass sie sich nicht mit ihm und Silke hinterm Haus hätten austoben können. Optimale Voraussetzungen also für eine gesunde sportliche Entwicklung der vier Kinder. Aber die beiden Elternpaare erlegten ihnen keinen Zwang auf. Dirk, Silke, Bettina und Holger sollten mit ihrer sportlichen Begabung spielerisch umgehen, jedenfalls alles, was sie taten, aus eigenem Antrieb tun.

Auch Jörg Nowitzki hatte ja seinen Sport, den Handball, mit leichter Hand betrieben. Und musste es auch tun. Seine aktive sportliche Zeit war noch in die wirtschaftlichen Aufbaujahre der Bundesrepublik gefallen, und es hatte Wichtigeres gegeben, als Bälle in ein Tor zu werfen. Jörg Nowitzki war als angehender Malermeister im Geschäft des Vaters gebraucht worden, der nach dem Zweiten Weltkrieg, aus dem sächsischen Altmittweida kommend, im zerbombten Würzburg eine neue Existenz aufgebaut hatte. Auch der sportliche Ehrgeiz von Dirks Mutter hatte sich in Grenzen gehalten. Ihre Mitarbeit im Familienbetrieb war wichtiger gewesen. Nach einem Dutzend Spielen im Nationaltrikot hatte sie ihre Karriere als Nationalspielerin aufgegeben. Als zunächst Silke und vier Jahre später Dirk geboren wurde, hätte sie ohnehin nicht mehr mit der Nationalmannschaft reisen wollen. Nur im Verein blieb sie aktiv und erzielte einmal in einem Spiel 52 Punkte – mehr als die gegnerische Mannschaft insgesamt.

Und immer waren die Kinder dabei.

«Am Anfang haben wir sie in der Tragetasche in die Halle mitgenommen und auf der Bank abgestellt», erinnert sich Helga Nowitzki. Man war immer irgendwo in einer Halle oder auf einem Sportplatz. Für andere Aktivitäten blieb nicht viel Zeit. Aber der Familiensinn kam nie zu kurz. Noch heute gibt es keine Diskussion darüber, dass alle – Jörg und Helga Nowitzki und die mittlerweile verheiratete Silke mit Mann und Kind – jedes Jahr im Dezember zu Besuch nach Dallas kommen, zum berühmt gewordenen Sohn, damit wenigstens in der Weihnachtszeit die ganze Familie beisammen ist. Der Spielplan der NBA lässt es nicht zu, dass Dirk Nowitzki daheim in Würzburg feiert,

Die Weissagung

in dem Haus, in dem er mit Silke, Holger Grabow und dessen
Schwester Bettina aufgewachsen war und wo er zum ersten Mal
in einem Team stand.

Das Spielfeld der vier Kinder, zu denen sich weitere aus der
Nachbarschaft gesellten, war eine geteerte Fläche hinter dem
Haus, prima geeignet als wetterfester Platz für Fußball, Volley-
ball, Handball, Hockey und auch für Basketball. Man trieb am
Ende des Teerplatzes eine Stange in den Boden und hängte ei-
nen Korb daran auf – fertig.

Dirk war der Jüngste, ein stiller, bedächtiger Junge, der jemanden brauchte, der die Hand über ihn hielt. Silke, die größere
Schwester, kümmerte sich um ihn, sprach für ihn. Bis heute tut
sie es. Sie organisiert für ihren Bruder Pressetermine, kümmert
sich um seine finanziellen und steuerlichen Angelegenheiten
und ist Vorstandsvorsitzende der Dirk Nowitzki Stiftung. Als
Dirk noch ihr kleiner Bruder war, kämpfte sie mit Zähnen und
Klauen für ihn, wenn ihn die Größeren nicht mitspielen lassen
wollten, was oft geschah. Schon damals fiel den Eltern an Dirk
eine Fähigkeit auf, die später auch seine Trainer an ihm schät-
zen lernten. Dirk Nowitzki ist ein vorzüglicher Beobachter, einer, der mit den Augen lernt und deshalb imstande ist, auf sich
zu übertragen, was andere an Richtigem vormachen. Auf dem
Hof hinterm Elternhaus wurde er rasch ein vollwertiger Spielka-
merad.

Zum Kinderspielplatz kamen bald die Sportanlagen der Turngemeinde 1848 Würzburg, bei der Dirks Vater Handball spielte.
Turnen, Handball, Tennis, Basketball – überall machte Dirk
mit, genauso wie die Schwester und die Grabow-Geschwister.
Die beiden Elternpaare waren unentwegt im Einsatz als freiwil-
lige Fahrbereitschaft, kutschierten die Kinder von Sportplatz
zu Sportplatz, von Training zu Training, von Spiel zu Spiel,
von Abenteuer zu Abenteuer, von Erfahrung zu Erfahrung.

Jugendträume ...

... und der Albtraum Schule

Die Weissagung

Sportliche Erfolge blieben nicht aus. Als Erste machte Silke, die Älteste, auf sich aufmerksam, wurde in der Schülerklasse Bezirksmeisterin im Hürdenlauf und im Vierkampf und ließ erahnen, dass im Haus der Nowitzkis und der Grabows Ausnahmetalente heranwuchsen, auch wenn niemand damals voraussehen konnte, dass einer aus dem Kinderquartett später einmal ein sportliches Vorbild werden würde für eine junge Generation in Deutschland, vor allem für Gymnasiasten, die sich heute mit Dirk Nowitzki mehr als mit anderen Sportstars identifizieren, weil sie in ihm einen sehen, der auf dem Boden geblieben ist, auch wenn er nach den Sternen greift.

Dirk Nowitzki war 1988 aufs Gymnasium gewechselt. Eigentlich sollte es das Schönborn-Gymnasium sein, das schon seine Mutter besucht hatte und in dem auch Dirks Schwester und der Cousin zur Schule gingen. Aber in der Eingangsklasse war kein Platz mehr frei. Dirks Eltern wandten sich deshalb ans Röntgen-Gymnasium. Aber nicht nur, weil nun die verschworene Gemeinschaft der Grabow- und Nowitzki-Kinder gesprengt war und Dirk sich in den grauen Granitmauern der früheren Staatlichen Oberrealschule als Außenseiter fühlte, hat Dirk Nowitzki heute gespaltene Gefühle, wenn er sich an seine Schulzeit erinnert. Er tat sich nicht leicht, das Gymnasium und den Sport in Einklang miteinander zu bringen. Im Sport fiel ihm der Erfolg wie selbstverständlich zu. Auf der Schulbank tat er sich schwer, und der Erfolg hielt sich in Grenzen.

Wichtiger war ihm jedenfalls der Sport. Handball. Dann Tennis. Schließlich Basketball, auch wenn das Spiel unterm Korb zunächst nicht seine Sache war. Basketball, sagt er heute, sei für ihn Weibersport gewesen, der Sport der Mutter und der Schwester, nichts im Vergleich zum Handball, einem Sport für Männer, dem er sich mehr und mehr verschrieb, wobei er von seinem

Frühe Erfolge im Handball ...

... und im Tennis

Die Weissagung

Vater trainiert wurde, der bei der Turngemeinde Würzburg die Jugendmannschaft betreute. Bald war Dirk stark genug, um gegen Ältere anzutreten. Jörg Nowitzki schickte den noch Elfjährigen zu den Zwölf- und Dreizehnjährigen.

«Obwohl Dirk schon der Beste war», sagt Silke Nowitzki, «hat ihn der Vater immer sehr gefordert, vielleicht, weil man vom eigenen Sohn mehr verlangt als von anderen.»

Silke spielte damals als 15-jähriger Teenager längst Basketball. Ebenso wie ihre Cousine Bettina und deren Bruder Holger war sie bei der DJK Würzburg gelandet, dem erzkatholischen Lokalrivalen der Turngemeinde, wo Basketball auf hohem Niveau gespielt wurde und auch Pit Stahl zu finden war, der als Vereinsspieler gleichzeitig die Jugendlichen trainierte und nebenbei als Stützpunkttrainer des bayerischen Verbands Talente sichtete. Unter diesen war Holger Grabow, und unter anderem deswegen geriet auch Dirk in Stahls Blickfeld.

Aber auch andere waren auf den Jungen aufmerksam geworden. Zum Beispiel die Handballfunktionäre, die ihn in die bayerische Auswahl holten. Und dann war da ja noch das Tennis, der Freizeitsport der Eltern. Dirk hatte ihnen als Kind zugeschaut, sich einen Schläger geschnappt – und es dauerte nicht lange, bis ihn der Bayerische Tennis-Verband in seinen Nachwuchskader holte. Tennis hatte zu dieser Zeit geboomt. Boris Becker gewann Wimbledon. Steffi Graf beherrschte die Weltturniere und kam 1988 aus Seoul mit der olympischen Goldmedaille heim. Alle wollten es den jungen Idolen nachmachen. Es war die Zeit, in der Tommy Haas und Nicolas Kiefer anfingen, sich mit dem Racket ganz nach oben zu schlagen. Dirk Nowitzki, der in ihrem Alter war, hätte es ihnen gleichtun können. Er wurde unterfränkischer Meister, war einer der besten Spieler seiner Altersklasse in Bayern und erinnert sich, dass er einmal bei Meisterschaften auch mit Tommy Haas zusammentraf.

Erste Siegestrophäen

Die Weissagung

Aber Tennis warf Probleme auf. Da waren, zunächst einmal, die Bestimmungen des bayerischen Verbandes, der von den Nachwuchsspielern verlangte, an den Wochenenden Ranglistenturniere zu bestreiten. Dirk konnte dieser Aufforderung nur schwer nachkommen. Wegen der Randlage Würzburgs im Freistaat Bayern musste er freitags so frühzeitig zu den Spielen aufbrechen, dass er Unterrichtsstunden versäumte. Oft musste der Ministerialbeauftragte des Kultusministeriums eingeschaltet werden, damit der Direktor des Röntgen-Gymnasiums dem Ersuchen um Unterrichtsbefreiung nachkam. Der Direktor tat es nur zögernd, auch angesichts von Dirks Schulnoten.

Gleichzeitig verlor Dirk allmählich die Lust am Tennis. Schuld daran war, dass er besorgniserregend schnell zu wachsen begonnen hatte. Mit Bleistiftstrichen am Türrahmen markierte die Mutter die Wachstumsschübe, und in immer kürzeren Abständen mussten immer höhere Striche angebracht werden. Jeder Schub war begleitet von Fieber und von Entzündungen. Der Körper tat sich schwer, zu verkraften, was die Natur ihm aufzwang. Auf dem Tennisplatz hatte das stürmische Wachstum des Jungen zudem psychologische Auswirkungen. Dirk überragte seine Gegner um Kopfesgröße. Beklemmungen stellten sich ein. Wurde da nicht am Platzrand getuschelt, mit seinem Alter stimme etwas nicht, er schmuggle sich bei den Jüngeren ein? Und waren nicht die Sympathien der Zuschauer bei den körperlich Kleineren? Und wenn er verlor, wurde er da nicht sogar höhnisch belächelt? Manchmal bildet man sich so etwas auch nur ein. Dirk wurde jedenfalls von dem Gedanken gequält, nicht zu den anderen zu gehören.

Aber ganz konnte er sich noch nicht vom Tennis lösen. Seine spielerische Überlegenheit gegenüber den meisten anderen hielt ihn bei der Stange.

Dabei galt seine Vorliebe eigentlich den Mannschaftssportarten. Von früher Kindheit an war er immer Teil einer Gruppe, einer Clique, eines Teams gewesen. Und auch seine Mutter, der Vater, die Schwester – alle waren immer Mannschaftssportler.

Vielleicht konnte Dirk aus diesem Grund nicht widerstehen, als auf dem improvisierten Spielfeld der Nowitzkis und Grabows plötzlich Pit Stahl auftauchte. Dirk war noch in der Phase des Tastens und des Testens, des allmählichen Erkennens der eigenen sportlichen Möglichkeiten. Pit Stahl wusste, dass Dirk im Handball und Tennis Erfolge hatte, dass er aber auf dem Hof hinterm Elternhaus mit den anderen Kindern auch Streetball spielte, die Basketballversion von Straßenfußball, bei dem Schulranzen die Tore bilden. Für Stahl war es nicht immer leicht, genügend Kinder für die von ihm betreuten Mannschaften aufzutreiben. Als er bei einem Spaziergang hinüber zu den Nowitzkis sah, wie geschickt sich der Junge selbst als Ungeübter mit dem Basketball bewegte, kam ihm die Idee, ihn als Leihgabe in eine Auswahl einzubauen, die Unterfranken bei einem Turnier der bayerischen Bezirke in Ingolstadt vertreten sollte. Pit Stahl setzte den Hebel bei Dirks Cousin an. Würde Holger Grabow, der Basketball bereits zu seiner Sportart gemacht hatte, nicht Dirk rüberziehen, ihn einfach mitnehmen können zu den Lehrgängen des Basketball-Kaders? Es funktionierte. Dirk ging mit. Er ging immer mit, wenn eine Chance bestand, einen Ball in die Finger zu kriegen, selbst in einem Weibersport. Und so trainierte er im Frühjahr 1989 ein paarmal mit Stahls Basketballjungen.

Der Trainer sah sich in seiner Meinung bestätigt, dass Dirk enormes Talent mitbrachte. Anders als andere untrainierte Kinder machte der Junge keine grundlegenden Fehler. «Er hat sauber den Ball hochgenommen und technisch gut geworfen, von Anfang an. Und er hat Dinge, die man ihm gezeigt hat, im Prinzip sofort umsetzen können. Seine rasche Auffassungsgabe in

Die Weissagung

Dirk Nowitzki (Nr. 11) in der Jugendmannschaft der DJK Würzburg, daneben sein Trainer Pit Stahl

der Kombination mit Spielwitz – das hat mir gezeigt, was in ihm steckt.»

Pit Stahl nahm Dirk mit nach Ingolstadt, einen Elfjährigen, der in keinem Verein Basketball spielte und noch nicht einmal Basketballschuhe besaß. Aber zweierlei brachte der Junge mit. Zum einen die Größe – deutlich mehr als ein Meter siebzig, wie sich Pit Stahl zu erinnern glaubt. Und zum anderen dieses angeborene Gefühl für den Ball, egal ob es ein kleiner Tennisball, ein größerer Handball oder der noch größere Basketball war.

Es war nicht Dirks Verdienst, dass die Unterfranken-Auswahl im Turnier Zweiter wurde, ein mehr als respektables Ergebnis. «Er ist nur ein bisschen herumgelaufen», so Pit Stahl, «es war sein erster Auftritt im Basketball.»

Aber der Anfang war gemacht. Bis zu Dirk Nowitzkis zweitem Auftritt sollte ein ganzes Jahr vergehen. Pit Stahl trainierte bei der DJK Würzburg weiterhin die D-Jugendlichen. Die waren mittlerweile in Unterfranken unschlagbar geworden. Der Trainer bereitete sie auf die Endrunde zur bayerischen Vereinsmeisterschaft in Augsburg vor. Und wieder suchte er nach Verstärkung. Und wieder dachte er an den jungen Nowitzki. Konnte man ihn nicht abermals überreden mitzumachen? Dirk biss an, auch wenn sein Cousin Holger nicht mehr der Köder war. Der nämlich, ein Jahr älter als Dirk, spielte bereits in einer anderen Altersklasse.

Dirk kam diesmal zum Training mit Pit Stahl bereits in Basketballschuhen. Und präsentierte sich dann im Turnier auch sonst anders als ein Jahr zuvor. Er war der beste Spieler in der Mannschaft der DJK Würzburg. Und wurde bester Spieler des Turniers. Und dessen bester Werfer. Und sorgte dafür, dass sich die DJK Würzburg den bayerischen Meistertitel holte.

Dirk war gerade zwölf Jahre alt. Erfolg spornt an. Von da an kam er zweimal in der Woche zum Basketballtraining der DJK.

Die Weissagung

Aber gleichzeitig spielte er bei der Turngemeinde noch immer Handball und Tennis. Am Netz musste er sich inzwischen weit herunterbeugen, um seinen Gegnern nach dem Match die Hand zu schütteln. Das ungestüme Wachstum wollte kein Ende nehmen. In Dirk arbeitete es. Von einem Mitspieler in der Basketballmannschaft hörte er, dass aus der Öffnung der sogenannten Wachstumsfugen in der Handwurzel errechnet werden kann, wie weit sich ein menschlicher Körper noch strecken wird. Auch Dirk wollte eine solche Prognose gestellt bekommen, wollte Klarheit über sich gewinnen.

Ihm wurde gesagt, dass seine Wachstumsfugen noch weit offen waren.

Was das bedeute, wollte Dirk wissen.

Es bedeute, sagte der untersuchende Arzt, mindestens zwei Meter sieben.

Der Schock war da, umso mehr, als zuvor schon Pit Stahl anhand von Berechnungstabellen des Basketball-Verbandes zu einem ähnlichen Ergebnis gekommen war.

Nun rückte Basketball noch mehr ins Zentrum von Dirks Denken. Basketball, das war das Spiel, bei dem Körperlänge von Vorteil war. Sollte er sich jetzt vor allem diesem Spiel zuwenden? Aber andererseits: Er war im Tennis erfolgreich. Und genauso im Handball. Vom Erfolg trennt man sich nicht leicht. Im Kopf des Jungen wirbelte es. Krisenzeit. Die Phase des Tastens und Testens war vorbei. Einem Jungen muss dies nicht bewusst werden. Es musste Dirk nicht klar sein, dass eine Lebensentscheidung auf ihn wartete. Damals, als er noch nicht einmal 14 war, hätte er nicht im Entferntesten daran denken können, dass er später einmal Sport zu seinem Lebensinhalt machen würde. Seine Entscheidung für Basketball vollzog sich intuitiv, ohne Kenntnis der Konsequenzen.

Die Sache mit dem Tennis erledigte sich für alle überraschend schnell und für Pit Stahl in einem durchaus erfreulichen Sinn. Der Jugendtrainer beobachtete, dass Dirk Nowitzki von den Tennisturnieren am Wochenende immer gerade rechtzeitig nach Würzburg zurückkam, um dort noch die Großen im Basketball in Aktion zu sehen, die Männermannschaft der DJK Würzburg, egal, ob die nun am Samstag- oder am Sonntagabend ihre Spiele austrug.

«Nach ein paarmal war klar, dass das kein Zufall sein konnte», sagt Pit Stahl, «der Dirk war vom Basketball infiziert.»

Der Junge hatte kein Interesse mehr daran, Tennisturniere zu gewinnen. Die rechtzeitige Rückkehr nach Würzburg zu den Basketballern war ihm wichtiger. Den Rest besorgte im Januar 1992 eine schriftliche Leistungsanalyse des Bayerischen Tennis-Verbandes nach einem dreitägigen Sichtungslehrgang, bei dem Dirk Nowitzki ein Zeugnis ausgestellt wurde, das in seiner lapidaren Kürze vernichtend wirkte: Koordination – Note «Drei»; Kraft, Ausdauer, Schnelligkeit, Flexibilität – Note «Vier». Unterm Strich notierte der Verbandstrainer Ralph Apfel über Dirk: «Für eine kontinuierliche Verbesserung lässt seine Einsatzbereitschaft momentan zu wünschen übrig.» Was Dirk zu lesen bekam, war kein Zwischenzeugnis, es war das Abschlusszeugnis. Er empfand es so. Er verabschiedete sich vom Tennis.

Blieb noch die Sache mit dem Handball. Jörg Nowitzki hatte das wachsende Interesse seines Sohnes am Basketball nicht wahrgenommen. Konnte es damals nicht wahrnehmen, weil er, wenn er Dirk nicht zu Tennisturnieren begleitete, Silke und Bettina quer durch die Bundesrepublik zu deren Basketballspielen mit der Mädchenmannschaft der DJK Würzburg chauffierte, die auf dem Weg zur deutschen Meisterschaft war. «Ich war im Glauben», erinnert er sich, «dass aus Dirk mal ein großer Handballspieler wird.» Der hätte er vermutlich werden können. «Wer so ein Bewegungstalent ist», räumt auch Pit Stahl ein, «der hät-

Die Weissagung

te es im Handball sicherlich auch in die Weltspitze bringen können. Es war für Dirk damals nicht einfach, sich für Basketball
zu entscheiden.»

Aber er tat es. Eines Tages in diesem entscheidenden Jahr
1992 fasste er sich ein Herz und teilte seinem Vater mit, dass er
nicht mehr Handball und stattdessen nur noch Basketball spielen wolle.

Was hätte Jörg Nowitzki antworten können? Er konnte nicht
sich selber untreu werden, er, der den Kindern immer gepredigt
hatte, dass sie das, was sie machten, richtig machen sollten.
Also schluckte er seine Enttäuschung runter.

Trainerwechsel. Pit Stahl wurde Dirks alleiniger Betreuer. Bei
einem Grillfest im Hof, auf dem Platz, auf dem die Kinder der
Nowitzkis und Grabows ihre sportliche Entwicklung begonnen
hatten, erkundigte sich Jörg Nowitzki im Sommer 1992 nach
Dirks basketballerischen Fortschritten.

Pit Stahls lapidare Auskunft: Er wird einmal besser als Toni
Kukoč.

Jörg Nowitzki konnte es kaum glauben. Alle, die sich auch
nur ein bisschen mit Basketball beschäftigten, waren mit dem
Namen Kukoč vertraut. Die berühmten Chicago Bulls hatten
ihn gedraftet, das Meisterteam der NBA. Der Kroate, zwei Meter elf groß, war ein herausragender Distanzschütze, was für
Spieler dieser Größe ungewöhnlich ist. Dirk Nowitzki also irgendwann besser als der beste Europäer?

Es war das erste Mal, dass Jörg Nowitzki ahnen mochte, seine
Vorstellungen von der Zukunft seines Malergeschäfts könnten
hinfällig werden. Natürlich hatte er damit gerechnet, dass Dirk
eines Tages das Geschäft übernehmen würde, so wie er selbst
es vom Vater übernommen hatte, ehe er aus dem Handwerksbe-
trieb ein mittelständisches Unternehmen mit 25 Beschäftigten
machte. Da denkt man als Chef daran, was einmal wird, wenn

Kapitel 2

man selbst nicht mehr das Geschäft führt, und natürlich denkt man an den eigenen Sohn, auch wenn Dirk in der Vergangenheit nie ein Hehl daraus gemacht hatte, dass sein Interesse am Malerhandwerk eher mäßig ausgeprägt war. Dennoch, die Vorstellung hatte sich bei Jörg Nowitzki festgesetzt, dass der Betrieb einmal auf den Sohn übergehen werde. Aber jetzt wurde ihm mitgeteilt, Dirk könne ein neuer, ein noch besserer Toni Kukoč werden.

Pit Stahl begann, Dirk nach dem Vorbild des Kroaten zu formen. Die meisten anderen Basketballtrainer hätten einen großgewachsenen Jungen wie Dirk auf der Center-Position unter den Körben spielen lassen. Aber obwohl Dirk Nowitzki der Längste in der Jugendmannschaft der DJK war, beorderte ihn Stahl auf den Flügel, weiter weg vom Korb, dorthin, wo die Beweglicheren zu finden sind und eben auch Kukoč wegen seiner Wurfsicherheit aus der Distanz seinen Stammplatz hatte.

Dirk Nowitzki war noch nicht einmal 16, als er bereits mit der Männermannschaft der DJK Würzburg trainierte. Es war für ihn zunächst nicht einfach, mit den anderen Schritt zu halten, zumindest nicht bei den Konditionsläufen im Steinbachtal hinter dem Würzburger Universitätsgelände. Dirk trottete der Gruppe hinterher, verlor schnell den Anschluss, und Stahl musste zusehen, dass ihm sein Talent nicht unterwegs verlorenging. Für einen Jungen von der Größe Nowitzkis ist es nicht einfach, mit Leichtgewichten Schritt zu halten. Aber seine Laufschwäche war nicht auf einen körperlichen Mangel zurückzuführen, sondern auf sein Phlegma, die unbewusste Weigerung, auch nur ein Jota seiner Energievorräte zu vergeuden. Die brauchte er anderswo, auf dem Parkett, wenn es um Körbe und Punkte ging. Bis heute hat sich daran nichts geändert.

Auch wenn Dirk 1994 bereits mit den Männern trainierte –

Die Weissagung

Auf Heimatbesuch

Kapitel 2

noch spielte er in der Jugendmannschaft, und an dem Tag, an dem sich die Wege des hochaufgeschossenen Jungen mit denen Holger Geschwindners kreuzen sollten, stand Schweinfurt auf dem Punktspielplan. Dirk machte sich nicht einmal die Mühe, sich den Namen des Mannes zu merken, der ihn nach dem Spiel ansprach. Seinem Vater berichtete er, da sei so ein Typ gewesen, der mit ihnen, den Eltern, reden wolle.

Heute kommt es Dirk Nowitzki noch immer unglaublich vor, was da in Schweinfurt passiert war. Die flüchtige Begegnung mit Geschwindner bezeichnet er als etwas, wie es an glücklichen Umständen einem Menschen vielleicht nur einmal in einem Jahrhundert widerfahre. Aber damals erwähnte er den Eltern gegenüber bloß, der Typ aus Schweinfurt sei darauf aus, ihn zu trainieren. Die Eltern erklärten sich bereit, den Mann anzuhören, wenn er nach Würzburg komme. Aber mehr als ein unverbindliches Gespräch sollte es nicht sein, eine Geste der Höflichkeit.

Erst als der Mann vor den Eltern stand, war Helga Nowitzki klar, dass da nicht irgendwer sich ihres Jungen annehmen wollte. Als ehemalige Basketballerin erkannte sie den Mann auf den ersten Blick.

Holger Geschwindner hatte schließlich einen legendären Ruf im deutschen Basketball.

Die Weissagung

«Zwei Meter sieben – kein Grund, panisch zu werden»

Wenn ich mich an meine Kindheit erinnere, fallen mir Sporthallen und Sportplätze ein und dass immer ein Ball dabei war, natürlich auch auf unserem Hof. Dort war alles vorhanden, was wir Kinder brauchten: ein selbstgezimmertes Handballtor aus Holz, ein Basketballkorb, kleine Hockeytore, auf die wir mit Rollschuhen Rollhockey spielten, ein Volleyballnetz. Im Sommer rannte ich selbst bei der größten Hitze dort herum. Und träumte dabei von allem Möglichen: von einem wichtigen Tennismatch, vom All-Star-Game im Basketball, von einem Handballspiel – letzter Wurf, letzte Siegchance, Nowitzki am Ball ... Kinderträume eben.

Ich fuhr oft mit meinem Vater zu dessen Handballspielen mit, saß in der Halle hinter der Sprossenwand und schaute ihm zu. Mein Vater hat noch als Vierzigjähriger in der Kreisliga die viel jüngeren Gegner frustriert. Als ich selbst mit Handball anfing, war gerade TUSEM Essen sehr erfolgreich in Deutschland, mit Jochen Fraatz auf Linksaußen und diesem 2,03 Meter großen Russen im Rückraum, Alexander Tutschkin, einem Linkshänder. Die zwei waren meine Lieblingsspieler. Mir gefiel, wie Fraatz von außen den Ball mit Effet ins Tor drehte und mit welcher Wucht Tutschkin von hinten die Bälle abfeuerte.

Mein Cousin Holger Grabow hätte im Handball ein erstklassiger Spieler werden können, aber er betrieb nie den Aufwand, den man braucht, wenn man ganz nach oben will.

Kapitel 2

Später beim Basketball war er ebenfalls auf Anhieb erfolgreich. Aber in der Pubertät verliert man schnell die Lust am Sport, und Holger hatte damals bereits andere Interessen. Er hatte sogar schon eine Freundin. Ich dagegen hatte in diesem Alter mit Mädchen noch gar nichts zu tun.

Zu meiner ersten Freundin kam ich relativ spät, da ging ich bereits auf die siebzehn zu. Trotzdem fühlte ich mich fast noch zu jung für Mädchen. Die Freundschaft hielt auch nur ein paar Monate. Sie war ja eher deswegen zustande gekommen, weil jeder in der Schule eine Freundin hatte, und ich dachte, dann müsse ich auch eine haben. Die erste richtige Freundin, mit der ich auch ein paar Jahre zusammengeblieben bin, hieß Sybille und war eine Basketballerin aus Wasserburg, die ich von den Lehrgängen der Bayern-Auswahl kannte. Da war ich schon fast neunzehn.

Mein Cousin Holger Grabow war jedenfalls der selbstbewusstere Typ von uns beiden, und er nahm mich Gott sei Dank überallhin mit. Als ich klein war, war ich sehr schüchtern und traute mich kaum, etwas allein zu unternehmen. Holger war also nicht nur mein Cousin, er war auch mein bester Freund. Dass ich dann nicht auf das gleiche Gymnasium durfte wie er, weil dort alle Plätze schon vergeben waren, hat mich zunächst schockiert. Im Röntgen-Gymnasium kannte ich niemanden, da fühlte ich mich verloren, gerade wenn es zu komischen Situationen kam wegen meiner Größe. In der fünften, sechsten Klasse war ich bereits fast so groß wie manche Lehrer, und wenn ich an die Tafel gerufen wurde und dort auf den Lehrer hinunterblickte, sah das wohl recht seltsam aus. Ich fühlte mich jedenfalls nicht wohl in meiner Haut. Deshalb ließ ich die Handwurzel-Untersuchung machen. Weil ich wissen wollte, wo das mit mir noch hinführt. Das Ergebnis war seinerzeit unvorstellbar für mich – zwei Meter sieben! Damals dachte ich noch, dass man damit ein

Riese ist. Aber ganz so dramatisch war es dann doch wieder nicht: Wenn der Arzt gesagt hätte, ich würde auf zwei Meter zwanzig oder zwei Meter dreißig wachsen – dann hätten meine Eltern und ich überlegen müssen, was man dagegen tun könnte. Doch zwei Meter sieben waren kein Grund, panisch zu werden.

Aber für Tennis waren zwei Meter sieben in jedem Fall mächtig. Damals war das kein Sport für große Spieler. Mein Wachstum hatte freilich nicht direkt etwas damit zu tun, dass ich mit Tennis aufgehört habe. Ich habe Sport immer betrieben, weil es mir Spaß gemacht hat. Und der ist mir beim Tennis manchmal vergangen. Die meisten anderen Spieler waren als Einzelkämpfer unterwegs, das war nicht meine Welt: Ich war vom Handball her das Gemeinschaftserlebnis gewohnt. Und dann sollte man beim Tennis ja auch noch möglichst viele Turniere spielen. Oft regnete es aber, und dann musste man warten, im Hotel oder im Auto oder auf der Anlage. Man saß herum und wartete. Und wenn der Regen dann aufhörte, sollte man sofort auf den Platz. Ich war eher ein Langsamstarter, und wenn es geregnet hatte, lag ich schnell 0:6, 0:3 zurück, bevor ich in die Gänge kam. Auf Dauer hat mich das genervt. Sportlich war ich zwar trotzdem erfolgreich – unterfränkischer Meister und die Nummer sechs oder sieben in Bayern –, aber ich glaube nicht, dass ich im Tennis viel erreicht hätte. Dafür gab es in meiner Altersklasse zu viele Bessere und Talentiertere in Deutschland, Tommy Haas und Nicolas Kiefer beispielsweise.

Es wird oft geschrieben, dass ich mit diesen beiden auch im Kader war. Das stimmt aber nicht. Tommy Haas traf ich nur einmal bei bayerischen Meisterschaften und Nicolas Kiefer überhaupt nicht. Und auf ihrem Niveau bin ich sowieso nie gewesen. Mein Vater erzählte einmal, er habe geglaubt, aus mir könne der nächste Boris Becker werden, aber mit Becker hatte ich allenfalls den Haarschnitt gemein. Ich wollte damals immer eine Frisur wie Boris haben, und beim Friseur schnitten sie mir dann halt etwas zurecht. Ob ich damit wirklich so aussah wie Boris, war egal: Ich glaubte es, und das war das Wichtigste.

Als ich mich dann nicht nur vom Tennis verabschiedete, sondern meinem Vater auch sagte, dass ich mit Handball aufhören wolle, war er sehr enttäuscht. Mir gegenüber hat er es sich nie anmerken lassen, aber mir war klar, dass er das Handball-Training im Verein letztlich nur für mich gemacht hatte, dass er jahrelang seine Zeit für mich geopfert hatte.

Heute erzählt mein Vater gern die Geschichte von der Einweihung seines neuen Geschäftshauses und dass ich dabei gesagt haben soll: «Hier riecht's nach Arbeit, da spiele ich lieber in der NBA.» Ich kann mir nicht vorstellen, dass ich damals, mit vierzehn oder fünfzehn, schon ernsthaft von der NBA geredet habe. Aber es stimmt, dass mir die Arbeit im Malergeschäft meines Vaters nicht besonders gelegen hat. Ich habe in den Ferien ein paarmal bei ihm gejobbt, und da wurde mir bald klar, dass ich für das Malerhandwerk nicht tauge.

Ich sollte auf einer Baustelle eine Leiter hochsteigen. Ich war noch nicht weit gekommen, als ich merkte, dass ich Höhenangst bekomme, richtige Höhenangst. Um mich herum nahm ich auf einmal nichts mehr wahr, ich konnte nicht mehr weiter nach oben, aber auch nicht mehr nach unten – ich klammerte mich nur noch an die Leiter. Erst nach ein paar endlos lange Minuten, so kam es mir zumindest vor, konnte ich mich wieder bewegen und langsam hinuntersteigen. Ich glaube, mein Vater kennt diese Angst auch. Er lässt sie sich aber nie anmerken.

Auch wenn sich mein Vater nur einbildet, dass ich mit

vierzehn Jahren schon von einer NBA-Karriere geredet
habe – die NBA war natürlich präsent in meinem Kopf. Das
Dream Team 1992 bei Olympia in Barcelona spielen zu sehen, war ein Riesenerlebnis. Ich schaute fast jedes Spiel im
Fernsehen an, sah, wie die Spieler, die bei den gegnerischen
Teams auf der Bank saßen, mit ihren Fotoapparaten Bilder
schossen, während ihre Kollegen versuchten, Michael Jordan zu decken – unglaublich! Michael Jordan war natürlich
der Held schlechthin für alle Basketballfans. Aber ich war
seinerzeit nicht nur Jordan-Fan: Mir gefiel sehr, wie Scottie
Pippen spielte, Jordans Partner bei den Chicago Bulls und
im US-Dream Team. Pippen hatte keinen schwachen Punkt,
er konnte einfach alles: dribbeln, passen, werfen, verteidigen. Und er bewegte sich sehr elegant für seine Größe. Für
mich war Scottie Pippen eigentlich noch mehr Vorbild als Jordan – ein richtiger Allrounder, und so einer wollte ich auch
werden.

Bei der Europameisterschaft 1993 saß ich dann nicht nur
vor dem Fernsehapparat, sondern war sogar in der Halle mit
dabei. Als klar war, dass die deutschen Basketballer das
Finale gegen Russland erreicht hatten, wurde in Würzburg
spontan eine Bustour zum Endspiel nach München organisiert. Mit meiner Schwester, meiner Cousine, meinem Cousin und anderen von der DJK Würzburg war ich live dabei, als
Deutschland nach einem dramatischen 71:70 Europameister
wurde. 1993 wusste ich auch schon über den deutschen Basketball etwas Bescheid, kannte die besten Spieler, Henning
Harnisch, Mike Jackel, Chris Welp und wie sie alle hießen.

Dass ich mich überhaupt für Basketball interessierte,
war neben meinem Cousin Holger vor allem Pit Stahl zu
verdanken. Holger nahm mich damals einfach mit, und Pit
überredete mich dann dabeizubleiben. Er ließ mich schon
als 13-Jährigen auf dem Flügel spielen, obwohl ich bereits

Kapitel 2

ein Meter neunzig groß war und damit größer als unser Center. Pit legte die Basis, auf der Holger Geschwindner später aufbaute. Ich weiß nicht, ob ich ohne Pit beim Basketball geblieben wäre, ob ich ohne seine Vorarbeit jemals auf Holger Geschwindner getroffen wäre.

Ein Querdenker und sein Institut für angewandten Unfug

Unweit von Bamberg liegt die Marktgemeinde Rattelsdorf. Auf ihrem Marktplatz erhebt sich eine steinerne Marienstatue mit goldenem Krönchen, ein Werk des böhmischen Bildhauers Ferdinand Tietz, den es vor mehr als zwei Jahrhunderten in die grüne Hügelwelt am Rand der Fränkischen Schweiz verschlagen hatte. Ein zweiter Anziehungspunkt der Gemeinde findet sich dicht neben dem Marktplatz, links vom Gässle, das als solches freilich nicht recht zu erkennen ist. Es ist die Bäckerei Meth, in der neben der Verkaufstheke eine Art Altar aufgebaut ist, ein Devotionalienschrein, der gelegentlich Ziel amerikanischer Touristen ist, Wallfahrer, wenn man so will, hauptsächlich solcher aus Texas. Ausgetretene Sportschuhe, Größe 52, baumeln von der Wand. Fotos, die Dirk Nowitzki in unterschiedlichen Posen zeigen, sind an eine Pinntafel angeheftet, ebenso eine Reihe vergilbter Zeitungsausschnitte und eine Baseballkappe mit dem Schriftzug des Würzburger Basketballstars. Den tomatenroten Plastikbezug zweier runder Imbisstischchen schmücken weitere Autogramme. Und zu besonderen Anlässen kann Dirk Nowitzki selbst, im Basketballtrikot, aus einem Hinterzimmer herausgeholt und hinzugestellt werden, ein Dirk Nowitzki aus Pappe zwar, aber einer in voller Größe. Das Gestell, das einmal Werbezwecken der Firma Obi gedient hatte, ist zu sperrig, als dass es dauerhaft einen Platz neben Quarktaschen und anderer Konditorware finden könnte.

72

Ursula Meth vor dem Nowitzki-Schrein in ihrer Bäckerei in Rattelsdorf

Kapitel 3

Rattelsdorf ist eng mit der Karriere Dirk Nowitzkis verbunden, auch wenn der Basketballspieler im Ort immer nur stundenweise zu Besuch war. Die Schulturnhalle steht hier, hinter deren grauer, abblätternder Fassade er zum Export für den Weltmarkt zurechtgeformt worden ist. Auch der Landarzt Thomas Neundorfer hat hier seine Praxis, der Dirks uneingeschränktes Vertrauen genießt und diesen heute notfalls quer über den Atlantik per Telefon behandelt. Und dann gibt es hier die resolute Ursula Meth, die seit vielen Jahren Dirk Nowitzki mit ihren Quarktaschen füttert. Inwieweit dies auf Nowitzkis Korbwürfe einen Einfluss gehabt hat, mögen Ernährungswissenschaftler beantworten, aber Tatsache ist, dass Ursula Meth in der Bäckerei ihres Sohnes von Anfang an den Schlüssel für Nowitzkis Karriere in ihren Händen gehalten hat. Am Anfang passte der Schlüssel ins Schloss der Schulturnhalle. Seit einigen Jahren lässt sich mit ihm die neue Sporthalle der Gemeinde aufsperren. Denn noch immer kommt Nowitzki während der Sommerpause der NBA regelmäßig hierher, um seinen Körper in Schuss zu halten und sich auf eine neue Saison der Dallas Mavericks oder den Einsatz im Nationaltrikot vorzubereiten.

Fragt man ihn, warum er es auf sich nimmt, im Heimaturlaub die rund hundert Kilometer von Würzburg zum Training nach Rattelsdorf zu fahren, ausgerechnet in diesen eher versteckten Winkel Frankens, antwortet er einsilbig, man solle sich in dieser Sache besser an den Holger wenden, denn der sei es gewesen, der den Ort ausgesucht habe.

Aber man braucht sich gar nicht erst beim Holger zu erkundigen. Die Antwort liegt auf der Hand oder genauer: hinter ein paar grünen Hügeln weiter in Richtung Fränkischer Schweiz. Dort, in einem Tal, findet man Peulendorf und das Alte Schloss, von dem aus Holger Geschwindner seit dem Jahr 1994 die Karriere Dirk Nowitzkis dirigiert.

Der Bazillus

Immer wieder Holger Geschwindner. Auch südlich von München, in der Seenlandschaft vor dem Alpensaum, hat der Trainer einen Platz ausfindig gemacht, der für die Entwicklung Dirk Nowitzkis Bedeutung erlangen sollte: Starnberg, Deutschlands reichste Stadt, gemessen an Einkommen und Vermögen der Bewohner. Aber anders als andere Sportgrößen, etwa der ehemalige Weltrekordsprinter Armin Hary und später die Fußballer Lothar Matthäus und Oliver Bierhoff, hat sich Nowitzki am Starnberger See nie nach einem standesgemäßen Domizil in Ufernähe umgesehen. Bis heute hat er dort nie anders als im Schlafsack auf einer aufrollbaren Matte genächtigt, hinter dem Bootssteg auf dem Gelände des «Münchner Ruder- und Segelvereins Bayern», früher in dessen brüchigem Bootshaus, zuletzt auf dem harten Boden der klubeigenen Gymnastikhalle.

Geschwindner organisiert im Ruderverein mit seinem Freund Georg Kendl, einem Lehrer am Starnberger Gymnasium, seit langem ein Sommercamp, in dem Dirk Nowitzki noch heute, sofern es seine Zeit zulässt, Energie auftankt und wo er sich nicht als Berühmtheit, sondern als groß gewordener Bub in einem Kreis von Jugendlichen bewegt, aus dem, so Geschwindners ungebrochener Ehrgeiz, einmal neue Basketball-Spitzenspieler herauswachsen könnten. Nowitzki war ja nicht der Einzige, der einst als Talent ins Sommercamp einzog. Zu den Campbesuchern zählten auch die späteren Nationalspieler Robert Garrett, Demond Greene und Marvin Willoughby, die sich in jungen Jahren der DJK Würzburg angeschlossen hatten, in der Zeit, als Holger Geschwindner dort als Betreuer fungierte. Noch heute sind sich Nowitzki und andere von den Ehemaligen, darunter Robert Garrett, nicht zu schade, im Starnberger Sommercamp mit Halbwüchsigen den Anweisungen ihres gemeinsamen Lehrmeisters zu folgen. Alle hocken sie dann in der Turnhalle im Kreis um den dozierenden Trainer auf dem Boden, Dirk Nowitzki, der Su-

Kapitel 3

Auch als Star noch Lehrling: Dirk Nowitzki mit Holger Geschwindner

Der Bazillus

perstar, nicht anders als der unbekannte rothaarige Junge neben ihm. Alle sitzen sie während der Mittagspause am gleichen langen Tisch und schaufeln Spaghetti in sich hinein. Und alle sitzen sie im gleichen Boot. Oder genauer: in zwei Booten. Rudern auf dem See, im Achter, darf als Programmpunkt nicht fehlen und war sogar der Grund dafür, dass sich Holger Geschwindner Starnberg als Stätte des Sommercamps ausgesucht hatte.

Und auch Ernie Butler, ein im Nachkriegsdeutschland sesshaft gewordener Amerikaner, der älter geworden ist, aber noch lange nicht alt, besucht gelegentlich das Starnberger Camp und bringt sein Saxophon mit. Und außerdem sein Renommee als Lehrmeister des Lehrmeisters.

Und schon geht der Blick zurück auf mehr als ein Jahrhundert Basketball. Verblüffende Zusammenhänge tun sich auf. Erkennbar wird eine schnörkellose Linie vom Ursprung des Basketballsports in den USA bis hin zu Dirk Nowitzkis Erfolgsstory im heutigen Big Business Basketball.

Ernie Butler. Eine Schlüsselfigur, wenn auch nicht die einzige. Er war zu Beginn der sechziger Jahre als Spieler in Gießen, einer Hochburg des Basketballsports, auf den dreizehn Jahre jüngeren Geschwindner getroffen. Aber zu der Begegnung wäre es vermutlich nie gekommen, wenn es da nicht schon vorher Theo Clausen gegeben hätte, einen sportbegeisterten Internatsleiter im hessischen Ort Laubach nahe Gießen. Und was wäre gewesen, wenn Clausen, der Sohn eines deutschen Missionars aus dem südamerikanischen Regenwald, nicht wiederum vorher in den USA einen gewissen Dr. James Naismith aufgesucht hätte?

Der Reihe nach: Theo Clausen hatte in den dreißiger Jahren an der Berliner Hochschule für Leibesübungen studiert, deren Leiter jener Carl Diem war, der nach dem Zweiten Weltkrieg wegen seiner Nähe zum Nationalsozialismus zu einer der umstrit-

Ernie Butler und Dirk Nowitzki im Starnberger Sommercamp

Der Bazillus

tensten Figuren im deutschen Sport werden sollte. Als Clausen bei ihm studierte, war Diem neben seiner Lehrtätigkeit auch Organisator der Olympischen Spiele 1936 in Berlin, bei denen erstmals Basketball auf dem Programm stand, eine in Deutschland damals noch weitgehend unbekannte Sportart. Deshalb versah Diem seinen Studenten Clausen mit dem Auftrag, sich in den USA mit dem Spiel vertraut zu machen. Und wo hätte er dies besser tun können als bei Dr. Naismith? Der Arzt und ehemalige Sportlehrer war schließlich nicht irgendwer. Auf ihn, einen gebürtigen Kanadier, ist das Basketballspiel zurückzuführen. Im Jahr 1891 hatte er an den einander gegenüberliegenden Emporen der Sporthalle seiner Schule, des YMCA College in Springfield, Massachusetts, in gut drei Metern Höhe Pfirsichkörbe aufhängen lassen und Regeln aufgestellt, nach denen seine Studenten versuchen sollten, Bälle in sie hineinzubefördern. Es war die Geburtsstunde des Basketballs. Naismith erfand ein Spiel, bei dem das Ziel für den Ball nicht mehr, wie in anderen Sportarten, auf dem Boden ruhte, sondern in der Luft hing.

Theo Clausen also begab sich dorthin, wo die dritte Dimension in den Mannschaftssport eingeführt worden war – und kam nicht mehr los von James Naismith' Erfindung. Basketball war als Bazillus in seinem Kopf.

Später bemühte sich Clausen, Basketball auch in Deutschland populär zu machen. Nach dem Zweiten Weltkrieg war er einer der Gründer des Deutschen Basketball Bundes. Beruflich fand er in den fünfziger Jahren seine Heimat am Graf-Friedrich-Magnus-Alumnat im hessischen Laubach. Dem kirchlichen Internat war eine höhere Schule angeschlossen. Dadurch wiederum kam Holger Geschwindner ins Spiel. Er nämlich zog als Zehnjähriger ins Alumnat ein, von seinen Eltern dorthin geschickt, damit aus ihm etwas Ordentliches werde, vielleicht sogar Pfarrer, denn im Internat wurde täglich die Bibel gelesen.

Aber bei dem Alumnatszögling Geschwindner war der Drang nach Bewegung stärker ausgeprägt als der nach der Bibel. Er war empfänglich für den Bazillus, den Theo Clausen aus Amerika mitgebracht hatte.

Clausen war ein Motivationskünstler. Basketball machte er zum Vorzeigesport der Schule. Holger war sein begabtester Spieler und fiel bald auch dem Deutschen Basketball Bund auf. Als Jugendlicher wurde er bereits in die Junioren-Nationalmannschaft berufen. Und genauso wie für Nowitzki wurde auch für ihn ein im Grunde unwichtiges Spiel zur Schlüsselerfahrung. Mit der Schulmannschaft fuhr er, damals 17 Jahre alt, zu einem Freundschaftsspiel nach Gießen, zum großen MTV. Und so wie er fast ein Vierteljahrhundert später den knapp 16-jährigen Dirk Nowitzki entdeckte, wurde er selbst von Ernie Butler entdeckt, auch wenn der Amerikaner ihn gar nicht spielen sah und nur vom Hörensagen erfuhr, was in der Halle an Unglaublichem geschehen war. Nämlich, dass da dieser Junge aus Laubach, dieser Holger, im Stakkato Körbe geworfen hatte, einen nach dem anderen. Hundert Punkte habe er erzielt, kein Witz, hundert Punkte, ganz allein, einfach sagenhaft, sensationell, noch nie da gewesen!

Butler hörte die Kunde von den hundert Punkten und trat ins Leben Holger Geschwindners und damit auch ins Leben Dirk Nowitzkis, obwohl der damals noch gar nicht geboren war.

Ernie Butler war in Bloomington aufgewachsen, einem Universitätsstädtchen im Bundesstaat Indiana, wo die Saat des Dr. James Naismith so prächtig wie nirgendwo sonst aufgegangen war – zuerst auf den öffentlichen Spielplätzen, den *playgrounds*, dann in den *fieldhouses*, den rostbraunen Backsteinhallen der High Schools. Und natürlich auch in der Indiana University von Bloomington. Fünf nationale Meistertitel haben die Studenten

Dirk Nowitzki als Kunstwerk, geschaffen von Holger Geschwindners Lebensgefährtin, der Malerin und Bildhauerin Ellen Hallier, gemalt auf den Noten von Dizzy Gillespies «A Night in Tunesia»

Der Bazillus

gewonnen, die Hoosiers, so benannt nach dem Spitznamen für die Bewohner Indianas. Nicht weniger als fünfzig ehemalige Spieler der Universität schafften den Sprung zu den Profis.

Als Junge maß sich Ernie Butler mit Schulkameraden, aus denen später ganz Große werden sollten. Willie Gardner gehörte dazu, der mit der berühmten Showtruppe der Harlem Globetrotters um die Welt tingelte. Und Oscar Robertson, der eine ähnliche Ausnahmeerscheinung im Basketball war wie nach ihm der große Michael Jordan von den Chicago Bulls. Aus Ernie Butler hingegen wurde ein schlechtbezahlter Lehrer. Er ließ sich von der US Army als Zivilist zur Unterrichtung von Garnisonskindern nach Gießen verpflichten, und es war naheliegend, dass er sich dem MTV anschloss, einem der führenden deutschen Klubs. Es ging nicht um Geld. Damals gab es noch keine Spieler aus Übersee, die sich als Profis anheuern ließen. Butler klopfte einfach an und fragte, ob er mitspielen dürfe. Er wurde, als Amateur, der erste amerikanische Star im deutschen Basketball.

Bald nachdem er von Holger Geschwindners magischen hundert Punkten gehört hatte, setzte er sich ins Auto, fuhr nach Laubach, redete mit den Lehrern, von Kollege zu Kollege, und kam mit ihnen überein, dass er zweimal in der Woche Holger abholen und zum Mannschaftstraining nach Gießen bringen durfte – 60 Kilometer hin und zurück in einem klapprigen Opel Kadett, bei dem Butler nie sicher sein konnte, dass er nicht plötzlich seinen Geist aufgab.

Zwischen dem Amerikaner und dem hessischen Jungen entwickelte sich ein freundschaftliches Verhältnis, das Geschwindner später auf seine eigene Beziehung zu Dirk Nowitzki übertrug. Alles, was er aus seiner eigenen Lehrzeit in Gießen mitnahm, gab er an Dirk weiter. Butler machte Holger Geschwindner nicht nur zu einem wertvollen Mannschaftskameraden im Verein. Er, der Lehrer, weckte in Geschwindner auch musische Interessen, brachte ihn mit Jazz in Berührung, der Musik der Schwarzen aus New Orleans, die mit den amerikanischen GIs nach Deutschland geschwappt war. Jazzkeller waren in Mode. Holger begeisterte sich für die neue Musik, lernte die Synkopen lieben, die immer neuen Möglichkeiten des freien Improvisierens, und bewunderte die Bands, die oft vier, fünf Stunden ohne Atempause auf der Bühne standen.

Und ihm fielen verblüffende Gemeinsamkeiten mit seinem Sport auf. Beruhten Jazz und Basketball nicht auf ganz ähnlichen Prinzipien? Die Idee faszinierte ihn. Basketball, predigt er heute allen, den Jungen im Sommercamp vom Starnberger See ebenso wie Dirk Nowitzki in Rattelsdorf, Basketball sei nicht nur wie Jazz, nein, es sei Jazz, Jazz auf einem Holzparkett, basierend auf der Beherrschung der Technik und begleitet von spontaner Eingebung. Für den Rhythmus auf der Bühne und den auf dem Feld fand Geschwindner einen gemeinsamen Nenner, den er fortan als Lehrsatz verbreitete. «Ein Spieler», so Holger Geschwindner, «darf improvisieren – aber erst, wenn er das Spielen, die Technik beherrscht.»

Dirk Nowitzki schenkte er zu Weihnachten ein Saxophon. Und mit Till Brönner hält er Kontakt und versucht über ihn, den Jazz-Virtuosen, seine eigenwillige Botschaft an Nachwuchsspieler zu bringen. Und Ernie Butler holt er auch deshalb gelegentlich nach Starnberg, damit der Alte den Jungen auf dem Saxophon vorspiele, am Abend neben dem Grillfeuer am See.

Bis heute sind Butler und Geschwindner Freunde geblieben. Gemeinsam waren sie in der Vergangenheit nach Amerika gereist, in Butlers Heimat nach Bloomington, hatten die Playgrounds und die Fieldhouses aufgesucht, alle Plätze, wo Basketballkörbe hingen. Geschwindner spielte gegen die Freunde seines Freundes, gegen frühere College-Studenten, von denen einige Profis geworden waren. Urlaubsbasketball. Und doch war es mehr. Natürlich wollte Butler, der Lehrer, bei allem Spaß den Freund auch wissen lassen, dass dieser selbst im Mutterland des Basketballsports mit seinen Fähigkeiten bestehen konnte.

«Keine Frage, dass Holger auch bei uns in den USA hätte mithalten können», sagt Butler, «er hatte die richtige Größe für einen Aufbauspieler, er konnte werfen, er hat das ganze Feld überblickt.»

Aber Butler und Geschwindner wussten auch, dass es damals in den USA keine Nachfrage nach Spielern aus dem Ausland gab. Basketball in Amerika – das war Basketball in einer anderen Welt, in der es für einen Spieler aus Deutschland keinen Platz gab. Holger Geschwindner war seiner Zeit voraus gewesen. Globalisierung war noch kein Schlagwort. Aber Dirk Nowitzki wurde in die richtige Zeit hineingeboren, und vielleicht hat Holger Geschwindner ihn deshalb nicht zufällig entdeckt. Vielleicht musste er ihn entdecken. Vielleicht wollte er ihn finden, einen Jungen, mit dem er erreichen konnte, was ihm selbst in Amerika versagt geblieben war. Vielleicht suchte er sein zweites Ich.

Heute fliegt Geschwindner drei-, viermal im Jahr jeweils für ein paar Wochen in die USA. Und wenn Nowitzki sein Alter Ego ist, dann kommt er, um sich selbst spielen zu sehen. Jahrelang hatte er im American Airlines Center, der von Ross Perot und dessen Partner Tom Hicks erbauten mächtigen Sportarena, seinen Platz versteckt in einem Seitenblock, der Sektion 105, Reihe P, dem ersten Sitz neben dem Aufgang. Aber Nowitzki wollte besseren Blickkontakt zu Geschwindner. Darum hat dieser inzwischen einen neuen Platz, Sektion 117, Reihe S, direkt oberhalb der Spielerbank, von wo er präziser verfolgen kann, wie sich Dirk Nowitzki bewegt, wie er wirft, wie er läuft, was in ihm vorgeht, von welchen Emotionen er mitgerissen wird.

Geschwindner sitzt dann reglos auf seinem Platz, ein seltsam unbeteiligt erscheinender Beobachter in einem brodelnden Kessel, in dem mehr als 20 000 Zuschauer aufspringen, die Arme hochreißen und in frenetisches Geschrei ausbrechen, wenn Nowitzki in den Korb trifft. Geschwindner indes sitzt wie angeklebt auf seinem Sitz, mit ausdrucksloser Miene. Er versagt es sich, sich selber Applaus zu spenden.

Holger Geschwindner, der Spieler. Mit Ernie Butler gewann er 1965 für den MTV Gießen die deutsche Meisterschaft. Es war für ihn der erste ganz große Erfolg, aber für lange Zeit sein letzter Auftritt mit dem amerikanischen Freund. Butler wurde von der US Army nach München versetzt. Geschwindner blieb in Gießen zurück und holte für den Verein zwei weitere deutsche Meistertitel und wurde einmal Pokalsieger. Nebenher studierte er Mathematik, Physik und ein bisschen Philosophie und machte alles mit, was das Leben bot und Studenten bewegte, auch den wilden Protest gegen die Hierarchien. Sein Leben wurde von vielen als ungezügelt angesehen, erweckte bei manchen Neid und wurde von den Funktionären mit wachsendem Argwohn verfolgt: Was ist das bloß für ein Kerl, der in seinem Eigensinn andere ständig vor den Kopf stößt? Der es sich in seinem Hochmut leistet, das Spiel nicht ernst zu nehmen und – unerhört! – auf dem Weg zum Korb kehrtmacht, um sich selbst den Wurf zu erschweren, wenn ihn schon kein Gegner hindern kann? Der sich als Student statt in einem möblierten Zimmer in einer stillgelegten Fabrikhalle oder einem Wasserwerk einmietet? Der zu den Vorlesungen in der Universität in einem Porsche kommt und mit diesem, später, dann auch noch als Teilnehmer bei einer kommunistischen Demonstration mitfährt? Ein Verrückter, ein Eulenspiegel?

Sein ganzes Leben lang hat Holger Geschwindner der Vor-

Der Bazillus

wurf begleitet, nicht anpassungsfähig zu sein. Er hatte es nicht nötig, sich zu fügen. Als Basketballspieler war er den anderen überlegen, unbestritten der Beherrscher der Bühne, ausgezeichnet als Bester im deutschen Team sowohl bei der Universiade in Turin im Jahr 1970 als auch bei der Europameisterschaft 1971. Bei den Olympischen Spielen 1972 in München war er Kapitän der deutschen Auswahl, und sein Name wurde in einem Atemzug mit den Stars aus den USA und der Sowjetunion genannt. Obwohl er sich mit dem Verband ständig anlegte, absolvierte er 150 Spiele im Nationaltrikot, ehe er 1976 mit der Begründung aus dem Nationalkader gestrichen wurde, er sei zu alt. In Wirklichkeit war es eine Strafmaßnahme. Geschwindner war erst 30, dachte nicht ans Aufhören und sollte noch länger als ein Jahrzehnt die Attraktion der obersten Basketballklasse bleiben.

Den MTV Gießen hatte Geschwindner freilich schon vor den Olympischen Spielen 1972 verlassen, angelockt von München, wo es Bestrebungen gab, Basketball auf höchstem Niveau zu etablieren. Das Vorhaben schlug fehl, und Geschwindner begab sich auf Wanderschaft, auf sportliche wie auf berufliche. In München war er bereits als Mitarbeiter des Max-Planck-Instituts am Aufbau der elektronischen Datenverarbeitung beteiligt gewesen. Als er einen Job in einem Bamberger Rechenzentrum fand, schloss er sich dem 1. FC Bamberg an, konnte aber nicht verhindern, dass der Klub aus der Bundesliga abstieg, zog daraufhin weiter zum ASC Göttingen, mit dem er seinen vierten deutschen Meistertitel errang, schloss sich dann dem BSC Saturn Köln an, ehe er wieder nach Bamberg zurückkehrte und, eine späte Genugtuung, dem Verein zum Wiederaufstieg in die höchste Liga verhalf. Wie schon zuvor kamen viele vor allem seinetwegen zu Spielen. Er sei der Beckenbauer des Basketballs gewesen, schwärmt noch heute Nowitzkis Arzt Thomas Neun-

Kapitel 3

Holger Geschwindner als Aktiver in den siebziger Jahren

Der Bazillus

dorfer, der schon als Schüler in Bamberg Geschwindner bewundert hatte.

Beruflich etablierte sich Geschwindner als selbständiger Projektentwickler. Basketball wollte er aber noch immer nicht aufgeben, auch wenn er sich, mittlerweile mehr als 40 Jahre alt, von 1987 an mit einer Rolle in zweit- und drittklassigen Vereinen oder in Seniorenmannschaften im fränkischen Raum begnügte und bisweilen mit seiner Mannschaft auf der Tribüne warten musste, bis Jüngere, Jugendliche noch, Kinder in seinen Augen, das Spielfeld freigaben. So wie 1994 in Schweinfurt. Seine erste Begegnung dort mit Dirk Nowitzki war Zufall. Aber immerhin war die Schweinfurter Sporthalle bestens geeignet für solche Zufälle. Denn für Deutschlands Basketball ist der fränkische Landstrich von Würzburg bis Bamberg das, was für Amerika Bloomington und ganz Indiana sind. Im nördlichen Franken, wo die Amerikaner im Kalten Krieg ihre Stützpunkte nahe dem Eisernen Vorhang errichtet hatten, reihten sich die Basketballklubs dicht an dicht. Schweinfurt lag mittendrin – und auch im Schnittpunkt der Lebenslinien Geschwindners und Nowitzkis.

Geschwindner war knapp fünfzig Jahre alt, als er Nowitzkis Trainer wurde. In Peulendorf war er sesshaft geworden, hatte einen Flügel des baufälligen Alten Schlosses eigenhändig renoviert. Es war Zeit, sich Neuem zuzuwenden.

Beim Antrittsbesuch hatte Geschwindner die Eltern Nowitzki lapidar wissen lassen, dass ihr Sohn noch manches falsch, aber vieles auch schon richtig mache und dass er, Geschwindner, ihm einiges beibringen könne. Jörg Nowitzki zögerte, wusste nicht so recht, was er von dem Ganzen halten sollte. Sein Misstrauen war angebracht. Viele wollten von Dirks Talent profitieren, wollten an seiner sportlichen Zukunft teilhaben. Und überhaupt: Bedeutete die Offerte nicht, dass er seinen Sohn nun ständig

Mit Nowitzki gelingt der DJK der Aufstieg in die Erste Bundesliga

Der Bazillus

zu Herrn Geschwindner bringen musste, in die Bamberger Gegend? Wo lag eigentlich dieses Peulendorf? Zu lange hatte Jörg Nowitzki Chauffeurdienste für seine Kinder leisten müssen, davon hatte er genug. Weite Fahrten wollte er nicht noch einmal auf sich nehmen. Auf Geschwindners Angebot ging er deshalb erst ein, als ihm zugesichert wurde, er brauche sich um die Fahrerei nicht zu kümmern. Ein simpler Deal wurde gemacht, des Inhalts, dass Holger Geschwindner zunächst nur ein paarmal in Würzburg mit Dirk üben sollte, auch deshalb, damit der Junge und sein Trainer herausfinden konnten, ob sie miteinander klarkommen würden.

Sie kamen prächtig miteinander zurecht. Dirk hörte auf Geschwindner, und der erkannte schnell, was er tun musste, wenn er den Jungen wirklich weiterbringen wollte.

«Damit du dein Talent nutzen kannst», sagte er zu ihm, «müssen wir dein sportliches Umfeld verändern.»

Aber eigentlich richtete Holger Geschwindner die Forderung nicht an Dirk, sondern an sich selbst. Im Jahr vorher hatte er ein Angebot der DJK Würzburg ausgeschlagen, das Traineramt des Klubs zu übernehmen. Aber nun wollte er darauf zurückkommen und sich anbieten, zwar nicht als verantwortlicher Trainer, aber als Helfer von Dirks früherem Betreuer Pit Stahl, der inzwischen die Männermannschaft trainierte. Denn damit konnte er zwei Fliegen mit einer Klappe schlagen. Er konnte direkt mit Dirk arbeiten und gleichzeitig dessen Umfeld im Verein nach eigenen Vorstellungen gestalten.

Der Klub willigte ein, und Würzburg wurde zur Talentschmiede des deutschen Basketballs. Dirk Nowitzki, Robert Garrett, Demond Greene, Marvin Willoughby, die jungen Talente, die sich der DJK Würzburg angeschlossen hatten, unterwarfen sich Geschwindners eigenwilliger Auffassung von Basketball. Geschwindner korrigierte Fußstellung, Armwinkel und Fingerhaltung, so als handele es sich um das Fingerspiel an den Knöpfen des Saxophons. «Im Basketball», sagt er, der Physiker, «darf jeder seine eigene Philosophie haben, aber nicht seine eigene Vorstellung von Physik.» Das Basketballspiel kalkulierte er durch wie die Projekte für Seilbahnen oder Brennöfen, mit denen er es beruflich zu tun hatte. Körpergröße, Armlänge – wichtig zur Ermittlung der optimalen Wurfbewegung, des Wurfwinkels, der Flugkurve des Balles. Ballbeschleunigung, Fehlertoleranz – Geschwindner errechnete, wer wie in welcher Situation zu werfen hatte. Aus Gründen der Statik ist es vorteilhaft, so Geschwindners Lehre, wenn sich beim Sprungwurf der Spieler mit einer X-Bein-Stellung abstemmt. Auf Daumen, Zeige- und Mittelfinger achten, sie spreizen! Auch dies eine weitere Forderung des Physikers Geschwindner. Der Daumen müsse den Ball stützen, damit der auf Zeige- und Mittelfinger wie auf Schienen geleitet wird.

Was Holger Geschwindner seinen Jungen, dem Dirk, dem Robert, dem Demond, dem Marvin und anderen, in Würzburg beibrachte, waren oft Dinge, die nicht in einem Lehrbuch standen und mitunter auf den ersten Blick mit Basketball auch wenig zu tun hatten.

«Aber die Jungs», sagt Holger Geschwindner, «haben nie etwas in Frage gestellt, weil sie von Anfang an die Fortschritte gesehen haben.»

Die Älteren in der Mannschaft, die etablierten Spieler, verfolgten das Trainingsprogramm hingegen eher kopfschüttelnd, belustigt. Aber als die Mannschaft 1995 in die zweite Saison mit dem Trainerduo Stahl und Geschwindner ging, hatten einige von ihnen bereits ihren Stammplatz im Team verloren.

Und Dirk Nowitzki hatte mit einem Mal das sportliche Umfeld, das sein Mentor für ihn als notwendig ansah. Sportlich konnte es für ihn nicht besser laufen. Aber im Kopf des 16-Jährigen

Der Bazillus

begann bereits ein gefährlicher Gedanke zu kreisen. Wozu eigentlich der ganze Stress mit der Schule, dem Gymnasium, wo er doch mit Basketball später Geld verdienen konnte, in Deutschland sicher, vielleicht sogar im Ausland? In der elften Klasse hagelte es im Halbjahreszeugnis Fünfer – in Mathematik, Physik, Deutsch, Englisch. Versetzung gefährdet! Krisenstimmung deshalb bei den Nowitzkis. Der Vater redete dem Sohn ins Gewissen – die Fünfer müssen weg, Schule hat Vorrang vor Basketball, klar? Krisenstimmung aber auch bei Holger Geschwindner, der schon von Theo Clausen und Ernie Butler gelernt hatte, dass für einen Lebensweg mehr notwendig sei, als zehn, zwölf schnelle Schritte vor und zurück auf einem Basketballfeld zu tun. Genauso unnachgiebig wie Dirks Vater bestand Geschwindner darauf, dass das Abitur hermusste – sonst, Dirk, Ende der Zusammenarbeit!

Denn Geschwindner dachte bereits weiter, wollte alle Optionen für Nowitzkis Zukunft offenhalten, bezog in seine Überlegungen die amerikanischen Colleges und Universitäten ein, wo es Sportstipendien für herausragende Athleten gibt. Ohne deutsches Abitur würde eine solche Option hinfällig werden. Deshalb stellte Geschwindner eilends eine neue Mannschaft zusammen, eine, bei der X-Beine keine Rolle spielten, sondern bei der allein der Kopf zählte. Um einen ganz anderen Klassenerhalt als den im Basketball ging es. Klassenerhalt in der Schule! Dirk musste noch zweimal versetzt werden bis zum Abitur. Alle verfügbaren Kräfte wurden mobilisiert. Wozu spielten bei der DJK Würzburg so viele Lehramtsstudenten? Selbst der Abteilungsleiter Wolfgang Malisch, ein Chemieprofessor, wurde als gelegentliches Mannschaftsmitglied gewonnen. Im Abiturjahr 1997 stieß auch Thomas Neundorfer hinzu, reiste Dirk hinterher, nach Starnberg ins Sommercamp, wo zudem der Lehrer Kendl zur Verfügung stand. Alle begriffen Dirks Abitur als eine

Kapitel 3

persönliche Herausforderung. Und es funktionierte. Dirk kam durch.

Was Basketball anging, hatte Dirk keine Mühe. Er übersprang die Klassen und sicherte sich noch als Jugendlicher einen Stammplatz in der Männermannschaft der DJK Würzburg, die sich bis dahin in der Zweiten Liga abgequält hatte, sich aber mit ihm Hoffnung darauf machen durfte, in die Erste Liga aufzusteigen. Auch in der Junioren-Nationalmannschaft hatte Nowitzki Erfolg, schaffte mit dem Team 1996 die Qualifikation für die Europameisterschaft in Frankreich, wo er viertbester Werfer des Turniers wurde. Dies wiederum brachte ihm eine Einladung zu einer Wettkampfreise der besten europäischen Nachwuchsspieler nach Amerika ein, wo er Gelegenheit bekam, in Atlanta, Georgia, beim olympischen Basketballturnier vorbeizuschauen.

Und plötzlich häuften sich die Anrufe bei ihm zu Hause in Würzburg. Dirk war noch keine neunzehn, als der Bundestrainer Vladislav Lucic ihn in die Nationalmannschaft berief. Anfragen kamen auch aus den deutschen Top-Vereinen, aus Berlin, Leverkusen, Bonn, Bamberg, und selbst von europäischen Spitzenklubs wie Barcelona und Mailand. Alle interessierten sich für diesen jungen Spieler aus Deutschland. Die Nowitzkis mussten sich einen Anrufbeantworter zulegen, weil mitten in der Nacht Telefonate aus den amerikanischen Colleges kamen.

Von Peulendorf aus versuchte Holger Geschwindner, die Dinge unter Kontrolle zu halten. Er brauchte jetzt nicht mehr zwischen seinem Wohnsitz in Peulendorf und Würzburg zu pendeln. Als Dirk volljährig geworden war und seinen Führerschein gemacht hatte, befand Geschwindner, dass der junge Mann zum Training zu ihm kommen sollte, in die Bamberger Gegend. Es

Der Bazillus

war Thomas Neundorfer, der ihn auf Rattelsdorf aufmerksam machte. Der Rest war Formsache. Geschwindner erhielt die Erlaubnis zur Benutzung der Schulturnhalle, musste aber jedes Mal den Schlüssel in der Bäckerei Meth abholen. Wenn er und Dirk ihn zurückgaben, warteten schon die Quarktaschen.

Dirk Nowitzki war so hungrig, wie ein 19-Jähriger nur sein kann. Hungrig vor allem nach Erfolg. Mit brennendem Ehrgeiz nahm er auf sich, was Holger Geschwindner ihm zumutete. In jeder Trainingseinheit mehrere hundert Ballwürfe nacheinander, von links, von rechts, von vorn. Der Körper merkt sich Kurven für Wurfvarianten. Holger Geschwindner verordnete ihm Nachhilfeunterricht. Und er lehrte Dirks Beine richtiges Laufen. Die Schrittbewegungen waren nicht perfekt, nicht im Rhythmus des Jazz.

Rattelsdorf, die Trainingshalle dort, wurde zur Werkstatt für den Feinschliff von Deutschlands wertvollstem Sportexport in die USA.

Ebenso Starnberg. Das Camp im Ruder- und Segelverein geht auf Geschwindners Freundschaft mit Georg Kendl zurück, den er auf einer Abenteuerreise durch Afghanistan Ende der siebziger Jahre kennengelernt hatte, als der Hindukusch zwar eine unruhige Weltgegend, aber noch nicht der Brandherd von heute war. Mit dem Lehrer hatte er diskutiert, wie man Abwechslung ins Krafttraining bringen und was man an die Stelle der üblichen Eisenkammern mit ihren Hanteln und Gewichten setzen konnte, die eher dazu geeignet waren, junge Leute abzuschrecken. Kendl war Mitglied im Beirat des Ruder- und Segelvereins. Wie wäre es mit Rudern? Die Spieler in einem Boot, das gefiel Geschwindner. Rudern im Achter fördert Teamgeist, erfordert Disziplin, lässt den Einzelnen sich als Teil des Ganzen begreifen. Geschwindner war immer einer, der bildlich denkt: Zieht jemand nicht mit, buchstäblich, dreht sich das Boot im

Kapitel 3

Kreis. Das Mitziehen, andererseits, gibt den Oberarmen, den Schultern die Kraft, die auch Basketballspieler brauchen, wenn sie sich unterm Korb durchsetzen wollen. Und durch das Abdrücken der Füße am Stemmbrett bei jedem Ruderschlag wird die Beinkraft, die Sprungkraft gefördert. Der Statiker Geschwindner sah in Kendls Vorschlag alle seine Forderungen an ein abwechslungsreiches Training erfüllt. Das Projekt konnte angepackt werden.

Seit den Anfangstagen des Camps vor einem Jahrzehnt rudern die Teilnehmer auf dem See, oft in einer Regatta gegeneinander, in Booten mit leicht modifizierter Bauweise, weil die üblichen Stemmbretter für die Füße eine O-Bein-Haltung bewirken, was Geschwindners X-Bein-Theorie entgegensteht. Immer geht es am Ufer entlang zu einem Eiland namens Roseninsel, 13 Kilometer hin und zurück, vorbei am Sissi-Schloss, in dem die spätere österreichische Kaiserin ihre Jugendjahre verbrachte. Schon zu Beginn war es so, als Geschwindners Freundeskreis Dirk über die schulischen Hürden hinweghelfen musste: Alle beteiligten sich nicht nur am Nachhilfeunterricht, sondern auch an den Kosten von Unterkunft, Verpflegung und Hallenbenutzung. Jeder hatte seine spezielle Aufgabe. Georg Kendl war der Organisator des Trainings in der Turnhalle und der Verbindungsmann zum Ruder- und Segelverein. Und Thomas Neundorfer sperrte seine Praxis in Rattelsdorf zu und stellte sich im Camp als Arzt zur Verfügung.

Der Deutsche Basketball Bund hatte zu dieser Zeit bereits weitgehend seinen Einfluss auf Dirk Nowitzki verloren. Zu dominierend war Holger Geschwindner in dessen Leben geworden. Der Altstar aus Peulendorf war für den Jungstar aus Würzburg die allein maßgebliche sportliche Instanz geworden und scheute die Konfrontation mit dem Verband nicht. Unausweichlich,

Der Bazillus

dass es eines Tages zum offenen Zusammenstoß kommen musste. Er kam im Frühjahr 1997. Geschwindner holte Dirk und dessen Würzburger Mannschaftskollegen Robert Garrett von einem Lehrgang des Verbandes in Saarlouis vorzeitig ab, um beide nach Starnberg zu bringen, ins Sommercamp. Ein unerhörter Affront, der Deutsche Basketball Bund schäumte. Was erlaubte sich dieser Kerl, dieser Geschwindner! Und dann, nur ein paar Wochen später, die nächste Brüskierung. Nowitzki verletzte sich bei einem Turnier mit der Junioren-Auswahl, eine Bänderoperation am Sprunggelenk erschien den Verbandsärzten als unumgänglich. Doch Dirk konsultierte Thomas Neundorfer, der ihm ebenso wie ein führender deutscher Orthopäde empfahl, auf die Selbstheilungskräfte des Körpers zu vertrauen. Das angeknackste Gelenk kam tatsächlich in Ordnung, ohne dass das Band geflickt werden musste. Aber wieder reagierten die Basketballfunktionäre empört: Wie konnte bloß dieser Geschwindner das kostbare Talent in die Hände eines unbekannten Landarztes geben!

Was auch immer Geschwindner mit seinem Schüler machte – es stieß beim Deutschen Basketball Bund auf Ablehnung. Das Training in Rattelsdorf – unnötig, wo es doch den Verein in Würzburg gab. Das Sommercamp in Starnberg – was sollte der Unsinn mit dem Rudern? Und auch die Sache mit dem Jazz und der ganze Kram mit der Physik und der Mathematik – war das nicht alles grober Unfug?

Alle seien sie über ihn hergefallen, erinnert sich Geschwindner, die ganzen Weisen des Basketballs in Deutschland.

Und deshalb ließ er, nun ganz der Eulenspiegel, für den er schon vorher gehalten worden war, eine Visitenkarte drucken, in der er seinen Spott an den Funktionären ausließ. Als Betreiber eines «Instituts für angewandten Unfug» stellte er sich auf der Karte vor. Und damit es die ganze Welt erfahren sollte, präsentierte er auf der Rückseite gleich auch noch die englische Übersetzung: «Institute of applied nonsense».

Auch wenn er es nicht an die große Glocke hängte – innerlich hatte er sich bereits entschieden, die amerikanische Bühne zu betreten und für Dirk die College-Möglichkeiten zu sondieren. Bei den Eltern Nowitzki fand er Zustimmung, auch wenn sie nicht gerade überschwänglich ausfiel, weil Dirks Schwester Silke als junge Basketballerin in Pittsburgh wenig positive Erfahrungen mit der Universität gemacht hatte. Sie war sich wie in einem Army-Camp vorgekommen und hatte schnell wieder die Koffer gepackt. Geschwindner wollte Dirk deshalb behutsam an Amerika heranführen, den ganz in seiner Heimat verwurzelten Jungen allmählich mit dem Land vertraut machen.

Aber zunächst einmal kam Amerika auf Dirk zu, in Gestalt von George Raveling, der beim amerikanischen Sportartikelkonzern Nike zuständig war für ein Firmenprojekt namens *grassroots program*, das zum Ziel hatte, vielversprechende junge Athleten frühzeitig zu erkennen und an den Konzern zu binden, um später mit ihnen werben zu können.

Raveling hatte von dem jungen Mann aus Würzburg gehört. Er lud ihn nach Paris ein, wo Nike gerade Talente sichtete. Dirk nahm die Einladung an. Humpelnd nach seiner Bänderverletzung machte er über den Umweg Paris einen wichtigen Schritt in Richtung Amerika. Nach seiner ersten Begegnung mit George Raveling ist der Kontakt zu Nike nie mehr abgebrochen. Nike wurde zu einem der wichtigsten Wegbereiter für Nowitzkis Weltkarriere. Und überdies wurde Nowitzki ein wichtiger Werbeträger für Nike-Sneakers.

Zunächst aber wurden ihm im Herbst 1997 Militärstiefel angepasst. Mit dem gleichen Nachdruck wie aufs Abitur hatte Holger Geschwindner auf die Ableistung des Wehrdienstes gedrängt. Dirk dürfe sich nicht drücken, so Geschwindners

Diktat, auch wenn er sich durch seine Größe der Einberufung vermutlich hätte entziehen können. Nowitzki jedenfalls musste zum Grundwehrdienst einrücken, wurde kaserniert. Aber schon nach zwei Wochen erwirkte Geschwindner eine Ausnahmegenehmigung. Er wollte Dirk an einem Ereignis besonderer Art teilhaben lassen. Nike hatte prominente Werbeträger auf eine Schautournee nach Europa geschickt, Basketball-Weltstars wie Charles Barkley und Scottie Pippen aus dem legendären amerikanischen Dream Team bei Olympia 1992 in Barcelona. Dirk wurde eingeladen, sich in einer deutschen Auswahl der amerikanischen Übermacht zu stellen, einen Tag nach einem Gepäckmarsch über zehn Kilometer. Dennoch nötigte seine Leistung Charles Barkley Respekt ab. «Aus diesem Nowitzki», ließ sich der Amerikaner vernehmen, «kann ein ganz Großer werden.»

Das fand auch der neue Bundestrainer Henrik Dettmann, dessen Verpflichtung Stirnrunzeln ausgelöst hatte, weil er, was Basketball anging, aus einem Niemandsland kam, aus Finnland. Der Finne mit dem deutschen Namen nominierte Nowitzki für Qualifikationsspiele zur Europameisterschaft, ließ ihn dann aber auf der Bank sitzen und fand, um ihn aufzumuntern, wohlmeinende Worte für ihn: In einigen Jahren könne er zu einem der besten deutschen Basketballspieler reifen. Und schon war der nächste Eklat da. Holger Geschwindner bekam die Bemerkung in den falschen Hals und reagierte impulsiv wie immer auf das, was er als pure Herablassung empfand. Er verfrachtete Dirk ins Auto und brauste von dannen. «Ungeheuerlich!», tobten die Funktionäre des Deutschen Basketball Bundes und warfen Geschwindner Größenwahn vor.

Geschwindner war es egal. Er war entschlossen, den Weg mit Dirk unbeirrt weiterzugehen. Der führte zunächst an Amerikas

Westküste. Dirk Nowitzki hatte den Grundwehrdienst hinter sich und genoss als Mitglied einer Sportförderkompanie in Mainz nun alle Freiheiten, seinen Sport zu betreiben. Und außerdem hatte er Weihnachtsurlaub. Holger Geschwindner flog mit ihm nach Kalifornien, um ihm den Campus der beiden kalifornischen Elite-Universitäten Stanford und Berkeley zu zeigen. Zu einem Erfolg geriet die Reise nicht. Dirk drängelte und quengelte, wollte wieder heim nach Würzburg, zur Familie, zum Sauerbraten der Mutter, zu den Freunden, zum heimischen Basketball. Geschwindner brach den Ausflug ab.

Drei Monate später, im März 1998, sollte Dirk Nowitzki jedoch bereits wieder im Flugzeug Richtung USA sitzen. Und diesmal war alles anders. Nicht, dass sich Dirk plötzlich von Amerika angezogen gefühlt hätte. Aber jetzt ging es nicht mehr um Sightseeing, nicht um ein Hineinschnuppern in die Welt der Colleges. Jetzt ging es ausschließlich um Sport. Dieser zweite USA-Trip führte in die historische texanische Stadt San Antonio, den Schauplatz eines der großen amerikanischen Heldendramen. Remember the Alamo! Die Ruine der Missionsstation steht dort, in der sich im Frühjahr 1836 eine Handvoll amerikanischer Abenteurer und Patrioten unter dem Kommando des Colonels William Travis bis zum letzten Mann gegen eine mexikanische Streitmacht für die Unabhängigkeit von Texas aufgeopfert hatte. Dort spielten jetzt die vier besten College-Mannschaften der USA um die nationale Meisterschaft in einer Endrunde, die eines der wichtigsten Ereignisse des amerikanischen Sportjahres ist. Als Rahmenprogramm ließ Nike als Sponsor amerikanische High-School-Boys gegen eine Weltjugendauswahl antreten – und Dirk Nowitzki wurde in deren Kader berufen.

George Raveling hatte sich dafür eingesetzt. Im *grassroots program* sei lange über Dirk diskutiert worden, erinnert sich der Talentsucher. Deutschland war kein Basketball-Land, dessen

Boden man pflügte. Doch Raveling war überzeugt von Nowitz-kis Begabung und machte die Einladung an den Würzburger zu seiner ganz persönlichen Sache. Dirk wollte aber gar nicht nach San Antonio, weil er die Mannschaft der DJK Würzburg nicht im Stich lassen wollte, die sich mitten im Aufstiegskampf für die höchste Klasse befand. Doch auf Dirks Meinung kam es nicht an. Die Pläne machte Holger Geschwindner. Er ließ Dirk im Glauben, San Antonio habe sich erledigt. In Wirklichkeit hatte er Raveling eine Zusage gegeben. Zu verlockend war die amerikanische Einladung, zu wichtig für Dirk. Geschwindner wusste, dass er Dirk entführen, ihn zu seinem Glück zwingen musste. Niemand sollte Gelegenheit haben, ihn aufzuhalten. Erst am Abend, nach einem Vereinstraining, ein paar Stunden vor dem Abflug, erfuhr Dirk, was Geschwindner und Nike mit ihm vorhatten. Es war zu spät, als dass er noch die Eltern hätte aufwecken können. Um sechs Uhr in der Früh holte ihn Geschwindner ab, ließ Würzburg mit dem Gekidnappten fluchtartig hinter sich.

Die Stadt wachte erst auf, als es zu spät war. Die lokale Presse entrüstete sich. Die «Main Post» kommentierte: «Die Art und Weise, wie der noch junge Basketballer der Einladung in die USA gefolgt ist, wirft die Frage auf, ob der Korbjäger auch die charakterlichen Eigenschaften besitzt, um einmal ein ganz Großer zu werden.» Woraufhin Dirks Vater wutentbrannt ins Verlagshaus stürmte, um die Verantwortlichen zur Rede zu stellen. Holger Geschwindner wiederum wurde als der «Drahtzieher der geheimen USA-Mission» ausgemacht. Noch heute nagt es in ihm, dass er damals, so seine Empfindung, als Kindsverderber hingestellt wurde.

Bei der DJK Würzburg war man nachsichtiger gegenüber Dirks Mentor, reagierte sogar verständnisvoll. Klaus Perneker war dort inzwischen Trainer. Noch zwei Jahre vorher hatte er

Kapitel 3

mit Dirk zusammen in der Mannschaft gespielt und war, wofür ihm alle dankbar waren, auch Mitglied in jenem ganz anderen Team, das Dirk den Klassenerhalt in der Schule gesichert hatte. «Dass Dirk überhaupt noch bei uns in Würzburg spielte», sagt er heute, «war allein Holger Geschwindner zu verdanken. Dirk hatte doch schon im Sommer zuvor diese Wahnsinnsangebote von anderen Klubs. Und nachdem er sie abgelehnt hatte, war immer klar, dass er gewisse Freiheiten bekommen musste.» Robert Garrett sagt Ähnliches. Jeder habe verstanden, dass sich Dirk die Chance, sich in Amerika vorzustellen, nicht entgehen lassen durfte. «Und außerdem ist unsere Mannschaft gut genug gewesen, auch ohne ihn zu gewinnen.»

Nowitzki und Geschwindner bekamen von der Aufregung in Würzburg wenig mit. Sie waren nicht gleich nach San Antonio geflogen, sondern nach Dallas, wo sich die Weltauswahl traf, um sich auf ihr Spiel vorzubereiten. Auf Nowitzki wartete ein junger Mann, den Nike mit der Betreuung der Ausländer beauftragt hatte. Dass er Donnie Nelson hieß und unter seinem Vater Don Nelson Assistenztrainer der Dallas Mavericks war, hatte für Dirk Nowitzki damals keine Bedeutung. Erst im Nachhinein wird erkennbar, wie perfekt alles zusammenpasste, dass am Ende Dirk Nowitzki bei den Dallas Mavericks landete, um dort seine Weltkarriere zu starten.

In Gestalt des Jungen aus Würzburg kam die Zukunft der Mavericks in die Stadt. Aber Donnie Nelson erinnert sich nur, dass ihm bei der ersten Begegnung mit Nowitzki durch den Kopf schoss: «Hoffentlich kann dieser höfliche, freundliche Junge auch mit dem Ball umgehen; die nettesten Kerle sind oft die schlechtesten Spieler.»

Donnie Nelson war ohnehin verunsichert. Bevor die Weltauswahl in Dallas eingetrudelt war, hatte er Videobänder studiert. Da war ihm zwar aufgefallen, dass der Deutsche gewandt mit dem Ball umging. Aber war das derselbe Nowitzki, der ihm nun in Dallas gegenüberstand? Er musste weit zu ihm aufschauen. Große Spieler sind in der Regel in ihren Bewegungen eckig. Der Nowitzki auf dem Videoband aber war ein geschmeidiger Spieler, weshalb Donnie Nelson Dirks Größe auf einen Meter fünfundneunzig einschätzte, allenfalls. Und nun hatten sich zwei Meter dreizehn vor ihm aufgebaut. In den folgenden Trainingstagen musste Donnie Nelson umlernen. Er sah, dass sich zwei Meter dreizehn und elegante Ballführung nicht ausschließen müssen. Kein Gedanke mehr daran, dass dieser blonde Riese sich als miserabler Spieler herausstellen könnte. Auch Donnies Vater war beeindruckt, sah, wie schnell sich Dirk mit dem Ball zwischen den Körben bewegte. Die Draft stand bevor. Und Don Nelson dachte: Hoffentlich, hoffentlich erkennt hier in Amerika niemand dieses Talent.

In den dreieinhalb Jahrzehnten seines Berufslebens in der NBA hatte Don Nelson viele Nachwuchsspieler studiert. «Dirk», sagt er in der Rückschau, «war der am besten ausgebildete 19-Jährige, den ich je gesehen habe.»

In San Antonio gingen auch anderen die Augen auf. Das Aufeinandertreffen der Weltauswahl mit dem amerikanischen Nachwuchs wurde zu einer Demonstration von Dirk Nowitzkis spielerischem Potenzial. Die Weltauswahl war im Begriff, das Spiel zu verlieren, ehe Dirks Stunde kam. Er ergriff die Initiative, löste sich aus dem starren Konzept, das der europäische Trainer der Mannschaft mitgegeben hatte. Er rannte und warf – und führte seine zusammengewürfelte Mannschaft zum Sieg, machte 33 Punkte, mehr als alle anderen.

George Raveling erinnert sich: «Dirk war unglaublich.»

Nicht nur er war hingerissen. «Junger Deutscher überrennt US-Boys», verkündete die amerikanische Sportpresse.

Nowitzki als Amateur beim Hoop Summit 1998 in San Antonio – und erste Kontakte zu den Dallas Mavericks ...

Der Bazillus

In den Büros der NBA-Coaches wurde das Videoband vom Spiel hastig in die Rekorder geschoben. Alle wollten kurz vor der Draft sehen, was es mit dem Deutschen wirklich auf sich hatte. Larry Bird, legendärer Spieler der Boston Celtics und damals Coach der Indiana Pacers: «Wenn man das Band sah, konnte man glauben, dass in San Antonio der beste Basketballer spielte, den es je gab.» Aber ein Videoband allein gibt nicht genug Aufschluss über das wirkliche Potenzial eines jungen Spielers. Die Coaches der Mavericks waren die einzigen, die durch Dirks Trainingstage in Dallas ein umfassendes Bild hatten. Sie entschlossen sich, bei der Draft ganz auf Dirk zu setzen.

Als Nowitzki aus San Antonio nach Würzburg zurückkehrte, war für ihn anderes wichtiger als eine Karriere in den USA. Mit der DJK Würzburg war er auf dem Weg in die Bundesliga. Vorwürfe, dass er die Mannschaft im Stich gelassen hatte, erledigten sich von allein. Würzburg hatte auch ohne ihn gewonnen. Und gewann dann auch das erste Spiel mit dem zurückgekehrten Dirk Nowitzki. Der Aufstieg war perfekt, Grund genug, dass sich die Aufregung um den Abstecher nach Amerika rasch legte. Jedermann war jetzt stolz auf den Sohn der Stadt, der im Mutterland des Basketballsports für so viel Aufsehen gesorgt hatte.

Holger Geschwindner betrieb seine Amerika-Pläne für Dirk Nowitzki mit nüchternem Kopf weiter. Immer mehr rutschte er in die Rolle eines Managers, spielte die Möglichkeiten durch, die Dirk offenstanden. College? Oder gleich NBA? Seit dem abgebrochenen Besuch Dirks in Kalifornien musste Geschwindner den menschlichen Faktor in seine Überlegungen einbeziehen. Dirk Nowitzki konnte mit Amerika noch immer nicht viel anfangen. Aber konnte man sich nicht von der Welle des Erfolgs von San Antonio tragen lassen? Also gleich noch einmal dorthin, Anfang Mai 1998, und wieder nach Kalifornien, in San Francis-

cos Nachbarstadt Oakland! Noch einmal, so Holger Geschwindners Plan, sollte Dirk Nowitzki Berkeley sehen, die berühmte
Universität, von der einst die weltweite Studentenbewegung aus-
gegangen war. Und zudem sollte er einige Attraktionen der USA
kennenlernen, das glitzernde Las Vegas, den Grand Canyon.

Aber es sollte kein lockerer touristischer Ausflug werden.
Am Grand Canyon bewegte der Hindukusch-erfahrene Ge-
schwindner seinen jungen Begleiter zum Abstieg hinunter zum
Colorado River – auf Trampelpfaden 1600 Meter die zerklüftete
Wand herunter und am selben Tag wieder hinauf, eine Tortur
für einen Menschen von Dirks Größe. Noch heute sieht Jörg
Nowitzki in dem, was seinem Sohn damals zugemutet wurde,
mehr als nur eine strapaziöse Bergwanderung. Für Dirk sei die
Tour eine Lektion gewesen. Geschwindner habe Dirk spüren
lassen wollen, dass auf ihn in Amerika ein harter Weg warte.

Geschwindner fällte auf dieser Reise eine wichtige Entscheidung. Er strich die Universitäten aus seinen Überlegungen.
Eine Rolle spielte dabei, dass Elite-Hochschulen wie Berkeley
oder Stanford ein Sportstipendium an Bedingungen knüpften,
die Dirk mit seinen Abiturnoten nicht erfüllen konnte. Deshalb
meldete Geschwindner Dirk für die Draft der NBA an und war
sich dabei bewusst, dass er ihm wegen der strikten Amateurre-
geln in Amerika dadurch den Weg in ein College oder eine Universität ein für alle Mal verbaute.

Holger Geschwindner hatte jetzt nur noch die deutschen und
europäischen Spitzenvereine in der Hinterhand für den Fall,
dass Dirk bei der Draft nicht das Interesse eines Klubs finden
oder sich die Herausforderung NBA nicht zumuten wollte. Aber
ernsthaft rechnete er weder mit dem einen noch dem anderen.
Dirk sollte auf der Direttissima seinen Weg gehen, so riskant
dies auch sein mochte.

Das Ziel, die NBA, war zu verlockend.

Der Bazillus

«Holger Geschwindner ... für mich der Beste der Welt»

3 Dirk Nowitzki

Holger Geschwindner erzählt immer, wie er mich entdeckt habe: dass ich als Jugendlicher mit der DJK Würzburg in einer Halle in Schweinfurt spielte und er nachher zu mir kam und mich ansprach. Es wird wohl so gewesen sein. Aber ich kann mich daran nicht mehr erinnern. Offenbar war die Begegnung damals kein besonderer Moment für mich. Ich hatte ja keinen blassen Schimmer, wer Holger Geschwindner war. Woran ich mich aber sehr gut erinnere, ist, dass ich irgendwann einmal mit meinen Eltern in Würzburg bei einem Spiel von Holgers Mannschaft zugeschaut habe. Er war schon fünfzig, fast doppelt so alt wie alle anderen. Ich war beeindruckt, wie er sich auf dem Feld bewegte, wie er von überall warf. Es machte Spaß, ihm zuzuschauen, zu sehen, mit welcher Spielfreude er bei der Sache war. Und er spielte technisch sehr sauber. Auch das fiel mir auf.

Meine ersten Erinnerungen an Holger als meinen Trainer stammen aus dem Herbst 1994. Ich durfte in Würzburg bei der DJK zum ersten Mal bei den Männern mitmachen, und Holger stand plötzlich an der Seitenlinie, als Assistent von Pit Stahl. Für den war das damals keine einfache Zeit. Er war erst dabei, im Trainergeschäft Fuß zu fassen. Und mit Holger an seiner Seite war das sicher nicht leicht. Jeder, der Holger kennt, wird das bestätigen. Er ist kein einfacher Mensch, bei ihm weiß man nie, was als Nächstes kommt. Pit, zum Beispiel, hatte immer einen Trainingsplan, und dann kam Holger und warf alles über den Haufen, mit lapidaren Bemerkungen wie: Das ist doch alles Humbug, was wir hier machen. Von Training zu Training schaltete er sich mehr ein. Er nahm Spieler aus dem Mannschaftstraining heraus zum Individualtraining, übte mal zehn Minuten mit dem einen, dann zehn Minuten mit einem anderen. Sein Training war ein bisschen eigen, um es einmal so zu sagen, und manchmal dachte ich: Was will der eigentlich von mir? Ich war sechzehn, siebzehn Jahre alt, in einer Phase, in der man denkt, dass man sowieso schon alles weiß. Aber zumindest wir Jungen in der Mannschaft zogen alle mit. Holger hat einen Draht zu Jugendlichen und kann seine Auffassungen gut vermitteln. Und vor allem – man sah bei ihm, dass es voranging.

Gleich im ersten Jahr mit ihm machte ich Riesenschritte, obwohl Holger bei mir quasi bei null anfing. Er stellte erst einmal meine Wurfbewegung komplett um, aber das half mir entscheidend weiter. Mein Respekt vor ihm wurde immer größer, auch wenn ich teilweise affige Übungen machen musste, bei denen die älteren Spieler nur zuschauten und lachten. Aber uns Jüngeren machte es Spaß, deshalb blieben wir am Ball.

In Holgers zweitem Jahr in Würzburg, in der Saison 1996/97, war er dann unser Mannschaftstrainer. Das war allerdings ein einziges Chaos. Ich sage ihm heute noch, dass er als Mannschaftstrainer nicht der richtige Mann ist. Er ist ein Super-Einzelcoach, für mich der beste der Welt mit all seinem Wissen und seiner Fähigkeit, dieses Wissen zu vermitteln. Aber als Mannschaftstrainer – da habe ich Zweifel. Er predigte uns, dass jeder, der den Ball besitzt, auch schießen solle, und die Folge war, dass im Angriff alle rumfeuerten wie wild und wir in der Abwehr bloß ein bisschen mit den Armen wedelten, aber nicht wirklich verteidigten. Als Holger beim Training dann auch noch mit Musik anfing, war

Dirk Nowitzki: Aus meiner Sicht

das sehr gewöhnungsbedürftig. Für alle war es zunächst komisch, dass sein Freund Ernie Butler auf einmal dabei war, auf dem Saxophon blies und wir uns nach der Musik bewegen sollten. Holger wollte damit erreichen, dass wir Basketball nicht als schematische Laufarbeit begreifen, dass alles eine spielerische Note bekommt. Ich glaube, dass ich seinen Denkansatz mittlerweile verstehe. Aber wenn er sagt, Basketball müsse getanzt werden – das finde ich dann doch ein bisschen übertrieben.

Holger versuchte immer, mein Interesse an der Musik zu wecken. Als ich sechzehn, siebzehn war, hörte ich ja fast ausschließlich Rap, aber heute bin ich offen für alles. Durch Holger kam ich in Dallas in die Oper, kam mit dem Jazzmusiker Till Brönner zusammen, kam sogar einmal nach Salzburg zu den Festspielen, wo ich mit meiner damaligen Freundin ein Klavierkonzert hörte.

Meine Eltern hatten sich einst vergeblich bemüht, mir Musik nahezubringen. Als Kind hatte ich einmal Klavierstunden – leider war das im Sommer. Das Wetter war super, die anderen Kinder durften im Hof spielen – und ich musste rein und am Klavier üben. Das hat mir schnell den Spaß genommen. Heute wünsche ich mir, ich hätte bei den Klavierstunden besser aufgepasst und das Instrument richtig gelernt. In Dallas habe ich mir später ein Keyboard gekauft, um noch einmal von vorne anzufangen, auch Saxophon habe ich eine Zeitlang probiert, und auf der Gitarre hat mir mein heutiger Schwager ein paar Griffe beigebracht. Als meine Schwester in Las Vegas heiratete, begleitete ich sogar die Band auf der Gitarre, aber das war schon zu fortgeschrittener Stunde. Es waren Stücke wie «I will hoam noch Fürstenfeld» und «In München steht ein Hofbräuhaus». Um das zu spielen, muss man freilich kein großer Musiker sein. Ich habe zwar relativ schnell gelernt, Gitarre zu spielen, aber wenn man nicht weiterübt, bleibt man auf einem gewissen Niveau stehen. Und jetzt habe ich halt nicht mehr viel Zeit, auf Instrumenten zu üben.

In anderen Dingen als der Musik übten meine Eltern mehr Druck aus: Als ich in der zehnten, elften Klasse von der Schule gehen wollte, bestanden sie darauf, dass ich auf dem Gymnasium blieb. Im Nachhinein bin ich froh, dass ich das Abitur gemacht habe, und dankbar, dass ich von vielen Leuten Nachhilfe bekam, um es zu schaffen. Mit dem Sport kann es schnell vorbei sein. Du brauchst dir bloß das Knie kaputtzumachen – und schon ist alles aus! Das ist mir heute klarer als damals. Deshalb sage ich jedem: Macht euren Schulabschluss, dann habt ihr etwas in der Hand fürs spätere Leben.

Aber damals stand für mich ganz klar der Sport im Vordergrund: Ich war gerade achtzehn, als ich nach der Junioren-Europameisterschaft in Frankreich vom europäischen Basketball-Verband mit den besten Spielern der EM zu einem Turnier nach Amerika eingeladen wurde, während der Olympischen Spiele von Atlanta 1996. Auf dem Rückweg hatten wir dort sogar zwei Tage Aufenthalt und kauften auf dem Schwarzmarkt Tickets für zwei Basketballspiele. Obwohl wir im Georgia Dome, einer riesigen Halle, ganz oben unter dem Dach saßen, war das ein Erlebnis für mich – einmal bei Olympia dabei sein und zuschauen. Mich hat das nachhaltig beeindruckt, bis heute ist Olympia mein Traum geblieben.

Als ich wenig später zu meinem ersten A-Länderspiel kam, damals unter dem Bundestrainer Vladislav Lucic, fühlte ich mich, als würde ich nicht dazugehören – zu den Europameistern von 1993, den Großen von damals. Ich konnte mich körperlich noch nicht richtig durchsetzen. Aber alle haben von Anfang an versucht, mir zu helfen. Das tat gut. Und dann kam auch bald schon meine erste Begegnung mit

Dirk Nowitzki: Aus meiner Sicht

NBA-Profis, mit Charles Barkley, Scottie Pippen und anderen auf deren Tournee in Berlin und in Dortmund. Damals dachte ich, das würde ein einmaliges Erlebnis bleiben – mit Barkley und Pippen auf dem Feld zu stehen. Ich war gerade erst zur Bundeswehr gekommen, noch am Anfang des Grundwehrdienstes, aber Holger sorgte dafür, dass ich für dieses Spiel Ausgang bekam.

Den Gedanken, mich ganz vom Wehrdienst befreien zu lassen, hatte Holger gar nicht erst aufkommen lassen. Er sagte mir: «Du kannst dir nicht vom Doktor ein Attest schreiben lassen und dann zwei Tage später auf dem Basketballfeld rumhüpfen – das ist nicht der Weg, den du als professioneller Athlet gehen musst.» Dass es sich für die Bundeswehr lohnte, mich einzuziehen, konnte ich mir aber nicht so recht vorstellen. Wegen meiner Größe musste für mich alles extra geschneidert werden, und ich war sowieso nur zehn Monate dabei. Und in der Sportfördergruppe in Mainz musste ich mich dann nur noch dreimal im Monat melden und hatte Zeit, mit Holger zu trainieren und mit ihm in den USA Colleges anzuschauen, die für mich vielleicht in Frage kämen. So kam es zu unserer ersten Reise nach Amerika, die wir aber abbrachen. Es war das erste Mal, dass ich an Weihnachten nicht zu Hause war, und Weihnachten war bei uns immer ein Familienfest, bei dem alle zusammen waren. Ich weiß nicht, was Holger damit erreichen wollte, dass er die Reise ausgerechnet über die Feiertage plante. Vielleicht wollte er mich darauf vorbereiten, dass ich in Zukunft an Weihnachten nicht mehr daheim sein würde. Holger hat oft Ideen, die man nicht so recht nachvollziehen kann.

Dass ich dann im März darauf mit ihm schon wieder in die USA flog, nach San Antonio, zum Spiel einer Weltauswahl junger Spieler gegen ein High-School-Team, war ebenfalls eine Aktion von Holger, die im ersten Moment schwer zu verstehen war. Ich sagte ihm, dass ich ausgerechnet jetzt doch kein Spiel der DJK verpassen könne – die Mannschaft hatte seit Jahren versucht, in die Bundesliga aufzusteigen, und nun, als ich dazugehörte, war sie mitten in der Aufstiegsrunde. Aber Holger sagte: «Morgen fliegen wir.» Heute weiß ich, wie wichtig das Spiel in San Antonio für meine Karriere war. Es wurde live im Fernsehen übertragen, und nachher war die Hölle los. Die Reporter der Fernsehsender, die Scouts von den Colleges und aus der NBA – alle waren plötzlich zur Stelle, und ich stand im Mittelpunkt. Dabei wollte ich nichts wie heim nach Würzburg. Im Endeffekt ist alles super gelaufen: Ich machte ein gutes Spiel in San Antonio, meine Mannschaft in Würzburg gewann ohne mich, und als ich wieder dabei war, gewannen wir ebenfalls und stiegen auf.

Und damit lief das Unternehmen Amerika erst richtig an. Holger muss alles schon lange im Kopf gehabt haben – größere Pläne, als ich mir überhaupt vorstellen konnte. Vielleicht weihte er mich auch deshalb nicht in alles ein, was er mit mir vorhatte. Er handelte einfach, setzte mich wieder ins Flugzeug in die USA, damit ich mir noch einmal Colleges anschaute. Die University of Kentucky flog mich auch noch extra für zwei Tage ein. Aber ich glaube, dass er damals bereits die NBA anvisierte. Als er mich für die Draft anmeldete, meinte er zwar, er wolle nur mal sehen, was passiert, wenn mein Name auf der Liste steht. Doch ich glaube, er wollte gar nicht mehr, dass ich aufs College ging. Vielleicht, weil er befürchtete, er könne dort keinen Einfluss mehr auf meine Entwicklung nehmen.

4,85 Millionen für eine Unterschrift

David Sterns Geschäftsadresse könnte nicht feiner sein. 645 Fifth Avenue, New York. Unterhalb Sterns Büroflucht, auf dem Pflaster der teuersten Straße Manhattans, flanieren die Reichen und die Schönen, frühstücken bei Tiffany, shoppen bei Saks Fifth Avenue, lunchen im Gold und Marmor des Trump Tower. David Stern, Sohn eines Feinkosthändlers aus Brooklyn jenseits des East River, ist ein Konzernherr mit weltweitem Operationsfeld, auch wenn er sein Kerngeschäft in den USA tätigt, in so legendären Sportpalästen wie dem Madison Square Garden ein paar Straßenzüge entfernt von seinem Büro, aber auch in den neuen, nicht minder imposanten Hallen, die in den vergangenen Jahren in Amerikas Millionenstädten als Bühnen des sportlichen Showbiz aus dem Boden gewachsen sind, auch in Dallas, Texas.

Dass Dirk Nowitzki heute auf diesen Bühnen Basketball in einer Liga spielt, die bis in den hintersten Winkel der Welt übertragen wird; dass er dabei nicht nur gegen die besten amerikanischen Profis, sondern auch gegen solche aus Russland, China, Argentinien oder Frankreich antritt; dass die Begegnungen mancher Teams auf Monate oder gar Jahre hinaus ausverkauft sind und Basketball zu einem Milliardenspiel mit immer neuen Umsatzrekorden geworden ist; dass in den Arenen heute Showgirls anstelle braver Cheerleader übers polierte Parkett wirbeln, Zirkusclowns ihre Späße treiben und Artisten durch die Luft segeln; dass für die Eigner der Klubs die Teams nicht mehr

Bild links: NBA-Commissioner David Stern mit seinem Superstar Michael Jordan

nur der Pflege ihres eigenen Egos dienen, sondern längst eine enorme kommerzielle Investition bedeuten; dass Profi-Basketball in den USA immer mehr zum gesellschaftlichen Ereignis geworden ist, bei dem sich die High Society einer Stadt auf den Klappsitzen am Spielfeldrand als Teil der mitfiebernden Fangemeinde gibt oder sich in eleganten Suiten unterm Dach der Arenen Champagner servieren lässt – alles dies ist ein Werk von David Stern. Er ist der Commissioner der NBA.

Die Commissioner werden von den Klubeignern im amerikanischen Profisport als Manager und oberste Aufsichtsinstanz ihrer Ligen eingesetzt und mit so weitreichenden Vollmachten ausgestattet, dass sie gelegentlich als die mächtigsten Männer nach dem Präsidenten der Vereinigten Staaten angesehen werden.

Was den Commissioner der NBA angeht – er steuert die Geschicke einer Sportliga, die sich wie keine zweite in den USA zum Vorbild für die anderen Ligen entwickelt hat. Dabei war die NBA nach ihrer Gründung im Jahr 1946, seinerzeit noch unter dem Namen Basketball Association of America, jahrelang vom Kollaps bedroht gewesen. Für das Publikum im Mutterland des Basketballs waren ihre zunächst elf Teams bei weitem nicht so attraktiv wie die College-Mannschaften. Die Liga schrumpfte auf acht Teams und erholte sich nur allmählich. Hungrige schwarze Spieler aus den Ghettos der Städte gaben dem Spiel neue Impulse. Lebensspiel. Überlebensspiel. Die Außenseiter der Gesellschaft von Harlem im Norden von Manhattan bis nach Watts im Süden von Los Angeles beherrschten nicht nur den Ball perfekt, sondern bald auch die Basketball-Szene, was zu Imageproblemen führte. Anfang der sechziger Jahre, als die schwarze Bevölkerung des Südens in blutigen Auseinandersetzungen auf den Straßen um ihre Bürgerrechte kämpfte, hielt sich die bürgerliche weiße Mittelschicht, die Hauptklientel im amerikanischen Sportbusiness, der NBA fern, begab sich lieber zum Familienausflug in die Baseball-Stadien.

Zwar kreierte die Basketball-Liga, wie andere Ligen auch, ihre Stars, Virtuosen wie Wilt Chamberlain, der im provozierenden Afrolook seine Gegenspieler austanzte. Aber erst eine Konstellation Ende der siebziger Jahre, wie sie dramaturgisch geschickter kein Hollywood-Regisseur hätte in Szene setzen können, machte die Liga zum Publikumsmagneten. Plötzlich hatte die NBA nicht mehr nur einzelne Stars. Sie präsentierte zwei Superstars, einen mit schwarzer und einen mit weißer Hautfarbe, zwei Spieler, die schon in College-Zeiten zu den besten Basketballern gezählt wurden, die das Land bis dahin hervorgebracht hatte. Als Profis markierten sie zwei Gegenpole, symbolisierten die Weite des Kontinents ebenso wie das Spektrum des American Way of Life. Der eine, der Weiße, spielte für die Boston Celtics an der Ostküste, der andere, der Schwarze, für die Los Angeles Lakers an der Westküste. Der eine stand für die konservative weiße Mittelschicht im intellektuellen Zentrum Amerikas, der andere für die künstlerische Kreativität der Schwarzen im Showbusiness Hollywoods. Der Weiße war Larry Bird, der Schwarze hieß Earvin Johnson und wurde berühmt als Magic Johnson. Einer von beiden stand in den achtziger Jahren immer in den Endspielen der NBA, und bei drei Finalserien waren sie gleich beide auf dem Parkett, machten die Spiele zu ihrer ganz persönlichen Auseinandersetzung. Auf den Werbeplakaten standen sie sich Nase an Nase gegenüber wie zwei Boxer. Weiß gegen Schwarz – das Land fieberte ihren Auftritten entgegen.

Und noch bevor ihre Ära zu Ende ging, tauchte auch schon, kometenhaft, ein neuer Superstar auf, einer mit einer Strahlkraft wie keiner vor ihm. Michael Jordan von den Chicago Bulls. Bei seinen Sprüngen zum Korb hob er derart schwerelos vom Boden ab, dass ihm ehrfürchtig der Titel Air Jordan verliehen

Der HIV-infizierte Earvin «Magic» Johnson

wurde. Heute wird er neben dem Boxer Muhammad Ali und dem Golfer Tiger Woods zu den drei größten Athleten gezählt, die Amerika je hervorgebracht hat. 1992, als die Basketballer der USA ihren glanzvollen Auftritt bei den Olympischen Spielen in Barcelona hatten, gehörte auch er, ebenso wie Larry Bird und Magic Johnson, zu dem in aller Welt bewunderten Dream Team der USA.

Als Dirk Nowitzki noch ein Würzburger Schulbub war, suchte er sich seine Basketball-Vorbilder bereits in der NBA und bewunderte Scottie Pippen, der wie Michael Jordan ein Star der Chicago Bulls und ein Mitglied des Dream Teams von Barcelona war. Noch heute hängt in Dirks früherem Kinderzimmer in Würzburg ein Poster seines damaligen Idols, mit dem er sich mehr identifizieren konnte als mit Jordan, der für ihn in unerreichbaren Höhen schwebte.

Es war David Stern, der frühzeitig dafür gesorgt hatte, dass die NBA-Stars übers Fernsehen in die Wohnzimmer der Fans kamen, zunächst freilich nur in diejenigen der USA. Als junger Anwalt hatte er Ende der siebziger Jahre die Rechtsabteilung der Liga übernommen, ehe er 1984 ins Chefbüro der NBA einzog und Amerikas Medien-Tycoons zu seinen Geschäftspartnern machte, unter ihnen als prominentesten Ted Turner aus Atlanta, den Gründer von CNN, zeitweiligen Ehemann von Jane Fonda und Eigner sowohl des Basketball-Teams der Atlanta Hawks als auch des Baseball-Teams der Atlanta Braves. Für Turner, dem auch der Kabelsender TNT gehörte, kam die neue Attraktivität der NBA wie gerufen. Mit Stars wie Michael Jordan, Larry Bird und Magic Johnson konnte er wesentliche Teile seines Programms bestreiten. Für die NBA bedeutete es, dass in ihre Kassen das große Geld gespült wurde. Hatte die Liga zu Beginn der achtziger Jahre durchs Fernsehen pro Saison noch 20 Millio-

Der Konzern

nen Dollar eingenommen, so waren es im Jahr 1995 schon mehr als 300 Millionen. Der Fernsehvertrag schließlich, der im Jahr 2008 ausläuft, bringt der NBA 765 Millionen pro Jahr ein, wobei Turners TNT nach wie vor der Hauptfinanzier der NBA ist. Er steuert die eine Hälfte bei, die andere Hälfte teilen sich der Sportsender ESPN und das Network ABC, einer der vier großen Fernsehkanäle der USA.

Hinzu kommen die Eintrittsgelder, die Erlöse aus der Werbung in den Hallen und aus dem Merchandising, dem Verkauf von Kappen, Trikots, Jacken und anderen Fanartikeln bis hin zu Schlüsselanhängern. Insgesamt kassiert die NBA mehr als drei Milliarden Dollar im Jahr. Allein im Ausland, wo der Markt noch immer im Wachsen ist, sorgt das NBA-Marketing bereits für einen Jahresumsatz von mehr als 300 Millionen Dollar.

Aber internationales Marketing lässt sich im großen Stil nur mit Hilfe des Fernsehens betreiben. David Stern musste deshalb mehr als an allem anderen daran gelegen sein, dass sich ausländische Sender verstärkt für die NBA interessierten. Deren Spiele, so seine Überlegung, würden jenseits von Atlantik und Pazifik erst richtig beim Publikum ankommen, wenn sich auf dem Bildschirm nicht nur Amerikaner bewegten, sondern Spieler aus aller Welt. Die Fernsehzuschauer in Europa und Asien, den attraktiven Märkten, mussten sich mit ihren eigenen Landsleuten identifizieren können. Und deshalb war Dirk Nowitzki, schon bevor er seinen Vertrag mit den Mavericks unterzeichnete, im Kalkül des Commissioners, zwar nicht als konkrete Person, aber als der Idealtypus eines ausländischen Spielers für die NBA.

Denn Nowitzki ist nicht das Produkt des amerikanischen Basketballs, wie es andere Ausländer vor ihm waren, auch der Deutsche Detlef Schrempf, dessen Profikarriere in der NBA ebenfalls bei den Dallas Mavericks begonnen hatte. Schrempf hatte in den USA die High School und dann das College besucht und war in Sterns Philosophie bereits mehr Amerikaner als Deutscher, jedenfalls nicht richtig made in Germany, nicht eigentlich ein deutscher Exportartikel. Erst Spieler, die als Basketballer in ihren Heimatländern groß geworden waren, so David Sterns Überlegung, würden die amerikanische Liga international interessant machen, besonders wenn sie zu Stars reiften, im Idealfall zu Superstars.

Dirk Nowitzki war deshalb ein wahrer Glücksfall für die NBA. Nicht nur, dass seine Verpflichtung die deutsche Sportöffentlichkeit auf die NBA aufmerksam machte. Sie löste überdies bei den Scouts und Coaches der NBA-Teams eine Kettenreaktion aus. Die Profiklubs begannen plötzlich jeden Fleck der Welt abzusuchen, in der Hoffnung, dort auf neue, ähnlich große Begabungen zu stoßen und sie für sich zu gewinnen.

Unterstützung bekamen sie dabei durch die Sportartikelindustrie, die David Stern schon in den achtziger Jahren an die Liga gebunden hatte, als Michael Jordan weltweit zur Werbe-Ikone von Nike geworden war. Auch nach der Ära Jordan brauchten die Liga und Nike internationale Werbeträger. George Raveling trat auf den Plan mit seinem *grassroots program*. Das seitdem jährlich stattfindende Gipfeltreffen der weltbesten Jugendlichen im Rahmenprogramm der amerikanischen College-Meisterschaft, bei dem Dirk Nowitzki den High-School-Boys die Show stahl, führte sofort dazu, dass die Klubs ihre Suche nach Ausländern verstärkten. Allen wurde bewusst, dass man überall auf der Welt Talente finden konnte, auch in Ländern, die bis dahin nicht oder nur unzulänglich im Blickfeld der NBA waren. Nach dem Deutschen wurden tatsächlich schnell andere Ausländer entdeckt, darunter der baumlange Yao Ming, der heute in seiner Heimat China als Volksheld gefeiert wird. Seine Verpflichtung sollte mit einem Schlag die NBA in China bekannt machen. Ein Riesen-

Der Konzern

markt tat sich sowohl für die NBA als auch die Sportartikelindustrie auf: anderthalb Milliarden potenzielle Fernsehzuschauer, die sich für die NBA interessierten, anderthalb Milliarden potenzielle Käufer von Sportschuhen und Baseballkappen.

Und was Deutschland angeht: Dirk Nowitzki gehört hier inzwischen ebenfalls zu den bekanntesten Sportlern und ist seit Jahren in der engsten Wahl, wenn der Sportler des Jahres gekürt wird. Und seine Punktausbeute wird bereits wenige Stunden nach den Spielen der Mavericks im deutschen Frühstücksfernsehen gemeldet.

Dass die Dinge für ihn einmal eine derartige Entwicklung nehmen würden, war für Nowitzki jenseits aller Vorstellung, als er nach seiner Zusage für die Dallas Mavericks am letzten Juni-Tag des Jahres 1998 aus Texas nach Würzburg zurückkehrte. In Don Nelsons Villa hatte er sich zwar für die NBA entschieden, aber David Sterns amerikanische Basketballwelt war ihm fremd. Von internationalem Starruhm mochte er nicht einmal träumen. Vielmehr schleppte er das Versprechen, das er den Mavericks gegeben hatte, als drückende Last mit sich herum. Dass die NBA wegen der Tarifauseinandersetzung nicht programmgemäß ihre Saison starten konnte und er deshalb Zeit gewonnen hatte, machte für ihn die Sache nicht besser. Einen Vertrag würde er zwar erst nach dem Ende der Aussperrung unterschreiben müssen. Aber die Schonfrist ließ in seinem Kopf immer mehr Zweifel aufkommen, ob er die Herausforderung der mächtigen NBA bestehen konnte.

In Deutschland gab es außer Holger Geschwindner nur wenige, die ihm seine Selbstzweifel nehmen wollten. Hatte da nicht Svetislav Pešić, der die deutsche Nationalmannschaft im Jahr 1993 zum Europameistertitel geführt hatte und der jetzt Alba Berlin, Deutschlands führenden Verein, trainierte, jeder-

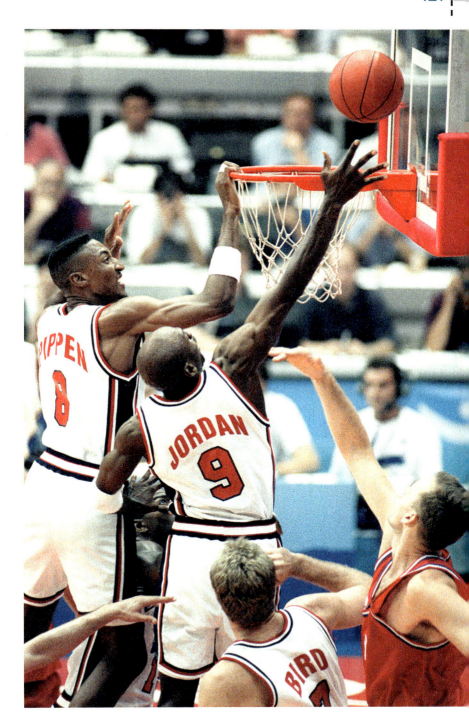

mann wissen lassen, dass Nowitzki noch nicht reif sei für die NBA? Verletzte Eitelkeit mag bei dem Serben im Spiel gewesen sein, denn er hätte den Würzburger liebend gern bei sich in Berlin spielen sehen. Gleichwohl: Pešićs Urteil verunsicherte Nowitzki. Würde er wie seine Landsleute Uwe Blab und Christian Welp schon bald nach Deutschland zurückkommen, als Gescheiterter?

Zwei Wochen nach seiner Entscheidung für Dallas reiste Dirk Nowitzki zur Europameisterschaft der U-22-Junioren nach Italien. Das Turnier war nicht dazu angetan, seine Laune zu bessern. Wurde da nicht hinter seinem Rücken geflüstert? Schienen die Blicke der Gegenspieler nicht alle zu fragen, ob er wirklich für die amerikanische Liga taugte? Mit Erleichterung hörte Nowitzki deshalb über CNN, dass ein Ende des Konfliktes in der NBA nicht abzusehen war. So konnte er die quälenden Gedanken an seine Verpflichtung wieder beiseite schieben. Vormittags trainierte er mit Holger Geschwindner in Rattelsdorf und abends in seiner Heimatstadt mit der Mannschaft der DJK Würzburg. Als der Sommer zu Ende ging, ohne dass Post von den Mavericks oder von David Stern gekommen wäre, bestritt er mit der DJK die ersten Bundesligapartien nach dem Aufstieg und absolvierte auch in der Nationalmannschaft Qualifikationsspiele zur Europameisterschaft 1999. Und noch immer nichts Neues aus Amerika. Es war, als sei sein Engagement nach Dallas außer Kraft gesetzt, irgendwie niemals real geschehen.

Sogar das All-Star-Game war abgesagt, ein Höhepunkt in jeder NBA-Saison, bei dem die besten Spieler der Liga aufeinandertreffen. Musste das nicht bedeuten, dass die komplette Punkterunde gestrichen würde? Dirk Nowitzki redete es sich ein, wähnte sich schließlich in dem Glauben, ein volles Jahr Zeit gewonnen zu haben. Doch, ja, er würde die Saison im vertrauten Milieu verbringen können, in der DJK und in der Bundesliga, zusammen mit den alten Freunden. Und weiter mochte er nicht denken.

Holger Geschwindner verfolgte mit Sorge, wie die NBA allmählich aus Dirks Bewusstsein zu verschwinden drohte. Er musste etwas dagegen tun, er musste ihn in die Wirklichkeit zurückholen. Darum buchte er eine weitere Reise nach Dallas. Und wieder überzeugte er den Jungen, ins Flugzeug zu steigen. Aber diesmal brach in Würzburg kein Sturm der Entrüstung los. Dort hatte man sich an den Gedanken bereits gewöhnt, dass die große amerikanische Basketball-Bühne bald Dirks Arbeitsplatz sein würde.

Als Dirk in Dallas ankam – zum dritten Mal in diesem ereignisreichen Jahr 1998 –, sah er die Stadt mit neuen Augen. Sie würde seine Zukunft sein. In ihr würde er sich durchsetzen müssen. Und nicht nur er allein. Die Mavericks, die notorischen Verlierer, wollten, mussten endlich die Stadt erobern, in der bis dahin nur die Dallas Cowboys auf dem Footballfeld und die Dallas Stars auf dem Eis Titel gefeiert hatten. Für Dirk Nowitzki galt es, sich für die Herausforderungen zu rüsten. Die NBA war für ihn wieder Realität, trotz des Stillstands im Spielbetrieb. Erstmals sollte er mit NBA-Profis trainieren, die zwar nicht alle zu den Mavericks gehörten, aber alle in oder um Dallas zu Hause waren und sich in der Zeit des Ausstandes gemeinsam fit hielten, wissend, wie erbarmungslos der Ausleseprozess im Profibasketball ist und was ihre Arbeitgeber von ihnen verlangen würden in der neuen, irgendwann beginnenden Saison. Jeden Tag kamen die Profis auf eigene Initiative zusammen zu einem Training ohne Trainer, und Schauplatz war wieder das Tom Landry Center, wo sich Dirk schon 1998 auf das Spiel mit der Weltauswahl in San Antonio vorbereitet hatte.

Zwischen Klubs und Spielern, so die eiserne Regel der NBA im Falle von Tarifkonflikten, durfte es keinen offiziellen Kon-

Der Konzern

Nachwuchsarbeit

Kapitel 4

takt geben, keine offiziellen Meetings. Don Nelson musste sich als Coach der Mavericks der Übungshalle fernhalten. Aber natürlich hielt er sich auf dem Laufenden, zumal sich sein Büro im gleichen Gebäudekomplex wie die Übungshalle befand, getrennt nur durch eine Glasscheibe. Was sich in der Halle abspielte, wusste er jedenfalls genau. Es erfüllte ihn mit Befriedigung. Ja, doch, er hatte bei der Draft die richtige Wahl getroffen. Ja, doch, the German kid, dieser blutjunge Nowitzki, würde sich in der Mannschaft behaupten können – und mehr als das. Später, als der Tarifkonflikt beigelegt war, ging Don Nelson sogar so weit, vorauszusagen, dass der Deutsche zum besten Neuling der Liga gewählt werden würde, zum Rookie of the Year. Und der Öffentlichkeit suggerierte Nelson, ohne Namen zu nennen, dass Nowitzki das Zeug hatte, einmal sogar das Erbe Larry Birds anzutreten, des berühmten Gegenspielers von Magic Johnson in den achtziger Jahren und letzten ganz großen weißen Spielers in der NBA.

Aber da gab es ja auch noch einen anderen Neuen, einen anderen Weißen, der mit Nowitzki verpflichtet und gemeinsam mit dem Würzburger der Öffentlichkeit vorgestellt worden war: Steve Nash. Damals, beim Barbecue in Don Nelsons Residenz, war es nur zum Smalltalk des Kanadiers mit Nowitzki gekommen und zu einem freundlichen Händedruck. Doch beim inoffiziellen Training der Profis im Tom Landry Center wurde mehr daraus, eine dauerhafte Freundschaft. Steve Nash, so empfand es Dirk Nowitzki, war für ihn von Anfang an kein wirklich Fremder wie die anderen Profis, sondern einer wie er selbst. Einer, der ebenfalls neu in der Stadt war, einer, der die gleichen Interessen hatte wie er, der aus einem vergleichbaren familiären Umfeld kam und mit dem er sogar über Fußball reden konnte. Denn Steve Nash kam aus einer Fußballerfamilie, hatte einen Vater und einen Bruder, die als Profis gespielt hatten, der Bruder sogar in der englischen Premier League. Steve selbst, vier Jahre älter als Dirk, war ebenfalls Fußballer gewesen, ehe ihn seine Freunde zum Basketball brachten, wo er dadurch auffiel, dass er den Ball mit schnellem Antritt und geschmeidig übers Parkett treiben und mit sicherem Blick für die Situation einem Teamgefährten zuspielen konnte – eine Begabung, die ihn für die Position des Spielmachers prädestinierte. Aber ein Fußballfan blieb er gleichwohl. Die großen Spiele, zum Beispiel Champions-League-Begegnungen, verfolgte er mit ähnlichem Interesse wie Dirk Nowitzki.

Als er und Dirk im Tom Landry Center gemeinsam trainierten, bereiteten sich gerade die Spieler von Manchester United und Bayern München auf eine ihrer großen Auseinandersetzungen vor, und der Kanadier und der Deutsche eilten nach dem Training in Steves Apartment, um das Spiel im Pay-TV zu verfolgen. Bei Pizza vom Lieferservice wurde dort eine Freundschaft begründet, die seit Jahren unerschöpflichen Stoff für die Medien hergibt, nicht nur, weil beide Freunde inzwischen zu den erfolgreichsten Basketballspielern in Amerika gehören, sondern auch, weil sie auf dem Basketballfeld heute Gegner sind, seitdem Nash wieder bei den Phoenix Suns spielt, einem der erbittertsten Rivalen der Mavericks.

Rechtzeitig vor Weihnachten kehrte Nowitzki nach der Woche im Tom Landry Center wieder heim nach Würzburg. Dass er schon ein paar Tage darauf wieder in Dallas sein würde, konnte er nicht voraussehen. Noch durfte er daheim in dem Gefühl Silvester feiern, dass die NBA-Saison ausfiel, die ganze Saison, nicht nur die halbe. Am Morgen des 5. Januar, als er routinemäßig die Videotextseiten von CNN aufrief, um sich zu vergewissern, dass sich an der Streiklage in der NBA nichts geändert hatte, sprangen ihm jedoch zwei Worte ins Auge. Season saved!

NBA-Saison sichergestellt, gerettet! Das neue Tarifabkommen war von David Stern und den Spielervertretern unterzeichnet worden. Einem verkürzten Spielprogramm, einer Rumpfsaison, stand nichts mehr im Wege.

Dirk Nowitzki war klar, was dies für ihn bedeutete. Ihm würde die Aufforderung ins Haus flattern, sich zum Arbeitsantritt umgehend bei den Mavericks einzustellen, und tatsächlich lag bereits zwei Tage später ein amerikanisches Arbeitsvisum in seinem Briefkasten.

Die Zeit bis zum Abflug reichte gerade noch, um in der Bundesliga der DJK Würzburg zum Sieg gegen den Mitaufsteiger Freiburg zu verhelfen. Es war mehr als nur ein Abschiedsspiel, mehr als ein Abschied von den Freunden, mehr als ein Abschied von der Bundesliga. Es war auch ein Abschied aus der Geborgenheit der Familie. Dirk Nowitzki hatte das Risiko gewählt, die sportliche Herausforderung. Jetzt wartete der Basketball-Konzern NBA auf die Einlösung des Versprechens. Er würde zum ersten Mal in seinem Leben auf sich allein gestellt sein, wenn auch, in der Anfangszeit, nicht ganz. Denn immerhin reiste Holger Geschwindner mit.

Wieder fanden sich beide im Tom Landry Center ein, zum vierten Mal nun bereits innerhalb eines Jahres. Aber jetzt war es kein freiwilliges Training mehr, das dort auf ihn wartete. Jetzt sollte Dirk Nowitzki seinen ersten Arbeitstag bei den Mavericks absolvieren. Im *locker room*, der Umkleidekabine, zog er sich seine Trainingsklamotten über und ließ sich seine Sprunggelenke tapen in der Annahme, dass er erstmals nach den Anweisungen der Coaches der Mavericks rennen und werfen würde. Aber es blieb bei der Annahme. Er durfte nicht in die Halle. Sein Vertrag bei den Dallas Mavericks war noch nicht unterschrieben. Ohne Vertrag keine Versicherung gegen Verletzungen. Ohne Versicherung kein Training! Er wurde mit Geschwindner in Don Nelsons

Büro verwiesen, wo er quietschende Schuhe und auf den Holz-boden knallende Bälle aus der Halle daneben hörte. Nowitzki hätte durch die Glasscheibe die neuen Mannschaftskameraden bei der Arbeit beobachten können, wenn er die Muße dafür ge-habt hätte. Stattdessen saß er ratlos vor Kleingedrucktem. Da war kein amerikanischer Vermittler, kein Agent zur Stelle, der ihm die Hand hätte führen können. Und auch kein Anwalt, der den Vertrag zuvor auf Fußangeln hin abgeklopft hätte.

Holger Geschwindner hatte Dirk Nowitzki eingeredet, dass solcher Beistand überflüssig sei. «Wir haben beide lesen ge-lernt», hatte er salopp dahingesagt, «da brauchen wir keinen, der uns dabei hilft.»

Sie brauchten eine Stunde oder mehr, bis sie sich durch den Berg an Papier gearbeitet hatten, der vor ihnen lag.

Der Vertrag war ein Resultat der Tarifauseinandersetzungen in der NBA, zu denen es deshalb gekommen war, weil Com-missioner David Stern nicht mehr länger mit ansehen wollte, wie sich die Klubeigner bei der Verpflichtung von Spielern mit Gagen überboten – und dies, obwohl es bereits die sogenannte *salary cap* gab, ein ausgeklügeltes Budgetsystem, das die Aus-gaben der Klubs für ihre Mannschaften begrenzen soll. Die Gesamtsumme an Gagen für ein Team darf eine für alle ver-bindliche Obergrenze nicht überschreiten. Doch diese *cap*, der Deckel, war löchrig gewesen. Noch Mitte der neunziger Jahre hatten die Klubs in Sonderfällen einzelnen Spielern Angebote von geradezu schwindelerregender Höhe machen können. Ke-vin Garnett, einem der Stars der Liga, waren von den Minnesota Timberwolves 126 Millionen Dollar geboten worden, damit er seinen Vertrag um sechs Jahre verlängerte. Die Auswüchse zwangen David Stern zum Handeln. Er musste es dabei auf einen Konflikt mit der Players Association, der Spielervertretung, ankommen lassen, weil die nun ihrerseits die Chance witterte, die gesamte Ausgabenbegrenzung zu Fall zu bringen. Die Machtprobe war unausweichlich. Deshalb, vor der Saison 1998/99, kein Abschluss eines neuen Collective Bargaining Agreements, eines Abkommens zwischen den beiden Tarifparteien. Deshalb Aussperrung. Deshalb der Ausfall der halben Basketballsaison.

Aber nun, da Dirk Nowitzki seinen Vertrag vor sich sah, war alles wieder in Ordnung gekommen. Die strengere Handhabung der *salary cap* war in Kraft. Und ebenso eine neue Vereinbarung der NBA mit den Spielern, die vorsah, dass rund die Hälfte der NBA-Einnahmen aus der Saison an die Spieler ausgeschüttet würde. Für junge Spieler waren tariflich sowohl Mindest- als auch Höchstgagen festgelegt, die sich staffelten, je nachdem, wie begehrt der Spieler bei der Draft war. Dadurch, dass Dirk Nowitzki in der Rochade zwischen Dallas und Milwaukee erst an neunter Stelle gedraftet wurde und nicht schon an sechster, verlor der Würzburger tarifliche Gehaltsansprüche von mehreren hunderttausend Dollar.

Immerhin blieben ihm 4,85 Millionen Dollar für drei Jahre.

In Würzburg waren ihm vom Verein pro Jahr 18 000 Mark als eine Art Aufwandsentschädigung überwiesen worden, und nun las er schwarz auf weiß im Vertrag die neuen Summen: 1,47 Millionen Dollar im ersten Jahr, 1,58 Millionen im Jahr darauf und 1,8 Millionen im letzten Vertragsjahr. Sie machten ihn nicht schwindlig. Die Summe war für ihn eher eine fiktive Zahl. Er würde das Geld gar nicht erst in Empfang nehmen. Seine Mutter würde das Konto verwalten. Er selbst wollte Basketball spielen und sich nicht auch noch mit Bankangelegenheiten belasten. Aber mit den zahlreichen Paragraphen, die seine Pflichten und Rechte gegenüber den Dallas Mavericks und der NBA regelten, musste er sich befassen. Niemand konnte es ihm ab-

Der Konzern

nehmen. Seite um Seite, Punkt um Punkt gingen er und Holger Geschwindner das Vertragswerk durch. Sie übersetzten dessen Inhalt für sich ins Deutsche, um sich über alle Konsequenzen klarzuwerden. Die einzelnen Seiten musste Nowitzki mit seinen Initialen D und N versehen und damit beurkunden, dass er jeden Passus in seiner vollen Bedeutung verstanden hatte. Gleich in fünffacher Ausfertigung lag das Vertragswerk vor ihm auf dem Tisch – eine Kopie für die Mavericks, eine für deren Anwalt, eine für die NBA, eine für die Players Association und schließlich eine für ihn selbst.

Aber am Ende war es geschafft, war alles abgezeichnet, und Dirk Nowitzki durfte endlich mit seinen bandagierten Gelenken hinaus in die Trainingshalle – ein von der Papierarbeit erschöpfter junger Mann.

Gleichzeitig ein Hoffnungsträger für die Mavericks. Und ein wichtiger Mosaikstein in dem großen Spiel, das in New York der Global Player David Stern spielte.

Kapitel 4

4 Dirk Nowitzki

«Zum Abschied heulte die Mutter und die Freundin auch»

Nachdem ich den Dallas Mavericks zugesagt hatte, wusste ich zunächst überhaupt nicht, worauf ich mich einstellen sollte. Die NBA kannte ich ja nur vom Fernsehen, ich wusste so gut wie nichts über das riesige Geschäftsimperium, das dahintersteckt, hatte keine Ahnung, wie es in der Liga hinter den Kulissen zugeht. Aber ich bekam schon bald ein Gespür dafür, was es heißt, als NBA-Profi zu gelten. Bereits bei der U-22-Europameisterschaft im Sommer 1998 hatte ich das Gefühl, unter Beobachtung zu stehen. Jeder taxierte meine Fähigkeiten, nach dem Motto: «Und der ist von der NBA gedraftet worden?» Als ich dann im Herbst mit der Nationalmannschaft gegen Slowenien spielte, in der EM-Qualifikation, bekam ich die neue Aufmerksamkeit auch körperlich zu spüren: Die Slowenen konzentrierten sich ganz auf mich, ich war völlig abgemeldet und machte nur zwei Punkte. Ich erinnere mich gut, wie sie mich damals belächelt haben, dass ich in die NBA wechseln sollte.

Ansonsten versuchte ich, weiterzumachen wie immer. Ich freute mich richtig darauf, mit der DJK Würzburg zum ersten Mal in der Bundesliga zu spielen. Die NBA verdrängte ich einfach, bis dann eben diese Meldung im Videotext stand: Season saved! Mit dieser Nachricht brach meine Welt in Würzburg zusammen. Ich war benommen, wie gelähmt. Und Holger bekam gleich noch an diesem Tag einen Anruf aus Dallas: Es ist so weit, sofort antreten! Mir kommt es heute

Dirk Nowitzki: Aus meiner Sicht

vor, als seien wir schon am nächsten Morgen aufgebrochen, so wenig habe ich von meinen letzten Tagen in Würzburg noch wahrgenommen. Ich weiß nur, dass ich eine schwere Erkältung hatte, trotzdem noch ein Spiel mit der DJK in Freiburg machte, das wir sogar knapp gewannen. Als ich zwei, drei Tage später nach Dallas abgeflogen bin, hat meine Mutter beim Abschied geheult und meine Freundin auch.

Zum Glück begleitete mich Holger, ohne ihn wäre ich in den ersten Tagen in Dallas wahrscheinlich nicht zurechtgekommen, gerade bei der Vertragsunterzeichnung. Die Mavericks hatten Holger zwar im Sommer einen Standardvertrag mitgegeben, aber durch das neue Tarifabkommen hatte sich vieles verändert. Und den neuen Vertragstext lasen wir erst im Büro von Don Nelson. Mich interessierte in erster Linie, was ich als NBA-Profi durfte und was nicht. Ans Geld habe ich dabei nicht gedacht: Meinen Eltern ging es finanziell gut, um Geld hatte ich mir deshalb nie Sorgen machen müssen. Und die gut viereinhalb Millionen Dollar, die ich für drei Jahre bekommen sollte, waren für mich ohnehin eine irreale Summe. So viel Geld konnte ich mir beim besten Willen nicht vorstellen. Ich war ja erst 20.

Normalerweise läuft eine Vertragsunterzeichnung in der NBA natürlich nicht so ab, dass man in Trainingsklamotten dasitzt und Seite für Seite abzeichnet. Aber in dieser verkürzten Saison ging alles unglaublich hektisch zu. Ich war zwei Nächte in Dallas, als mich die Mavericks schon wieder wegschickten – zum Rookie Transition Camp nach Washington. Das war eine Art Seminar für die Neulinge, auf dem wir ein Wochenende lang jeden Tag von früh um acht bis nachmittags um fünf Vorträge zu hören bekamen über Ruhm und Reichtum, Geldanlagen, Frauen und Geschlechtskrankheiten. Außerdem darüber, wie wir uns in welchen Situationen in der Öffentlichkeit zu verhalten hätten und was alles auf uns zukommen könnte. Ehemalige Profis referierten, wie sie auf Agenten oder Manager reingefallen waren, damit uns das nicht auch passiert. An einem Abend wurden wir in einen großen Raum geführt. Überall waren Tische gedeckt für ein feierliches Essen. Da wurden uns vornehme Tischsitten beigebracht – welches Messer man für welchen Gang benutzt, welches die Salatgabel ist und so weiter. Ich wusste das alles von zu Hause, aber ich bin nicht sicher, ob die anderen diese Tischsitten auch schon kannten. Damals dachte ich, dieses Rookie Transition Camp sei nur für unseren Jahrgang abgehalten worden, aber das macht die NBA jedes Jahr, auch heute noch.

Im Rookie Camp wird man auf fast alles vorbereitet, was einem als NBA-Profi passieren kann. Nicht vorbereitet wurde ich darauf, wie ich mit den Erwartungen umgehen sollte, welche die Mavericks in mich setzten. Don Nelson hatte mich schließlich als «Besten Neuling des Jahres» angekündigt. Ich glaube, diese Einschätzung ging auf die Zeit zurück, als der Tarifstreit noch im Gang war und Holger und ich privat nach Dallas gereist waren, um uns in der Stadt ein bisschen umzuschauen und uns mit einigen Spielern zum Training zu treffen; das war ja erlaubt während der Aussperrung. Es war aber den Coaches untersagt, dabei zu sein oder auch nur zuzuschauen. Ich vermute, dass Nellie durch die Jalousien seines Bürofensters aber doch gespickt hat; die Büros der Mavericks lagen ja auch im Tom Landry Center. Am letzten Tag vor dem Rückflug hatte ich jedenfalls einen Sahneauftritt, und ich traf zig Dreier, wie und wo ich wollte. Das kannten die Amerikaner nicht von einem Mann meiner Größe, und gleich danach verkündete Nellie eben, dass er mich für den «Rookie of the Year» halte.

Wie sich herausstellen sollte, war das leider zu hoch gegriffen.

Ein Anfang voller drückender Lasten

Von dem britischen Schriftsteller Joseph Conrad gibt es die Erzählung «Im Taifun». Sie handelt von dem Kapitän MacWhirr und dessen Steuermann Jukes, die sich mit ihrem Frachtdampfer auf dem Weg nach China befinden, als sich ein Orkan ankündigt. Jukes will die Sturmzone umgehen. MacWhirr lehnt ab. Was solle er bloß der Reederei erklären, wenn er die Fracht zu spät abliefere – dass er vor einem Unwetter ausgewichen sei, bevor er es überhaupt sah? «Es gibt viel schlechtes Wetter», belehrt er seinen jungen Steuermann, «und das Beste ist, sich hindurchzuschlagen.»

Holger Geschwindner hatte die Erzählung frühzeitig Dirk Nowitzki in die Hand gedrückt wie andere Bücher auch, denn dem Trainer, einem gelehrigen Schüler seines eigenen Lehrmeisters Ernie Butler, war daran gelegen, dass Dirk seinen Horizont über den Rand eines Basketballfeldes hinaus erweiterte. Der Junge also musste Conrads «Taifun» lesen, was ihm gewiss leichter fiel als bei Werken von Nietzsche und anderen Philosophen, deren Lektüre ihm ebenfalls aufgetragen worden war.

Die Geschichte von MacWhirr und Jukes ist ein spannender Lesestoff. Gleichwohl kam es für Geschwindner vor allem auf die darin enthaltene Botschaft an. Weiche nicht zurück – stell dich der Situation! Geschwindner sah voraus, dass Dirk irgendwann mit einer Situation konfrontiert sein würde, in der es galt, die Lehre aus dem Roman zu beherzigen.

Es sollte in der Tat nicht lange dauern, bis in Nowitzkis erstem Jahr als Basketballprofi bei den Mavericks schweres Wetter aufzog. Erkennbar war der Wetterumschwung anfänglich nicht. Nach der Vertragsunterzeichnung in Dallas blieben Nowitzki noch zwei Wochen Zeit, sich auf die von 82 Spielen auf 50 verkürzte Saison vorzubereiten und sich in Dallas häuslich einzurichten, zum ersten Mal abgeschnitten vom Elternhaus.

«Er hatte null Ahnung von den einfachen Dingen des Lebens», erinnert sich Holger Geschwindner, «die hatte ja bisher immer seine Mutter für ihn erledigt.»

Und nun war plötzlich niemand mehr da, der für Dirk die Wäsche machte, für ihn kochte, ihn bemutterte. Immerhin, Geschwindner war an seiner Seite – und in seinem Element, auch als Mathematiker. Er nahm Zirkel und Lineal zur Hand. Angewandte Mathematik. Wo würde in der Stadt die ideale Unterkunft zu finden sein? Sie musste es Dirk ermöglichen, rasch zum Training ins Tom Landry Center zu kommen, aber genau so schnell zu den Spielen in die Reunion Arena und zum Love Field, dem alten und für Inlandsflüge nach wie vor in Betrieb gehaltenen Flughafen der Stadt, von dem aus die Mavericks zu ihren Auswärtsspielen starten. Am Ende benötigte Geschwindner freilich gar nicht den Rechenstift. Dirks Bekanntschaft mit Steve Nash gab den Ausschlag bei der Wohnungswahl, denn der Kanadier hatte die logistische Aufgabe schon zuvor für sich gelöst. Das West Village am nördlichen Rand der Innenstadt war der optimale Ort. Nash hatte sich dort in einem Apartmenthaus eingemietet, und Dirk bezog eine Wohnung im selben Komplex – mit einem Bett als Grundausstattung und sonst nicht viel mehr zwischen kahlen Wänden. Der erfahrene Weltenbummler Holger Geschwindner musste für sich auf dem Boden eine Feldstatt aufschlagen, ehe er dafür sorgen konnte, Dirks erstes Domizil halbwegs wohnlich zu machen.

Kapitel 5

Die NBA nahm sich ebenfalls des Rookies aus Würzburg an, in Sorge, der könne über die Stränge schlagen. Neulinge in der Liga kommen häufig aus den Ghettos der amerikanischen Groß-städte und aus zerrissenen Familien, sehen das große Geld auf ihrem Bankkonto und wissen nicht, damit umzugehen. Die amerikanischen Sportligen leben in der latenten Furcht, ihre Spieler könnten negative Schlagzeilen liefern, würden in die Drogenszene geraten, könnten in Schlägereien, Schießereien oder – wie zuletzt Kobe Bryant, der derzeitige große Star des Basketballs – in Sexskandale verwickelt werden. Deshalb hat der NBA-Commissioner David Stern allen Rookies die Teil-nahme an einem Einführungsseminar zur Pflicht gemacht, in dem sie auf ihr Leben im Rampenlicht vorbereitet werden, auf die Verpflichtungen, die sie gegenüber ihrem Arbeitgeber und der Öffentlichkeit haben. Auch Dirk Nowitzki musste zum Grundkurs nach Washington und erfuhr, dass, unter anderem, die richtige Benutzung von Messer und Gabel auf dem Lehrpro-gramm stand. Erst danach durfte er sich auf den Umgang mit dem Basketball konzentrieren, auf ein Spiel, wie er es zuvor so noch nie gespielt hatte. Denn Basketball ist nicht gleich Bas-ketball, auch wenn die Höhe von 3,05 Meter für den Korbrand überall gleich ist. Aber die Linie für Drei-Punkte-Würfe ist bei den Profis der NBA einen Meter weiter weg vom Korb gezogen als auf den Spielfeldern, auf denen nach den Regeln des Basket-ball-Weltverbandes FIBA gespielt wird. Und auch die Zone un-ter dem Korb, in der sich ein Spieler nur eine beschränkte Zeit aufhalten darf, ist anders zugeschnitten. Solche und weitere NBA-Regeln führen zu einer anderen Spielweise, einem ande-ren Spieltempo, anderen Spieltaktiken.

Wie schon in der Kindheit hinter dem elterlichen Haus, als er die Älteren beobachtete, zeigte sich Dirks rasche Auffassungs-gabe auch bei den Mavericks. Derart angetan war Don Nelson,

Schweres Wetter

dass er nicht nur mit seinen Andeutungen, der junge weiße Ausländer könne einmal ein zweiter Larry Bird werden, Nowitzki als den Mann der Zukunft im Team vorstellte, sondern den jungen Deutschen von Anfang an in die Starting Five schickt, in die Startformation – eine Auszeichnung für jeden Spieler, auch wenn die anderen, die während der Rotation der Mannschaft erst später zum Einsatz kommen, genauso wichtig für ein Team sein können, so wichtig, zum Beispiel, wie Detlef Schrempf, der mehr als ein Jahrzehnt vor Nowitzki als Deutscher von den Dallas Mavericks verpflichtet worden war und sich später bei den Indiana Pacers einen Namen als der beste «sechste Mann» der Liga gemacht hatte, als der beste Einwechselspieler der Liga. Erst in Seattle, der dritten Station in Schrempfs langer Karriere, etablierte er sich in der Startformation.

Und jetzt, zur Saisoneröffnung, mussten die Mavericks gleich zu seinem Team reisen, den SuperSonics. Für Dirk Nowitzki also schon zu Beginn seiner Profilaufbahn der direkte Vergleich mit seinem Landsmann. Schrempf sei Deutschlands bester Export seit dem Volkswagen, hatte es einmal in den amerikanischen Medien geheißen. Darauf angesprochen, entgegnete Holger Geschwindner einem Reporter der «Washington Post» lakonisch: «Okay, jetzt kommt der Porsche.»

Aber im Spiel in Seattle war davon nichts zu sehen. Dirks Auftritt dauerte ganze 16 Minuten, in denen ihm lediglich zwei Freiwürfe gelangen. Sie reichten nicht aus, Dallas in der Verlängerung vor einer Niederlage zu bewahren. Geschwindner verfolgte das Spiel von den Zuschauerrängen aus. Er flog in der Erkenntnis nach Hause, dass Dirk «auf dem Feld nur herumgejoggt war und nicht begriffen hatte, was eigentlich gespielt wurde». Die Coaches hatten ähnliche Eindrücke. Donnie Nelson, Assistent seines Vaters, gab Nowitzki in einem Sondertraining jedenfalls

Detlef Schrempf (links) und der Kroate Toni Kukoč

Schweres Wetter

eilig Nachhilfeunterricht, ehe Dirk in Oakland wieder auf den Platz geschickt wurde, in einem Spiel, in dem er eigentlich nur verlieren konnte. Denn die Gegner, die Golden State Warriors, hatten Muggsy Bogues in ihren Reihen, einen Winzling, gerade mal einen Meter sechzig groß. Und ausgerechnet ihn sollte Dirk Nowitzki mit seinen zwei Metern dreizehn bewachen, ihm auf Schritt und Tritt folgen, einem Zwerg, der hakenschlagend die Gullivers der Liga überlief. Nowitzki würde ihn zur Belustigung der Zuschauer irgendwo zu seinen Füßen suchen müssen. Aber so undankbar die Rolle war, die ihm von Don Nelson in dessen eigenwilligem strategischem Konzept zugedacht worden war – er machte seine Sache ordentlich, joggte nicht mehr hilflos auf dem Feld herum, erzielte 16 Punkte und sicherte der Mannschaft 12 Rebounds, was zum Sieg der Mavericks ausreichte.

Es war Dirks erstes Erfolgserlebnis in der NBA. Aber es sollten ihm in den nächsten Monaten nicht mehr viele davon vergönnt sein. Mehr und mehr zog er Kritik auf sich. Zu seinem Nachteil wirkte sich aus, dass Geschwindner das Training in der Rattelsdorfer Schulturnhalle vor allem auf die Offensive abgestellt hatte. «In der NBA», so seine Begründung, «gibt es viele 2,10-Meter-Leute, die gut verteidigen, aber kaum einen, der gut wirft. Wenn du dich durchsetzen willst, musst du denen die Lichter ausschießen können.» Doch nun führte diese Prioritätensetzung dazu, dass sogar die Mannschaftskameraden in Dallas zu spotten anfingen. Irk müsse er heißen, nicht Dirk. Das D, das im Vokabular des Basketballs für *defense* steht, für Abwehr, habe er sich nicht verdient.

Es war ein erster Windstoß, eine frühe Sturmwarnung.

Die See begann, rau zu werden. Don Nelson musste sich eingestehen, dass Nowitzki nicht, noch nicht, die erhoffte Verstärkung in dieser kurzen Saison nach dem Streik sein konnte. Es zeichnete sich bald ab, dass am Ende Dallas wieder einmal nur die Playoffs verpassen und am Ende als Verliererteam dastehen würde. Und Dirk würde auch nicht, wie von Don Nelson vorausgesagt, Furore machen und «Rookie of the Year» werden. Der Coach, wegen der Erfolglosigkeit zu Umstellungen gezwungen, nahm Nowitzki schließlich aus der Startformation heraus.

Doch es half nichts. In der renommierten Zeitschrift «Sports Illustrated» musste Don Nelson über sich lesen, es sei ihm gelungen, Dallas zur Lachnummer der Liga zu machen. Die «Dallas Morning News» hingegen trieben ihren Spott mit dem Neuling aus Würzburg, «diesem Levinski, Navinski oder wie immer er heißt», und veröffentlichten Tabellen, die belegen sollten, welch großer Fehler es war, dass sich die Mavericks bei der Draft nicht für den von den Fans favorisierten College-Spieler Paul Pierce anstelle von Nowitzki entschieden hatten. Pierce war daraufhin von den Boston Celtics unter Vertrag genommen worden, und nun wurden die beiden Neulinge in der Liga penibel miteinander verglichen – wie viele Punkte sie in einem Spiel erzielt und wie viele Rebounds sie aufgefangen hatten, wie viele Würfe eines Gegners sie abgeblockt und wie viele Bälle sie dem Gegner abgenommen hatten. Es wurde aufgerechnet. Und abgerechnet. Deprimierend für die Mavericks und Dirk Nowitzki: Paul Pierce hatte fast immer die besseren Zahlen.

Nach nur drei Wochen und insgesamt 15 Saisonspielen standen plötzlich, nach einer Partie gegen die Sacramento Kings, lauter Nullen hinter dem Namen Nowitzki: null Punkte, null Rebounds, null Blocks und null Assists. Dirk war in den vollen 48 Minuten der Spielzeit nicht ein einziges Mal eingewechselt worden, sondern die ganze Zeit über auf die Bank verbannt geblieben, und dies vor den Augen des Vaters, der nach Dallas geflogen war, um den Sohn spielen zu sehen.

Schweres Wetter

Eine bittere Enttäuschung für Jörg Nowitzki: «Ich war als stolzer Vater eines NBA-Profis hergekommen, aber dann saß ich auf der Tribüne, und mein Sohn wurde nicht eine Sekunde eingesetzt.»

Klar, dass Dirks Vater besorgt sein musste. Würde sich erfüllen, was Skeptiker in Deutschland prophezeit hatten? Dass Dirk nach einem halben Jahr wieder zurück in Deutschland sein würde, weil er sich anders als Schrempf nicht auf der High School und dem College das Rüstzeug für die Profiliga geholt hatte?

Auch den Coaches der Mavericks war bewusst, dass es Nowitzki in der Anfangszeit schwer haben würde, schwerer als die Neuprofis aus dem College. «Es sind eine Menge Dinge, die sie da im Kopf runterladen müssen», sagt Donnie Nelson, «und daneben müssen sie sich auf eine andere Kultur, eine andere Gesellschaft einstellen.» Die Coaches wussten also, dass sie Dirk Zeit zur Akklimatisierung geben mussten. Und sie gaben ihm auch die Zeit – aber eben, immer häufiger, auf der Bank.

Und mit einem Mal war die Situation eingetreten, von der Holger Geschwindner befürchtet hatte, dass sie eines Tages kommen würde. Schweres Wetter über Dallas.

Dass er im Spiel nicht so zum Zug kam, wie er erhofft hatte, machte Dirk unsicher. Seine Mitspieler merkten es, die Trainer merkten es.

«Dirk kam mir wie ein Baby vor», sagt Donnie Nelson, «das man im Wald ausgesetzt hatte.» Und er ist sich sicher, dass es damals Momente gab, in denen Nowitzki auf seinem Bett lag, an die Decke starrte und an nichts anderes dachte als daran, Dallas möglichst schnell wieder den Rücken zu kehren. Die Mannschaftskollegen taten ein Übriges, ihm die Lust am Spiel zu nehmen, trieben mit ihm die Späße, denen auch andere Rookies ausgesetzt sind. Nach dem Training gehört es zu den Aufgaben der Neulinge, die Bälle in Rollkäfigen zu verstauen, aber sobald Dirk sich umdrehte, rollten die Bälle auch schon wieder übers halbe Feld, und er musste unter dem Grinsen der anderen mit dem Einsammeln neu beginnen. Kindische Rituale. Protest zwecklos.

Gravierender war, dass Dirk einem zusätzlichen Krafttraining unterzogen wurde, dem sein Körper nicht standhielt. In Würzburg und Rattelsdorf hatte ihn Geschwindner weitgehend davon verschont, in der Befürchtung, die extreme Belastung der Gelenke werde zu Knieproblemen führen. Doch jetzt benötigte Dirk die Muskeln, damit er sich gegen zehn, manchmal zwanzig Kilo schwerere Gegner im Gerangel unterm Korb durchsetzen konnte. Deshalb begannen die Konditionstrainer der Mavericks, ihm hundert Kilo schwere Eisengewichte aufzubürden. Die Folge war, dass seine Arme müde, seine Würfe schwächer wurden. Und ebenso sein Durchhaltewille, auch wenn er in nächtlichen Telefongesprächen mit seinem Lehrmeister in Peulendorf tapfer versicherte, er komme zurecht, er werde die Situation meistern.

«Ein Wort wie Heimweh», sagt Geschwindner, «nimmt Dirk nicht in den Mund. Aber ich wusste jedes Mal, was in ihm vorging. Ich habe es an der Stimmlage gemerkt.» Die Stimmlage Dirks klang verzweifelt.

Die Nelsons geben heute zu, dass die Mavericks allein es nicht geschafft hätten, Dirk in Dallas zu halten, wenn sie nicht zusätzliche Unterstützung bekommen hätten.

«Ohne Holger und Steve», so Donnie, «wäre Dirk vermutlich wieder zurück nach Europa gegangen.»

Dirks Eltern denken darüber ähnlich. Holger Geschwindners außerordentlicher Einfluss auf den Jungen war Jörg Nowitzki bekannt. Aber bei seinem Kurzbesuch in Dallas hatte er auch bemerkt, dass sein Sohn zu dem Kanadier Steve Nash wie zu einem größeren Bruder aufsah. Die beiden waren in gewisser

Weise auch Leidensgenossen, denn Nash erfüllte ebenfalls nicht die hochgesteckten Erwartungen der Fans. Rückenprobleme machten ihm zu schaffen. Die Körbe blieben aus. Gnadenlos wurde er ausgepfiffen.

«Dass es auch Steve schlecht erging am Anfang», sagt Jörg Nowitzki, «hat ihn mit meinem Sohn zusammengeschweißt. Sie haben versucht, sich gegenseitig immer wieder hochzuziehen.»

Steve Nash sieht es nüchterner: «Es war einfach so, dass wir beide damals niemanden sonst in Dallas kannten.»

Gemeinsam fuhren sie zum Mannschaftstraining. Gemeinsam besuchten sie danach Fast-Food-Restaurants. Gemeinsam gingen sie in die Trainingshalle zurück, um weiter zu üben, sie allein, obwohl ihnen in Anbetracht von drei oder mehr Spielen pro Woche bei den Mavericks niemand einen Vorwurf gemacht hätte, wenn sie nach Hause gegangen wären.

Wofür soll ich mich schonen, sagte sich Nowitzki, wenn ich im Spiel sowieso nur wenig eingesetzt werde?

Nach einem Spiel gegen die Los Angeles Clippers stand wieder einmal das deprimierende Kürzel DNP – did not play – hinter seinem Namen, und die «Dallas Morning News» machten daraus ein hämisches: Dirk not play.

In Peulendorf hatte Holger Geschwindner schon vorher verfolgt, dass sich in seiner Abwesenheit das Projekt Nowitzki nicht wie erwünscht entwickelte. Ihm wurde klar, dass er in Dallas präsent sein musste, wenn er größeren Schaden verhindern wollte. Nichts würde für Dirk belastender, deprimierender sein, als nach der Saison mit dem Gefühl in die Sommerpause gehen zu müssen, er habe versagt.

Holger Geschwindner packte wieder die Koffer.

Um Dirk aus dem Tief herauszubringen, musste er psycholo-

Don Nelson, Head Coach der Dallas Mavericks bis 2005

Schweres Wetter

gische Hilfestellung leisten, die innere Stabilität seines Schülers stärken. Aber andererseits sah er auch, dass das Krafttraining, das die Mavericks Dirk aufgezwungen hatten, das Gegenteil dessen bewirkte, was es bewirken sollte. Geschwindner war klug genug, den Mavericks deren Fitnessprogramm nicht grundsätzlich ausreden zu wollen. Nur – warum sollte Dirk Nowitzki das gleiche Gewicht stemmen wie die anderen, älteren, viel robusteren Spieler, von denen einige, so Geschwindner, Ochsen aus der Halle tragen konnten?

Geschwindner sprach mit dem Head Coach Nelson: «Nellie, lass Dirk das halbe Gewicht heben, doppelt so oft, die Leistung bleibt die gleiche!»

Nelson hörte aufmerksam zu, auch als Geschwindner klagte, dass Dirk die übertriebenen Schikanen der Mannschaft zusetzten.

Dirk, sagte Don Nelson, sei ein Rookie, und alle Rookies müssten da durch, that's how it is, Holger!

Ein Wort gab das andere. Geschwindner setzte Don Nelson entgegen: «Dirk kommt doch nicht aus dem Urwald.»

Doch die Aussprache zeigte Wirkung. Plötzlich wurden die Gewichte reduziert, und die Schikanen hörten auf.

«Amerikaner», sagt Geschwindner, «wollen sehen, ob etwas funktioniert, und wenn es funktioniert, dann lassen sie einen machen.»

Die Mavericks erkannten, dass die von Geschwindner vorgeschlagene Behandlungsmethode im Falle des Patienten Nowitzki anschlug. Dirks Leistung und Laune besserten sich. Die Amerikaner gaben Geschwindner fortan freie Hand, mit Dirk allein zu üben, in der leeren Trainingshalle der Mavericks, ähnlich wie in Rattelsdorf. Obwohl Geschwindner nicht zum offiziellen Trainerstab der Mannschaft gehörte, wurde er von da an ein Teil der Mavericks, sobald er nach Dallas kam. Ungehindert passiert

Kapitel 5

er heute alle uniformierten Wachposten und Empfangsdamen auf dem Weg zu den Büros der Coaches oder in die Umkleidekabine der Spieler. Wie selbstverständlich sitzt er im Flugzeug unter den Betreuern, wenn die Mannschaft zu Auswärtsspielen aufbricht – ein Privileg, das keinem anderen Privattrainer zugestanden wird.

«Holger», ließ Don Nelson alle wissen, «ist bei den Mavericks stets willkommen.»

Zwei Wochen nachdem Geschwindner im Frühjahr 1999 zur Ersten Hilfe nach Dallas gekommen war, lieferte Dirk bei den Phoenix Suns sein bis dato bestes Spiel im Trikot der Mavericks und gab eine Ahnung davon, welch wichtiger Faktor er für den Klub später einmal sein konnte. Zwar ging auch dieses Spiel verloren, aber Dirk erzielte 29 Punkte. Zum ersten Mal war er bester Werfer seiner Mannschaft. Noch mehr: Er war der beste Spieler auf dem Platz. Für die Mavericks war es indes bereits zu spät für die Playoffs. Nach nur 19 Siegen in fünfzig Begegnungen verabschiedeten sie sich im Mai 1999 so, wie sie die Saison im Februar begonnen hatten – mit einer Niederlage in Seattle.

Dirk Nowitzki flog dennoch mit einem guten Gefühl nach Deutschland. Er hatte dem Sturm getrotzt und war bereit, sich neuen Aufgaben zu stellen.

Olympia stand bevor. Sydney 2000. Mit Tausenden anderen jungen Leuten zusammen zu sein, den Besten der Welt, das erschien Nowitzki seit dem Erlebnis als Zuschauer in Atlanta 1996 als die Erfüllung seiner sportlichen Laufbahn. Aber der Weg nach Australien war weit, und man konnte bereits in Frankreich stolpern, wo die Basketball-Europameisterschaft 1999 als Qualifikation diente. Dirk Nowitzki wollte der deutschen Mannschaft helfen, die Hürde zu nehmen, unterzog sich freilich vorher noch einer Operation der Nasennebenhöhlen, die ihm besonders auf

Schweres Wetter

Flügen wegen des Druckunterschieds oft stechende Schmerzen bereitet hatten. Die Mavericks nahmen die Nachricht von dem Eingriff mit Verwunderung und indigniert auf. Warum entzog sich ihr junger Mann ihrer Kontrolle und begab sich nicht in die Hände einer Fachklinik in Texas, das für den hohen Standard seiner chirurgischen Einrichtungen bekannt ist?

Von Konsequenzen sahen die Mavericks jedoch ab, zumal sich die Operation als Erfolg herausstellte. Nowitzki war pünktlich zum Einsatz in der Nationalmannschaft zur Stelle. Die deutschen Basketballer mussten, wenn sie in Sydney dabei sein wollten, bei der Europameisterschaft mindestens den sechsten Platz belegen, und dies mit einer unerfahrenen Mannschaft, in der Dirk Nowitzki als Jüngster bereits als Stütze angesehen wurde. Die Vorrunde überstand die deutsche Mannschaft zwar mit Glück und einem überraschenden Sieg über die favorisierten Griechen. In der Platzierungsrunde verlor sie aber nach einem dramatischen Spiel gegen Russland und wurde nur Siebte.

Dirks Traum von Olympia 2000 war geplatzt. Ernüchtert flog er von Frankreich nach Hause, hatte aber nicht viel Zeit, der verpassten Olympiateilnahme nachzutrauern, denn schon bald saß er wieder im Flugzeug und war zurück in den USA. Zehn Monate lang hatte er Basketball fast am Fließband gespielt: in der Bundesliga mit der DJK Würzburg im Herbst 1998, dann mit den Mavericks in der NBA-Saison, schließlich mit der Nationalmannschaft bei der Europameisterschaft. Und jetzt, noch im Hochsommer, musste er seinem Klub schon wieder zur Verfügung stehen, in der Summer League, welche die NBA für Nachwuchskräfte organisiert, um ihnen für die im Herbst beginnende neue Saison Spielpraxis zu verschaffen. Für Nowitzki hieß das: wieder Reisen quer durch den amerikanischen Kontinent. Ein paar Tage Dallas, zwei Wochen Südkalifornien mit einem Turnier in Los Angeles, eine Abschlusswoche Salt Lake

City. Dann, endlich, Rückflug nach Deutschland in den Urlaub, um den Kopf frei zu bekommen.

Die Nase war es bereits. Und der Kopf war es dann auch, als Dirk Nowitzki im Herbst 1999 in seine zweite amerikanische Saison ging.

Es sollte eine unvergessliche Saison werden, eine, die bei den Mavericks alles dramatisch verändern sollte. Aber nichts deutete zunächst darauf hin. Nach einem Drittel der Spiele hätten die Mavericks die Saison am liebsten aus den Annalen und aus dem Bewusstsein gestrichen, so niederschmetternd war die Bilanz bis dahin. Mehr als doppelt so viele Niederlagen wie Siege. Die Mannschaft hatte bei ihren Anhängern allen Kredit verspielt.

Und dann die abrupte Wende.

Es begann damit, dass die Mannschaft in Denver, wohin sie zu einem Auswärtsspiel gereist war, ein unerwarteter Anruf aus Dallas erreichte. Ross Perot verlangte Don Nelson an den Apparat. Was er mitzuteilen hatte, war kurz und bündig. Er sei nicht mehr Eigner des Klubs. Er habe ihn an Mark Cuban verkauft. Good luck, coach.

Schock!

Das Nächstliegende beim Verkauf einer erfolglosen Mannschaft ist die Entlassung des Trainerstabes und der Umbau des Teams. Nelson und die anderen Coaches waren wie gelähmt. Was die Sache nicht besser machte: Mit dem Namen Mark Cuban konnten sie kaum etwas anfangen.

Der Rückflug der Mavericks nach Dallas war ein Flug ins Ungewisse. Donnie Nelson: «Wir fühlten uns, als ob wir zum letzten Abendmahl gingen, Mark Cuban hätte allen Grund gehabt, reinen Tisch zu machen.»

Mit Bangen sah man dem ersten Zusammentreffen mit dem neuen Arbeitgeber entgegen.

Schweres Wetter

Dann kam freilich alles anders als erwartet. Ein junger Mann in Jeans, T-Shirt und Sneakers trat den Coaches entgegen. Anstatt Don Nelson, dessen Sohn Donnie und den anderen Assistenztrainern mitzuteilen, dass sie sich einen neuen Job suchen sollten, klopfte er ihnen auf die Schultern und sagte, dass ihm gefalle, wie sie ihren Job taten, und dass sie mit ihrer Arbeit weitermachen sollten.

«Mark Cuban hat uns am Tiefpunkt aufgelesen und uns in die Arme genommen», sagt heute Donnie Nelson, so als ob er damals einem Heiligen begegnet wäre.

In Wirklichkeit war es so, dass er einem neuen Arbeitgeber begegnet war, der das Gegenmodell zu Ross Perot verkörperte. Zwar war Cuban ebenfalls Milliardär, aber keiner, der bereits mit einem Vermögen auf die Welt gekommen war, und im Erwerb des Klubs sah er nicht wie Perot eine geschäftliche Investition, sondern er verfolgte Basketball mit der gleichen Leidenschaft wie die Fans unterm Tribünendach. In seiner Jugend in Pittsburgh hatte er Müllsäcke verkauft, um sich Basketballschuhe kaufen zu können. Später studierte er an der Indiana University in Bloomington, wo er, wie schon Ernie Butler, Holger Geschwindners Lehrmeister, die legendären Hoosiers anfeuerte, die Basketball-Auswahl der Universität. Auch später in Dallas, als er sich im Software-Business etabliert hatte, blieb er ein Fan der Hoosiers, wollte auch dort deren Spiele live verfolgen und machte sich mit seinem Studienkollegen Todd Wagner deshalb daran, ein System zu entwickeln, wie die Fernseh- und Radioübertragungen der Lokalsender in Indiana via Computer nach Dallas und damit letztlich in alle Welt transportiert werden konnten.

«Er stöpselte ein Vier-Dollar-Transistorradio und einen 3000-Dollar-Computer zusammen und machte daraus ein Milliardengeschäft», schrieb «Sports Illustrated» später bewundernd.

Es war ein komplexes Computer-Network für Fernseh- und

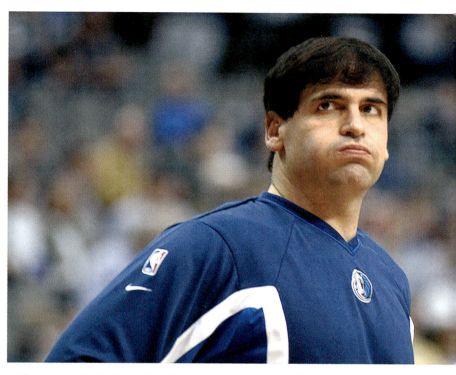

Selfmademan Mark Cuban, Nachfolger von Ross Perot als Eigner der Dallas Mavericks

Schweres Wetter

Hörfunkprogramme, das daraus entstand. Ende der neunziger Jahre kaufte der Online-Riese Yahoo das Unternehmen für sechs Milliarden Dollar, und Cuban hatte genügend Geld, um Träume Wirklichkeit werden zu lassen. Er war Anhänger der Mavericks geworden. In seiner Anfangszeit in Dallas hatte er noch auf den billigen Plätzen mit dem Klub mitgelitten, ehe er sich dann Reihe um Reihe ans Spielfeld heranarbeitete. Mit den Milliarden auf seinem Konto wurde am Ende sein Verlangen übermächtig, der Mannschaft ganz nahe zu sein, dort seinen Platz zu finden, wo die Spieler selbst sitzen, am Spielfeldrand. Dafür war er bereit, 280 Millionen Dollar zu zahlen. Es war der Kaufpreis der Dallas Mavericks, die Ross Perot vier Jahre zuvor für 125 Millionen erworben hatte.

Der Klub war in seinem finanziellen Wert auch deshalb auf mehr als das Doppelte gestiegen, weil das Projekt einer gewaltigen Sportarena, zur Hälfte von den Mavericks und damit mit Perots Geld finanziert, bereits Gestalt annahm. Der Grund und Boden, auf dem der Sportpalast emporwuchs, diese 72 Acre einstmals verwildertes und verseuchtes Brachland am Rand von Downtown Dallas, war inzwischen teures Land geworden. Perots Rechnung war aufgegangen. Die Mavericks brauchte er nicht mehr als Anstoßinvestition – zur Pflege seines Egos hatte die Mannschaft ohnehin nie gedient.

Mark Cuban hingegen machte von Anfang an klar, dass er in erster Linie Fan war. Für die Spiele zog er sich jedes Mal ein anderes Mavericks-Trikot aus dem Fanshop über, auch jenes mit der Nummer 41 und dem Namen Nowitzki drauf, und mischte sich unter die Betreuer am Spielfeldrand. Der jugendlich wirkende Milliardär war dort hingekommen, wo er immer hingewollt hatte. Als Eigentümer der Mannschaft erlaubte er es sich, sich so aufzuführen wie Tausende andere Fans bis hinauf unters Tribünendach – begeistert, entsetzt, je nachdem, wie auf dem

Spielfeld die Treffer fielen, fuchtelnd, schreiend, aufgebracht nach Schiedsrichterentscheidungen.

Auf mehr als eine Million Dollar summierten sich bis heute die Strafen der NBA für Cubans Unbeherrschtheit, auch wenn ihn sein spektakulärster Auftritt keinen Penny kosten sollte. Es war mitten im Spiel gegen New Orleans, als er sich während einer Auszeit, auf den Schiedsrichter stürzte. Er warf ihn im Ringergriff zu Boden, wurde mit diesem unter einem Menschenknäuel begraben, das Spieler und entsetzte Funktionäre zu entwirren versuchten. Die Zuschauer in der Arena hielten den Atem an. Cubans Angriff auf den Schiedsrichter war ein so unerhörter Vorgang, dass er die umgehende Verbannung Cubans aus der NBA zur Folge haben musste. Aber was geschah? Cuban sprang plötzlich auf, reckte die Arme und schrie: «Fools' day, fools' day . . .» Es war der 1. April. Alles war ein abgekartetes Spiel, ein Aprilscherz, in den der Schiedsrichter, und nur er, eingeweiht gewesen war.

Mark Cubans Emotionalität bewirkte bei der Mannschaft einen abrupten Stimmungsumschwung. Jeden Tag tauchte der neue Eigentümer im Training auf, warf selbst Bälle in den Korb und las sie sogar bereitwillig auf, auch wenn keiner den Behälter hinter seinem Rücken wieder umstieß. Ganz bewusst wollte Cuban den Spielern das Gefühl geben, dass er einer der Ihren war und ihm ihr Wohlergehen am Herzen lag. Die Mannschaft kam aus dem Staunen nicht heraus. Plötzlich lagen nach dem Spiel flauschigere, größere Handtücher als vorher für sie bereit; an der Seitenlinie ersetzten gepolsterte Stühle die harten Schalensitze, auf denen sie vorher gehockt und auf ihren Einsatz gewartet hatten. Bei den Auswärtsspielen übernachtete man von nun an in Luxushotels.

First class war das Schlüsselwort. Alles, was sich mit dem Namen Mavericks verband, sollte first class sein. Cuban suggerierte es der Mannschaft. Auch sie selbst sollte first class werden.

Und sie wurde es. Sie machte sich auf den Weg nach oben in der NBA. 31-mal bei 50 noch ausstehenden Spielen gewann sie zur Freude ihres neuen Bosses. Zwar reichten die Siege wegen des miserablen Starts in die Saison wieder nicht für die Teilnahme an den Playoffs. Aber die Mannschaft hatte gezeigt, welches Potenzial in ihr steckte mit ihren drei Schlüsselspielern Michael Finley, Steve Nash und dem Jungen, dem die Zukunft gehörte, Dirk Nowitzki.

Dieser hatte allen Grund, mit Genugtuung auf seine zweite Saison in der NBA zurückzublicken. Er hatte den Durchbruch geschafft, an allen 82 Spielen mitgewirkt und war im Schnitt jeweils 36 Minuten auf dem Platz gewesen anstelle der 20 Minuten im ersten Jahr. Seine Wurfausbeute hatte sich dadurch mehr als verdoppelt: 17,5 Punkte anstelle der 8,2 Punkte zuvor. Den Vergleich mit Paul Pierce brauchte er nicht mehr zu scheuen. Und erstmals war er sogar zum All-Star-Spiel der NBA nach Oakland eingeladen worden, noch freilich nur als Akteur im Vorprogramm, als die besten Spieler aus dem NBA-Jahrgang 1998 gegen die neue Generation, die Rookies des Jahres 1999, antraten. Und am Ende der Saison belegte er den zweiten Platz auf der Rangliste der «Most Improved Players», jener Spieler, die in der laufenden Saison die größten spielerischen Fortschritte gemacht hatten.

Stimmungsumschwung jetzt auch bei den «Dallas Morning News». Vorbei die Zeit, in der das Blatt abfällig die ersten Schritte dieses Navinski oder Levinski kommentiert hatte. Nicht nur, dass den Kolumnisten Nowitzkis Name jetzt mühelos aus der Feder floss. Dass der Deutsche im Trikot der Mavericks nur Zweiter unter den «Most Improved Players» wurde, nannte das Blatt eine Schande.

Dirk Nowitzki selbst empfand es nicht als Zurücksetzung. An Selbstdarstellung fand er nie Gefallen, weshalb sein Aufstieg in der NBA nahezu unbemerkt von der deutschen Öffentlichkeit vor sich ging. Wer kannte damals schon seinen Namen? Noch gab es im Fernsehen in Deutschland keine morgendlichen Frühmeldungen über seine Erfolge in Dallas. Noch tauchte er nicht als gutmütiger Riese in der Werbung auf. Für viele außerhalb der Basketball-Szene war er nicht einmal ein Levinski oder Navinski. Sie konnten seinen Namen nicht einmal verballhornen, weil sie ihn noch gar nicht kannten.

Aber das sollte sich in Nowitzkis dritter NBA-Saison schnell ändern. Er konnte sich auf sie besonders gut vorbereiten, weil wegen der verpassten Olympischen Spiele keine Einsätze im Nationaltrikot auf ihn warteten. Nach dem Training in Rattelsdorf und einem abermaligen Einsatz in der Summer League der NBA stieß er im Herbst 2000 wieder zur Mannschaft, zu einem Team, das sich von Anfang an selbstbewusst auf dem Parkett bewegte. Steve Nash spielte ohne Verletzungen und konnte seine Rolle als Spielmacher einnehmen. Das Zusammenspiel zwischen ihm und Dirk wurde immer besser. Das Gleiche galt für Nowitzkis Wurfausbeute. Im Schnitt erzielte er jetzt bereits 20 Punkte pro Spiel, eine Leistung, die vor ihm, Anfang der neunziger Jahre, nur ein einziger europäischer Spieler in Amerika erreicht hatte, Dražen Petrović, ein Kroate, der später auf der Autobahn bei München zu Tode kommen sollte. Jetzt erwachte plötzlich auch das Interesse der deutschen Öffentlichkeit. Plötzlich tauchten deutsche Zeitungsreporter und Kamerateams in Dallas auf, um über ein deutsches Phänomen zu berichten – einen Basketballer, dem selbst das Nachrichtenmagazin «Time» eine Story widmete und der nicht nur dabei war, sich unter den Besten der Welt zu etablieren, sondern der drauf und dran war,

Schweres Wetter

für die Mavericks etwas zu erreichen, was sie bis dahin jahrelang vergeblich zu erreichen versucht hatten: die Playoffs.

Von Anfang an in dieser dritten Saison Nowitzkis in Dallas machte die Mannschaft klar, dass für sie das Ende der Punkterunde mit ihren 82 Spielen nicht auch schon das Ende der Saison sein würde. 53 Siege erzielte sie. Es war die zweitbeste Bilanz, welche die Mavericks in ihrer Klubgeschichte je erreicht hatten. Und sie bedeutete erstmals seit 1990 wieder das Erreichen der Playoffs, der Endrunde um den NBA-Titel.

In der mit 82 Spielen strapaziösen *regular season* war die Mannschaft nach einem ausgeklügelten Schlüssel gegen Teams aus dem Westen der USA genauso wie gegen Mannschaften aus dem Osten angetreten. Aber nun, in den Playoffs, waren die Landesteile getrennt. Die Teams aus der Western Conference der NBA, zu welcher Dallas gehörte, ermitteln zunächst ihren regionalen Champion, ehe der dann in einer Finalserie von maximal sieben Spielen auf den Champion der Eastern Conference trifft.

Für die Mavericks sollten die Playoffs ein erstes Herantasten an den Titel werden, ein Kräftemessen nach der Punkterunde mit den großen Teams aus dem Westen, unter denen die Suns aus Phoenix, die Lakers aus Los Angeles und die Spurs aus San Antonio die Renommiertesten waren. Acht Teams aus dem Westen waren noch im Rennen, und die Playoffs werden im K.-o.-System ausgetragen: Viertelfinale der acht besten Mannschaften der Conference, Halbfinale der Conference, dann Conference Championship, schließlich das große NBA-Finale gegen den Champion der anderen Conference.

Das Viertelfinale wurde, anders als die Begegnungen ab dem Halbfinale, damals noch nach dem Modus Best-of-five ausgetragen. Die Mavericks mussten also dreimal gegen die Utah Jazz und deren Superstar Karl Malone gewinnen. Es fing nicht gut an. Zum Einstand zwei Niederlagen in Salt Lake City, eine davon mit 86:88 denkbar knapp, die andere mit 98:109 ziemlich glatt. Aber die Mavericks gaben sich nicht geschlagen, und es war Dirk Nowitzki, der in Dallas, bei den folgenden beiden Heimspielen, für Begeisterungsstürme in der Halle sorgte. Mit jeweils 33 Punkten sorgte er für zwei Mavericks-Siege und damit zum Ausgleich in der Serie. Die jungen Mavericks, schwärmten nachher alle, hätten den Routiniers aus Utah eine Lehrstunde in modernem Hochgeschwindigkeitsbasketball erteilt. Aber würde das Tempo auch beim entscheidenden fünften Spiel, nun wieder im Mormonenstaat in den Rocky Mountains, durchzuhalten sein? Den Gegner auf dessen Platz überrennen zu wollen, kann auf dem Basketballparkett so gefährlich sein wie im Fußball. Die Nelsons entschieden sich, diesmal wieder auf Defensive zu setzen. Nowitzki konnte dadurch weniger Körbe beisteuern. 18 Punkte waren es am Ende. Aber es reichte zum Sieg. Mit 84:83 entschieden die Mavericks das fünfte und entscheidende Spiel für sich und zogen ins Conference-Halbfinale ein.

Gegner dort, nun bereits im Best-of-seven-Modus: die San Antonio Spurs, der NBA-Champion. Die Mavericks mussten zuerst reisen. Nervöser Auftritt in San Antonio. Niederlage. Ein zweiter nervöser Versuch, das Alamo zu stürmen. Wieder erfolglos. Aber noch war nicht alles verloren. Auch gegen Utah hatte man die ersten Auswärtsspiele nicht gewinnen können. Hoffnung also auf die heimische Kulisse in Dallas. Aber plötzliche Sorge: Würde Dirk Nowitzki wieder fit sein? Er hatte sich am Abend vor der Begegnung den Magen verdorben und sich in der Nacht mehrmals übergeben. Der Teamarzt gab sein Okay für einen Einsatz erst unmittelbar vor Spielbeginn. Aber der geschwächte Nowitzki saß dann die halbe Spielzeit auf der Bank, konnte die Niederlage nicht verhindern. Im Spiel 4, als es für die Mavericks um alles oder nichts ging, war er wieder mit vollen Kräften dabei. Und es wurde eine denkwürdige Partie, nicht

Schweres Wetter

nur wegen der 30 Punkte, die er zum ersten Dallas-Sieg in der Serie beitrug. Das Spiel befreite ihn von einem Makel, der allen Ausländern in der NBA anhaftet, die nicht durch die harte Schule der Colleges gegangen sind. Man unterstellt ihnen, zu wenig robust für die NBA zu sein. Auch der scheue Dirk Nowitzki hatte unter diesem Image zu leiden. Noch hatte er nicht bewiesen, dass er Schläge wegstecken konnte. Und nun, im Spiel gegen San Antonio, verspürte er die ganze Härte des Spiels an seinem Körper. Ein Gegenspieler rammte ihm den Ellbogen ins Gesicht und schlug ihm einen Zahn aus. Blutend rannte er in die Umkleidekabine, kam aber unter den Begeisterungsschreien der Zuschauer schon nach wenigen Minuten zurück auf den Platz. Einen ohnehin beschädigten Schneidezahn hatte er verloren, aber er gewann die Sympathien aller. Dirks Ruf war jetzt der eines *tough guy*. Nach drei Niederlagen in Serie erkämpften sich die Mavericks mit ihm ihren ersten Sieg, 112:108, und erhielten abermals eine Chance, sich im Rennen zu halten. Nächstes Spiel wieder in San Antonio. Es wurde Nowitzkis Spiel. Das beste seiner NBA-Karriere bis dahin. Eine unglaubliche Bilanz: 42 Punkte, 18 Rebounds. Aber freuen konnte sich Nowitzki nicht darüber. Selbst eine Galavorstellung reichte nicht zum Sieg. Die vierte Niederlage bedeutete das Playoff-Aus der Mavericks.

Aber die NBA-Klubs hatten erkannt, welches große spielerische Potenzial auch in Ausländern ohne College-Erfahrung steckt. Bei der wenige Wochen nach Ende der Saison abgehaltenen Draft des Jahres 2001 sicherten sich die Memphis Grizzlies die Rechte an Pau Gasol aus Barcelona. Der Spanier war 20 Jahre alt, dünn und lang, 2,10 Meter groß. Er wog nicht viel mehr als hundert Kilo, ähnlich wie Nowitzki bei dessen Draft drei Jahre zuvor.

Er war eine nahezu perfekte Kopie des Würzburgers.

Silke Nowitzki macht Pressearbeit für ihren Bruder

«Es ging drunter und drüber in meinem Kopf»

Wann genau Holger mir den «Taifun» von Joseph Conrad zu lesen gab, kann ich nicht mehr sagen; es dürfte aber vor meinem Wechsel in die USA gewesen sein. Er drückte mir ja damals ständig Bücher in die Hand, damit ich mich weiterbilde, schon als ich noch aufs Gymnasium ging. In der Schule soll man ja Spaß am Lesen bekommen, aber das konnten mir die Lehrer nicht vermitteln. Zu allem Überfluss musste ich in Deutsch Abitur machen. Weil ich ja Sport als Leistungskurs hatte und dazu Chemie, eine Naturwissenschaft, musste eine Sprache als weiteres Abiturfach dazukommen. Und da meine Leistungen in Englisch damals sehr bescheiden waren, blieb nur Deutsch übrig. Trotzdem war Lesen für mich lange Zeit eher ein Kampf. Und dann kam also Holger und hat mir noch schwereren Stoff gegeben, angefangen mit der «Geschichte der Natur» von Carl Friedrich von Weizsäcker. Als ich dann gerade frisch in der NBA war, gab Holger mir eine Biographie von Alexander dem Großen – auf Englisch! Sich da auf Englisch durchzubeißen, das war ganz schön mühsam.

Mittlerweile habe ich Spaß am Lesen gefunden, selbst an Klassikern. Im Grunde lese ich fast alles, was mir in die Hände fällt, auch Krimis, bei denen man abschalten kann. Eines der beeindruckendsten Bücher bekam ich von Austin Croshere, einem Teamkollegen in Dallas: «Left for Dead». Darin geht es um den Untergang des amerikanischen Kriegsschiffes USS Indianapolis im Pazifik kurz vor dem Ende des Zweiten Weltkrieges. Von 1200 Besatzungsmitgliedern überlebten nur 300, und was die durchmachten, hat mich sehr berührt. Wenn man solche Geschichten liest, relativieren sich die Schwierigkeiten, die man als Sportler hat, doch sehr.

Zum Beispiel diejenigen, die ich in meinem ersten Jahr in Dallas hatte. Damals war alles neu für mich, und alles ging so schnell. Normalerweise hat man vor einer NBA-Saison einen Monat Trainingslager – wir hatten gerade mal eine Woche. Und die brachte mir nicht viel. Ich kannte die NBA-Regeln nicht richtig, hatte das Spielsystem der Mavericks nicht verinnerlicht, die dreißig, vierzig Spielzüge, die man beherrschen muss. Ich fühlte mich hilflos auf dem Spielfeld. Trotzdem stellte Nellie mich in die Starting Five. Er wollte mir damit sein Vertrauen signalisieren. Doch in meinem ersten Spiel stolperte ich dermaßen herum, dass ich mich selbst fragte: «Was mache ich hier eigentlich?» Es war, als ob ich in Trance gewesen wäre, als ob alles nur ein Traum sei.

Ich musste ja gleich gegen Detlef Schrempf spielen, und deshalb waren auch viele deutsche Journalisten nach Seattle gekommen. Vor dem Spiel schüttelten wir uns für die Fotografen die Hände, nach dem Spiel stellte mir Schrempf seine Familie vor und gab mir seine Telefonnummer für den Fall, dass ich mal einen Rat bräuchte. Aber einfach so Detlef Schrempf anzurufen – das konnte ich mir damals nicht vorstellen. Ich wäre mir blöd dabei vorgekommen. Deswegen kam ich nie auf sein Angebot zurück, obwohl ich schon bald in ein Loch fiel. Das fehlende Grundwissen über die Spielstrategie, das neue Land, der Umstand, dass Holger nicht mehr da war und auch meine Freundin und meine Eltern weit weg waren – alles wirkte sich negativ aus. Und auf einmal war ich raus aus der Starting Five.

Dirk Nowitzki: Aus meiner Sicht

In Würzburg war ich immer eine Führungsfigur gewesen, und in Dallas gab es nun Tage, an denen ich nur auf der Bank saß. Das hatte ich noch nie erlebt. Ich dachte bloß: Du kannst jetzt nur weiter hart an dir arbeiten. Also trainierte ich noch mehr als die anderen, versuchte außerdem, mir von den älteren Spielern etwas abzuschauen: Wie verhalten sie sich im Spiel, wie gehen sie mit den Fans um, mit den Coaches, mit den Schiedsrichtern?

Aber wenn die Freundschaft mit Steve Nash nicht gewesen wäre, hätte mein NBA-Abenteuer trotzdem schnell zu Ende gehen können. Er war ja bereits mit 18 Jahren von Kanada nach Kalifornien gezogen, ging dort aufs College. Er hatte überall in den USA Freunde und Bekannte, und in fast jeder Stadt, in die wir zu unseren Auswärtsspielen kamen, wohnte einer. Steve nahm mich immer mit: zu seinen Freunden nach Hause, zum Essen, ins Kino. Mir war vor allem wichtig, irgendetwas zu machen, egal was – bloß nicht allein in der Wohnung oder im Hotel zu sitzen und von zu Hause zu träumen. Da traf es sich sehr gut, dass ich in Steve jemanden hatte, der mich mitzog – so wie es in Würzburg mein Cousin Holger getan hatte.

Wir mussten in dieser verkürzten Saison 50 Spiele absolvieren innerhalb von drei Monaten. Das war absolut untypisch, hatte aber einen Grund: In der NBA werden wir pro Partie bezahlt. Das vereinbarte Jahresgehalt wird durch 82 geteilt, die übliche Zahl der Punktspiele während der *regular season*, und pro Spiel bekommt man den entsprechenden Anteil. Nur wenn man von der Liga gesperrt oder vom Klub suspendiert wird, gibt es kein Geld. Den meisten Profis, die noch laufende Verträge hatten, war deshalb durch den Tarifstreit viel Geld entgangen, sie wollten so viel wie möglich noch retten. Also wurden 50 Spiele in drei Monate gequetscht.

Kapitel 5

Während einer normalen Saison spielt man höchstens an zwei Abenden nacheinander, *back-to-back*, wie es im Basketball-Jargon heißt. Aber in meinem ersten NBA-Jahr mussten wir manchmal sogar an drei Abenden nacheinander antreten, also *back-to-back-to-back*. Einmal hatten wir drei Spiele in drei verschiedenen Städten, dann einen Tag frei, einen Tag Training und noch einmal drei Spiele in drei Städten – insgesamt sechs Spiele innerhalb von acht Tagen. Dazu kamen die Flüge von einem Ort zum nächsten. Da ging es drunter und drüber in meinem Kopf, am Ende wusste ich nicht mehr, wo ich war: in welcher Stadt, in welchem Hotel, in welchem Zimmer.

Damals machte ich mir viele Gedanken, ob es richtig war, in die NBA zu gehen. Ich telefonierte oft mit Holger, auch mit meiner Freundin in Deutschland. Sie redeten mir immer gut zu, machten mir Mut. Nach ein paar Monaten aufzugeben – das wollte ich jedenfalls nicht.

Dass die Mannschaft mich gut aufnahm, war ebenfalls wichtig für mich. Ich war zwar ein Rookie und musste den älteren Spielern Kaffee aufs Hotelzimmer bringen, ihre Taschen tragen, die Bälle aufsammeln nach dem Training – das übliche Rookie-Schicksal. Aber ich empfand das nicht als übertrieben. Das Unangenehmste war vielleicht, einmal nachts um drei Uhr bei minus zehn Grad die Taschen in den Bus einzuräumen. Wir waren an der Ostküste, flogen direkt nach einem Spiel weiter zum nächsten und landeten entsprechend spät. Die anderen saßen schon gemütlich im Bus, der uns vom Flughafen ins Hotel bringen sollte, und ich lud draußen in der Kälte die ganze Ausrüstung ein. Aber was immer sie von mir verlangten als Rookie – ich tat es. In dieser Hinsicht war es eine gute Entscheidung, als junger Spieler in die NBA zu gehen und nicht erst noch ein paar Jahre in Europa zu verbringen. Wenn man äl-

Dirk Nowitzki: Aus meiner Sicht

ter ist und sich einen Namen gemacht hat, fällt es einem nicht mehr so leicht, woanders wieder ganz unten anzu- fangen.

Als die Mavericks keine Chance mehr auf die Playoffs hatten, zehn, fünfzehn Spiele vor Saisonschluss, nahm mich Nellie beiseite und sagte: Jetzt ist der Druck weg, jetzt kannst du neu starten. Ich war wieder in der Starting Five und konnte zeigen, was ich inzwischen gelernt hatte. Als ich in Phoenix dann 29 Punkte machte, hat mir das gezeigt, dass ich wirklich in dieser Liga mithalten kann! Diese Spiele am Saisonende waren unheimlich wichtig für mich. Ich bin ja keiner, der vor Selbstbewusstsein strotzt, mein Selbst- vertrauen musste ich mir erst hart erarbeiten. Noch heute ist es so, dass ich an mir zweifle, wenn ich einmal schlecht gespielt habe. Aber ich glaube, dass mich genau das auch immer wieder antreibt. Ich sage dann zu mir: Gestern hast du zehnmal danebengeworfen, heute übst du deshalb eine Stunde länger. Selbst wenn es gut läuft, denke ich: Wenn du jetzt nicht zum Üben in die Halle gehst, überholen dich die anderen. Steve Nash sagt immer, ich sei der pessimis- tischste Mensch, den er kenne. Diese Einstellung habe ich wohl von meiner Mutter geerbt. Ich war jedenfalls schon als Jugendlicher so.

Bei der Europameisterschaft im Sommer 1999, nach meiner ersten Saison in Dallas, fehlten dann leider einige Spieler, die der Nationalmannschaft hätten helfen können. Henning Harnisch und Michael Koch waren zurückgetreten, zwei Europameister von 1993, und ein weiterer, Henrik Rödl, verletzte sich in der Vorrunde schwer. Trotzdem spielten wir eine sehr gute EM, auch wenn sie ärgerlich endete. Das ent- scheidende Spiel um die Olympia-Qualifikation gegen Russ- land verpennten wir einfach. Zu allem Übel qualifizierte sich Steve mit Kanada für die Spiele und flog im Spätsommer

2000 nach Sydney. Das frustrierte mich dann erst recht. Es wäre schön gewesen, sich dort zu sehen!

Gleich nach der EM musste ich sofort wieder nach Dallas zurück, zur Summer League der jungen Spieler. Donnie Nelson coachte uns, wir trainierten erst eine Woche in Dallas, zwei-, manchmal dreimal am Tag. Danach flogen wir nach Los Angeles, spielten dort zweieinhalb Wochen lang fast jeden Tag und reisten dann weiter nach Utah, wo wir nochmal eine Woche spielten. So anstrengend sich das anhört – für mich war es gut, nach NBA-Regeln zu spielen, unter NBA-Schiedsrichtern. Ich konnte mich an die Spielzüge gewöhnen, die ich für mein zweites Jahr in der NBA beherrschen musste. Die Summer League brachte mir so viel, dass die Mavericks im Jahr darauf wollten, dass ich noch einmal mitmache. Aber ich hätte wahrscheinlich auch aus eigenem Antrieb wieder teilgenommen.

Neben den Erfahrungen in der Summer League kam mir in meinem zweiten Jahr bei den Mavericks zugute, dass sich Gary Trent verletzte und für die ganze Saison ausfiel. Da war ich dann fast der Einzige, der in Frage kam als Power Forward, als kräftiger Flügelspieler. Hätte sich Trent damals nicht verletzt – wer weiß, ob ich mich so hätte entwickeln können, wie ich es getan habe. Es half natürlich auch, dass Nellie mir viele Freiheiten gab. Nicht viele Coaches hätten gewollt, dass ihr Power Forward an der Dreier-Linie rumhüpft und von außen schießt. Das hatte es vorher nicht gegeben. Da sollte man als Power Forward bloß mit Macht zum Korb ziehen. Aber Nellie war in seiner ganzen Karriere immer innovativ, und seine Vorstellungen passten ideal zu meiner Spielweise. Letztlich war Dallas deshalb der perfekte Ort für mich.

Als dann Mark Cuban den Klub im Januar 2000 kaufte, war das zunächst eine schwierige Situation für uns alle. Don und Donnie Nelson fürchteten, dass sie gefeuert werden, und der Gedanke an diese Möglichkeit beunruhigte auch mich. Unter Nellie lief es gerade so gut für mich, ich wollte nicht, dass ein anderer Coach kommt, der womöglich die Verteidigung in den Vordergrund rückt und das System der Mavericks total umstellt. Aber zum Glück ließ Cuban alles, wie es war. Im Endeffekt war er das Beste, was uns passieren konnte.

Ross Perot war ja so gut wie nie bei unseren Spielen gewesen. Er war zwar sehr nett, aber man kann nicht sagen, dass ihm viel an der Mannschaft oder am Basketball gelegen hat. Ein Basketballverrückter wie Cuban war er jedenfalls nicht. Mark ist fast bei jedem Spiel und bei jedem Training dabei, ist ständig engagiert. Die meisten Spieler hatten damals immer etwas auszusetzen – am Essen, am Flieger, an den Hotels, an der Umkleidekabine. Mark verbesserte sofort alles und nahm dadurch den Spielern alle Entschuldigungen. Er gab uns zu verstehen: So, jetzt gibt es nichts mehr, worüber ihr nörgeln könnt – jetzt müsst ihr Leistung bringen!

Die Playoffs erreichten wir dennoch erst in meiner dritten Saison. Und das war ein Riesenerfolg! In Dallas war in den Neunzigern ja nichts los gewesen in Sachen Basketball – da waren die Mavericks die schlechteste Mannschaft der NBA. Aber plötzlich waren wir wieder wer, auf einmal war die Halle jeden Abend voll, und wenn wir mal zum Essen ausgingen, erkannte uns jeder. Erst recht, nachdem wir in der ersten Runde die Utah Jazz im entscheidenden fünften Spiel der Serie bezwungen hatten – mit einem Punkt Unterschied! Danach feierten wir, als wären wir Meister geworden. Es war ein unbeschreiblich erhebendes Gefühl, eine unglaubliche Erfahrung. Erstens, weil es in der NBA nicht oft passiert, dass eine Mannschaft noch gewinnt, die schon 0:2 zurückgelegen hat in einer Best-of-five-Serie. Und zweitens, weil uns das auch noch gegen die Utah Jazz gelang, die John Stockton und Karl Malone in ihren Reihen hatten, zwei der besten, abgezocktesten, routiniertesten Spieler, die es gab.

Doch in diesen Playoffs wurde ausgerechnet eine Niederlage zu einem meiner größten Erfolgserlebnisse bis dahin. In der nächsten Runde zerlegten uns die San Antonio Spurs richtiggehend und warfen uns aus dem Rennen. Aber im fünften und letzten Spiel dieser Serie erzielte ich 42 Punkte gegen diese Basketball-Supermacht.

Meinem Selbstbewusstsein hat das unheimlich gutgetan. Ich habe davon die nächsten Jahre gezehrt.

Mit den Mavericks auf der Siegesstraße

Manchmal sind es große Anlässe, die Athleten schon in jungen Jahren berühmt machen. Der Tennisspieler Boris Becker trat ins Bewusstsein der deutschen Öffentlichkeit durch seinen Sieg als 17-Jähriger in Wimbledon. Steffi Graf war kaum älter, als sie durch ihre Siege in den großen Tennisarenen der Welt ins Blickfeld geriet. Und anderthalb Jahrzehnte vorher war Ulrike Meyfarth, ein anderes deutsches Mädchen, von einem Tag zum anderen zum Liebling der Nation geworden, bei den Olympischen Spielen in München im Sommer 1972, als sie höher sprang als alle anderen. Dirk Nowitzkis heutige Popularität in Deutschland ist indes nicht mit einem der ganz großen Sportereignisse verbunden, schon deshalb nicht, weil er nie eines gewann – keine deutsche Meisterschaft, keine NBA-Finalserie, keine Basketball-Europameisterschaft, keine Weltmeisterschaft. Seine Karriere verlief in einer stetig ansteigenden Kurve, aber eben auch ohne jenen Ausschlag nach oben, der diesen einen großen Moment markiert, in dem ein Athlet Geschichte schreibt.

Bis Nowitzki auch in seiner Heimat zum Star werden konnte, mussten sich erst einzelne Puzzlestücke nach und nach zu einem Gesamtbild zusammenfügen. Noch war das Bild längst nicht komplett, als der Deutsche im Jahr 2001 den Sprung vom Jungprofi zu einem Leistungsträger der Mavericks geschafft hatte. Zwar kamen von da an immer häufiger deutsche Reporter nach Dallas, um seine Auftritte zu kommentieren und Zitate von ihm zu sammeln. Aber erst als deutsche Fernsehkameras ihn mehr und mehr zu sich heranzoomten, wurde aus einem Namen eine Figur aus Fleisch und Blut. Daran, dass Nowitzki in Deutschland allmählich in die Rolle eines Stars hineinwuchs, hatte paradoxerweise seine Scheu vor Selbstdarstellung einen wesentlichen Anteil, denn sie führte dazu, dass sich gerade viele Jugendliche mit ihm zu identifizieren begannen, mit einem, der trotz seiner sportlichen Erfolge einer der Ihren geblieben war, ein großer Junge.

Am Ende sollte freilich auch das große Geld eine Rolle spielen, eine Vertragsverlängerung, die Dirk Nowitzki zum bestverdienenden deutschen Sportler nach dem Autorennfahrer Michael Schumacher machen sollte. Im gleichen Jahr 2001 hatte sich bereits der neugierige oder besser gierige Blick der Boulevardpresse auf sein Privatleben gerichtet. «Bild» deutete eine Affäre Nowitzkis mit dem britischen Popstar und ehemaligen Spice Girl Geri Halliwell an. Geschätzte ein Meter sechzig und verbürgte zwei Meter dreizehn – zu schön war die Vorstellung von einem solch ungleichen Paar, als dass man näher hinschauen und bemerken wollte, dass es sich beim Anlass für die Spekulationen um ein Dinner in einem Restaurant handelte, bei dem sich Dirk und seine damalige Freundin aus Würzburg mit Geri Halliwell und Steve Nash getroffen hatten, dessen Nummer 13 die Sängerin auf ihrem Fantrikot trug, wenn sie zu Spielen der Mavericks kam.

Es passte einfach alles bestens zusammen, was eine saftige Story ausmachte. Das zweite Spice Girl, das sich einen Sportstar angelt?

Anders als der Fußballer David Beckham eignet sich Dirk Nowitzki freilich denkbar schlecht für die Glamour-Welt. Bürgerlich seine Attitüde. Abgeschirmt sein Privatleben. Viel mehr als einen wortkargen Riesen in Trainingsklamotten hat die deut-

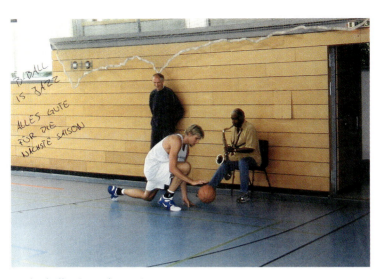

Basketball + Saxophon = Jazz

Victory Lane

sche Öffentlichkeit von Nowitzki außerhalb des Spielfelds nie zu sehen bekommen. Aber immerhin – eine eindrucksvolle Erscheinung gibt er ab. Groß, jedoch nicht eigentlich lang, nicht mehr schlaksig wie früher, als er von Würzburg nach Amerika aufgebrochen war. Nach den ersten Jahren in Dallas waren kräftige Muskeln dazugekommen, und Thomas Neundorfer, Dirks Arzt aus Rattelsdorf, konstatierte, dass alles perfekt zusammenpasste und sich Dirks Gliedmaßen in der richtigen Relation zum übrigen Körper entwickelt hatten.

Auch Holger Geschwindner registrierte es. Der Mathematiker und Physiker in ihm begann, nach der Idealformel für den Körperbau eines Athleten zu suchen. Er vermaß Dirks Beine und Arme, stellte Vergleiche an, suchte nach einem Modell. Und fand es. Im Original ist es zu bewundern in der Galleria dell'Accademia in Florenz und als Kopie gleich nebenan auf der Piazza der toskanischen Stadt: ein antiker Athlet, gemeißelt in weißem Marmor.

Bei Michelangelos David, so fand Geschwindner heraus, befinden sich die Gliedmaßen in einer perfekten Relation zum Körper.

Basketballer mit Beinen wie Stelzen sind längst die Ausnahme geworden. Eine davon war immerhin Nowitzkis langjähriger Mannschaftskamerad Shawn Bradley in Dallas, der mit seinen zwei Metern neunundzwanzig Dirk Nowitzki noch um Haupteslänge überragte. Bei seinen Visiten in Dallas musste selbst Geschwindner den Kopf ins Genick werfen, um zu ihm aufzuschauen. Und wieder begann es, in ihm zu arbeiten. Hatte es da nicht an seiner Schule, dem Paul-Gerhard-Gymnasium in Laubach, als Kunstlehrer einen Amerikaner namens Vincent Bradley gegeben, der mit einer Deutschen verheiratet war? Und hatte nicht dieser Lehrer einen Sohn, und war der wiederum nicht Vater eines Jungen namens Shawn geworden? Wenn nun dieser Shawn Bradley aus Dallas identisch war mit dem Enkel des Kunstlehrers Bradley – würde er dann nicht die deutsche Staatsbürgerschaft erwerben können, um die deutsche Nationalmannschaft zu verstärken?

Holger Geschwindner, der Querdenker. Erfolge der Nationalmannschaft würden gleichzeitig Erfolge Dirk Nowitzkis sein. Geschwindner überlegte, dass mit Shawn Bradley an Dirks Seite die Nationalmannschaft bei der Europameisterschaft im Herbst 2001 in der Türkei mit ungleich besseren Chancen an den Start gehen würde als zwei Jahre zuvor, als zur Enttäuschung Dirk Nowitzkis die Qualifikation für die Olympischen Spiele in Sydney verpasst worden war.

Holger Geschwindner sollte sich nicht täuschen, was Bradleys Herkunft anging, und fand bei ihm die Bereitschaft vor, für die deutsche Mannschaft zu spielen. Auch Bundestrainer Dettmann ließ sich überreden, musste aber dann, der Übergröße wegen, dem Amerikaner mit dem neuen deutschen Pass Privilegien zugestehen. Bradley durfte Businessclass fliegen und ein Einzelzimmer im Hotel beziehen, während Nowitzki seinen überlangen Körper in einen Sitz der Touristenklasse quetschte und sein Zimmer mit Robert Garrett teilte, dem Mannschaftskameraden aus vergangenen Würzburger Tagen.

Jeder spürte die Bedeutung des Turniers für den deutschen Basketball. Selten einmal waren die Bedingungen, Basketball in Deutschland populär zu machen, so gut gewesen wie jetzt, zu Beginn des neuen Jahrhunderts. Die Mannschaft hatte einen internationalen Star in ihrem Aufgebot, und die Spiele würden live vom Fernsehen übertragen werden.

Bei der deutschen Mannschaft lief das Turnier intern unter dem Codenamen «Mission I». Vordergründig stand das Initial für Istanbul, den Austragungsort von Viertelfinale, Halbfinale

Victory Lane

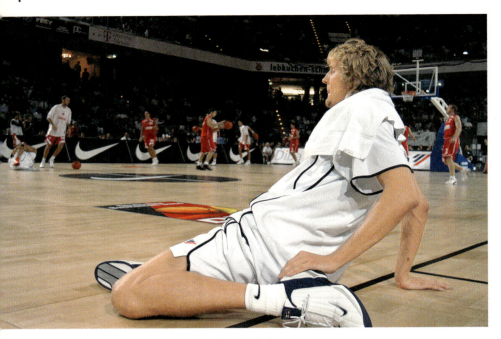

Vorbereitung auf den Länderspiel-Einsatz

Kapitel 6

und Finale. Aber es ließ sich auch anders deuten. Für Indianapolis. Denn die Mannschaft von Henrik Dettmann wollte nicht nur in Istanbul unter den acht Mannschaften sein, die dort um den Titel kämpfen würden, sondern ein Jahr später auch nach Indianapolis fliegen, wenn dort die Weltmeisterschaft stattfand. Dafür musste sie in der Türkei mindestens Platz fünf belegen. Aber das wiederum war angesichts der europäischen Konkurrenz ein Unterfangen, das viele für illusorisch hielten. Dritte Bedeutung des Initials also für Schwarzseher: I wie *impossible*. Das Erreichen des fünften Platzes bei der Europameisterschaft erschien ihnen als eine *mission impossible*.

Immerhin hatte die Mannschaft Dirk Nowitzki, von dem man hoffte, dass er Unmögliches möglich machen würde. Unmittelbar vor dem ersten Spiel, der Begegnung gegen Estland, suchten ihn die Fernsehkameras, fanden ihn aber nicht auf dem Parkett bei den anderen. Am Ende der Ersatzbank saß er, gebeugt über einen Kübel. Er übergab sich. Wieder einmal rebellierte sein Magen gegen Verdorbenes.

Erst mit Verspätung kam er ins Spiel. Und heraus kam er mit 33 Punkten. Sie reichten zum Sieg. 31 Punkte des Würzburgers dann auch beim zweiten Spiel. Und wieder ein Sieg, diesmal gegen Kroatien. Die nachfolgende Niederlage gegen das übermächtige Jugoslawien, wie sich Serbien und Montenegro damals als Überbleibsel des zerbrochenen Tito-Staates noch nannten, ließ sich verschmerzen, weil der Einzug ins Achtelfinale schon vorher feststand. Ein Sieg gegen die Griechen würde nun den Weg aus der Ferienstadt Antalya nach Istanbul ebnen. Schnell lag man mit 22 Punkten im Rückstand. Aber dann eine aufregende Aufholjagd und am Ende doch ein 80:75-Sieg. Aufatmen. Das Nahziel war erreicht. Man war unter den letzten acht. Im nächsten Spiel konnte man bereits das zweite Ziel erreichen, die Qualifikation für Indianapolis. Aber man wusste, dass man

Dirk Nowitzkis Körbe brauchte. Man bekam sie. 32 Punkte gegen Frankreich, den Olympiazweiten von Sydney 2000. Deutschland war im Halbfinale und hatte alles erreicht, was man hatte erreichen wollen. Man würde zur Weltmeisterschaft fliegen. Aber zunächst lockte das EM-Finale. Dazu musste im Halbfinale der Gastgeber Türkei geschlagen werden. Es wurde eine Partie mit einer bis dahin im Turnier nicht erlebten Dramatik. Drei Sekunden vor Schluss der regulären Spielzeit lag das deutsche Team mit drei Punkten in Führung, konnte den Vorsprung nicht halten, musste in die Verlängerung. Wiederum drei Sekunden vor dem Ende führte es erneut, konnte aber einen letzten erfolgreichen Korbwurf der Türken nicht verhindern. 78:79, das Aus für die Deutschen. Im Spiel um Platz drei waren Kraft und Leidenschaft weg. Spanien gewann klar gegen Deutschland, trotz 43 Punkten von Dirk Nowitzki. Er wurde als bester Werfer der Europameisterschaft ausgezeichnet, und viele Beobachter waren sich einig, dass er auch den Titel des besten Spielers dieser Europameisterschaft verdient gehabt hätte, der indes an den Jugoslawen Predrag Stojaković ging. Ihn sollte Nowitzki schon bald noch näher kennenlernen, hautnah.

Das Turnier machte Dirk Nowitzki so bekannt, dass ihn nicht mehr nur die Sportartikelbranche als Werbeträger einspannen wollte. Das Online-Bankhaus DiBa, das heute unter dem Namen ING-DiBa firmiert, schickte im Frühjahr 2002 ein Werbeteam nach Dallas und drehte einen Fernsehspot mit Nowitzki und Kindergarten-Kindern aus Dallas, von denen eines den Ball im Sprungwurf mit Patschhänden in den Korb schmettert. Erst beim Schwenk der Kamera nach unten der Aha-Effekt! Dirk Nowitzki hat den Kleinen an seinen hochgestreckten Armen hinauf zum Korb gehoben. Ein netter Gag. Aber noch mehr staunte ein Dutzend amerikanischer Mütter bei dem Dreh darüber, wie

Nowitzki mit den Kindern umging, als die Kameras ausgeschaltet waren. Ausgestreckt auf dem Boden lag er, und die Kids krabbelten auf ihm herum wie die Zwerge auf dem gebändigten Gulliver. Oder sie kletterten, wenn er sich in voller Länge vor ihnen aufbaute, an ihm empor – Freeclimbing an einem Riesen. Unermüdlich tollte der große Junge aus Würzburg mit den Kindern aus Dallas herum. So etwas spricht sich schnell herum. Dirk, the big German kid, hatte nach den Herzen kreischender Teenager in der Arena auch die der Mütter gewonnen.

Und noch mehr Sympathien in Texas sollte Nowitzki drei Jahre später gewinnen, als seine Freundlichkeit, seine Geduld gegenüber jugendlichen Fans einem Härtetest unterzogen wurden. Einen Spaß wollte sich der amerikanische Musiksender MTV mit dem Deutschen machen. In Los Angeles lauerte er ihm mit versteckter Kamera in einem Restaurant auf. Präzise kalkuliert zu dem Zeitpunkt, als das Dinner serviert wurde, tauchte ein Junge mit einem Zettel für ein Autogramm auf. Klar, dass Nowitzki Messer und Gabel beiseitelegte und seine Unterschrift lieferte. Er tat es wieder, als der Junge Augenblicke später mit einem Poster zurückkam und noch ein Autogramm wünschte. Und unterschrieb wieder, als danach der Junge mit einem Basketballtrikot anrückte. Und kam auch danach nicht zum Essen, weil der Autogrammjäger immer noch nicht genug hatte, sondern mit Baseballschläger, Mützen, T-Shirts daherkam. Dirk Nowitzki brachte es nicht über sich, den Jungen abzuweisen. Er schrieb und schrieb, auch als das Essen kalt wurde. Und würde wohl noch heute unterschreiben, wenn nicht sein mit am Tisch sitzender Teamgefährte Michael Finley und der Equipment Manager der Mavericks eingeschritten wären.

Die Szene ist inzwischen in Dallas zum Running Gag geworden, flimmert immer mal wieder über die Riesenbildschirme hoch über dem Spielfeld des American Airlines Center. Als die

Victory Lane

neue Heimstatt der Mavericks im Herbst 2001 ihre Tore öffnete, war Dirk Nowitzki in seiner vierten Saison bei den Mavericks und befand sich auf dem Höhenflug. Als Superman im flatternden Umhang ließen ihn Zeichner eines Comics dem Korb entgegenfliegen.

Und Superverdiener sollte er nun ebenfalls werden. Sein erster Vertrag mit den Mavericks war nach drei Jahren ausgelaufen, und Mark Cuban hatte die Option für eine einjährige Verlängerung wahrgenommen, die mit zweieinviertel Millionen Dollar für die nachfolgende Saison dotiert war. Aber gleichzeitig hatte ihm Cuban einen Vertrag für die Jahre danach offeriert – und gegen diesen waren selbst zweieinviertel Millionen noch Peanuts. Denn der neue Kontrakt war mit der Höchstsumme ausgestattet, welche ein NBA-Klub einem Spieler damals überhaupt anbieten konnte – rund 80 Millionen Dollar, auf sechs Jahre verteilt, gestaffelt in Jahrestranchen von unterschiedlicher Höhe.

Viel zu verhandeln gab es nicht. Man habe, erinnert sich Mark Cuban, ein paar E-Mails hin und her geschickt und das eine oder andere Telefonat mit Dirk und Holger geführt.

Mehr nicht? Mehr nicht.

Der Gedanke an das Geld hat Dirk Nowitzki damals so wenig beschäftigt, wie er dies heute tut. Was braucht er schon zum Leben? In seinem Kleiderschrank in Dallas hängen ein Tuxedo als Abendgarderobe für gesellschaftliche Pflichttermine in den USA und der eine oder andere Straßenanzug wegen des vor ein paar Jahren eingeführten Dress Codes, der Kleiderordnung der NBA, die den Spielern auf dem Weg zu und von ihrem Arbeitsplatz das Tragen von Freizeitkleidung untersagt. Ansonsten gibt es hauptsächlich T-Shirts, Trainingshosen, Sneakers – nichts, was ins Geld geht, zumal das meiste von Sponsoren frei Haus geliefert wird. Nach der Saison ist jedes Mal ein Urlaub

fällig, vielleicht eine Reise in die Karibik mit der Freundin oder
ein Abenteuertrip mit Holger Geschwindner. Wenn die Familie
zu Besuch kommt, gibt es Einkaufstouren zu Kuby's, einer bekannten Feinkostadresse in Dallas. Aber ansonsten? Nicht viel
an Ausgaben, abgesehen von Bußgeldbescheiden wegen Ge-
schwindigkeitsüberschreitung, besonders daheim in Deutschland, in der Sommerpause.

Nowitzkis überschaubare Welt außerhalb der Sporthallen
schließt ein überraschend einfaches Zuhause in Dallas mit ein.
Holger Geschwindner hat für ihn am Turtle Creek von Dallas
ein ruhiges Haus gefunden, aber es wirkt merkwürdig leer, so
als sei Nowitzki daheim sein eigener Gast, und es passt ins Bild,
dass der Blickfang im Wohnzimmer außer einer Kollektion de-
korativ hinter einem Keyboard platzierter Gitarren ein Fitness-
Velo aus Aluminium ist, das signalisiert, dass selbst das Haus
manchmal Trainingsstätte ist.

So bedürfnislos Nowitzki in seinem Privatleben ist, so sehr
ist er von Luxus in seiner Arbeitswelt umgeben, seitdem Mark
Cuban die Mavericks übernommen hat. Zu den Auswärtsspielen fliegt man im eigenen Flugzeug der Mavericks, einer Boe-
ing 757, die den Bedürfnissen des Teams angepasst wurde, mit
weit voneinander entfernt stehenden Liegesesseln. Daheim,
im American Airlines Center, bewegt man sich in nicht minder
großem Luxus. Fast eine halbe Milliarde Dollar hat der Bau ver-
schlungen, der mit seiner rostbraunen Klinkerfassade an die
industriellen Gründerjahre der Stadt erinnern soll, mit seinen
gewaltigen Rundbögen aber eher einer Kathedrale in Backstein-
gotik gleicht. Als die Fans nach der Fertigstellung zum ersten
Mal zu ihr hinpilgerten, um die Mavericks anzubeten, erhob sie
sich noch inmitten von Ödnis. Einsam ragte sie auf dem Terrain
empor, das Ross Perot einige Jahre vorher als Brachland erworben hatte, um es in exklusives Bauland für Downtown Dallas

Victory Lane

Eine Kathedrale des Sports: das American Airlines Center in Dallas

zu verwandeln. Man konnte 2001 erst ahnen, wie später einmal alles aussehen würde. Ein überbreites Betonband, an das Rollfeld eines Flughafens erinnernd, durchzog das Gelände. Die Baugrube für ein exklusives Hotelhochhaus samt Landeplatz für Hubschrauber auf dem Flachdach war gerade ausgehoben. Bürogebäude, Apartmenttürme, Parkhäuser waren noch im Planungsstadium. Aber mit ein wenig Phantasie war zu erkennen, dass aus dem, was wie ein Rollfeld aussah, einmal eine Flaniermeile werden würde, ein Boulevard, den Ross Perot Victory Lane taufen ließ – Siegesstraße, benannt nach dem ganzen Entwicklungsprojekt des Grundstücksmagnaten. Ein neues, teures Stück Downtown Dallas war im Entstehen. Nur ein paar hölzerne Bruchbuden in verwilderten Parzellen hinter der Sporthalle zeugten noch von der struppigen Vergangenheit des Geländes.

Das Innere des American Airlines Centers bietet seinen Gästen eine gewaltige Verköstigungsmaschine und das Hightech des 21. Jahrhunderts. Dutzende von Restaurants, Snackbars und Shops flankieren die Wandelgänge. Keiner der Besucher bräuchte sich in die Arena selbst zu begeben – er könnte das Spiel auf Hunderten von Fernsehbildschirmen verfolgen, sogar noch im Lift. Ein Ring von 144 Suiten und Logen, von denen einzelne für beinahe eine halbe Million Dollar pro Saison an Firmen oder Privatleute vermietet werden, wurden in die steil abfallenden Zuschauerränge eingebettet. Weiter unten, auf Höhe des Spielfeldes, liegen die Gesellschaftsräume, in denen die Klubeigentümer und deren Freunde und Partner bei den Spielen der Mavericks und der Stars in Abendgarderobe Hof halten.

Luxus pur auch für die Spieler und Coaches. Ihre Aufenthaltsräume sind mit edlen Hölzern getäfelt. Ledersessel wie in einem Herrenklub laden zum Verweilen ein. Die Batterie chromblitzender Kraftmaschinen neben einer Billard-Lounge, die Entmü-

Victory Lane

Hightech für 20 000 Fans: der Kessel des American Airlines Centers

Kapitel 6

183

Victory Lane

dungsbecken im Massageraum, der Hydro-Pool, in dem mit der heilenden Kraft des Wassers gegen Verletzungen angegangen wird – alles atmet die Atmosphäre eines erstklassigen Fitnessklubs. Küchenpersonal steht bereit, um den Spielern nach dem Training ein kaltes und warmes Buffet anzubieten. Die Umkleidekabine ist eher ein Seminarraum, in dessen Zentrum eine Art Altar aufgebaut ist oder auch ein Kommandostand, an dem die Coaches mittels Kürzeln, Zahlen, Strichen ihre Strategien erläutern und der sich zum Abspielen wichtiger Spielszenen in einen übergroßen TV-Screen verwandeln lässt. Statt langen Holzbänken mit Haken darüber zum Aufhängen von Hosen und Hemden gibt es im American Airlines Center für jeden Athleten eine eigene Nische mit DVD-Player, Video-Screen, Stereoanlage und PlayStation. Jeder soll sich auf seine Weise auf ein Spiel vorbereiten können.

Hatte schon 2001 Mark Cubans Botschaft, dass alles im Klub – und vor allem das Team selbst – erstklassig sein sollte, ihre Wirkung auf die Spieler nicht verfehlt, so tat sie dies im funkelnagelneuen Sporttempel erst recht nicht. Die Mavericks wurden fast aus dem Stand eine Elitemannschaft. Auch beim All-Star-Game in der Saisonmitte 2001/02 zeigte sich der Stellenwert, den die Mavericks mittlerweile besaßen. Don Nelson war zum Coach des Teams der Western Conference berufen worden, und in seinem Auswahlteam, nominiert von Fans und den Coaches der NBA, standen diesmal gleich zwei Spieler seiner Mavericks – die beiden, die er dreieinhalb Jahre vorher mit seinem gewagten Schachzug bei der Draft nach Dallas geholt hatte: Steve Nash und Dirk Nowitzki.

Lauter Superstars versammeln sich in den beiden Teams des All-Star-Games. Diesmal fand sich auch wieder der große Michael Jordan ein, der noch einmal zurückgekehrt war auf die

Kapitel 6

Die Nummer 41 – ein Verkaufsschlager im Mavericks-Fanshop

Kraftraum der Dallas Mavericks

Victory Lane

Basketballbühne, nachdem er seine Karriere bei den Chicago Bulls bereits beendet hatte. Er hatte sich als Mitbesitzer bei den Washington Wizards eingekauft, war dann aber noch einmal ins Mannschaftstrikot geschlüpft. Erstmals durfte jetzt, im alljährlichen Aufeinandertreffen der Besten, Dirk Nowitzki gegen ihn antreten. Für Nowitzki war dieser Auftritt der erste große Höhepunkt in seiner noch jungen Karriere. Einmal im All-Star-Aufgebot zu stehen, ist der Traum jedes NBA-Profis. Dirk war dies bereits in seiner vierten Saison gelungen. Und es sollte nicht das einzige Mal bleiben, dass er im Team der Besten stand. Inzwischen gehört Nowitzki zum festen Ensemble der Superstars. Nicht ein einziges Mal hat er in den folgenden Jahren im Aufgebot gefehlt. Die Fans, die die ersten fünf der All-Star-Mannschaft wählen, entscheiden sich für die schillernden Stars. Die Fachleute, die Trainer der NBA-Teams, setzen mehr auf die spielerische Qualität. Es sind immer sie gewesen, die den Deutschen auf ihrer Nominierungsliste hatten.

Sechs Wochen nach dem All-Star-Game traf Nowitzki erneut auf Michael Jordan, diesmal im Punktspiel bei den Washington Wizards. Die Mavericks gewannen, und nicht Jordan, sondern Dirk Nowitzki war mit 23 Punkten und zwölf Rebounds der beste Mann auf dem Platz.

Es sollte nicht die einzige Galavorstellung Nowitzkis in dieser Saison bleiben. Er verhalf seiner Mannschaft zur besten Auswärtsbilanz eines NBA-Teams. Und auch seine persönliche Bilanz las sich am Ende der Saison imponierend. Wieder hatte er seine statistischen Werte verbessert – statt 21,8 Punkte pro Spiel wie im Vorjahr nun bereits 23,4 Punkte im Schnitt, statt 9,2 Rebounds jetzt 9,9. In beiden Bewertungskategorien sicherte er sich einen Platz unter den Top Ten der Liga. «Sports Illustrated» widmete ihm eine Titelgeschichte, und «Time» würdigte ihn als «Mann der Woche».

Kapitel 6

Die Mavericks waren die Mannschaft der Stunde. Sie gingen die Playoffs mit der mittlerweile gewohnten Rasanz an. Drei Spiele gegen die Minnesota Timberwolves. 33,3 Punkte für Nowitzki im Schnitt. Drei Siege. Und damit müheloses Weiterkommen.

Dallas war im Playoff-Fieber. Doch dann der abrupte Absturz.

Die Sacramento Kings waren der nächste Gegner. Sie stellten Predrag Stojaković, den Jugoslawen, dazu ab, Dirk Nowitzki zu bewachen, auf Schritt und Tritt, kompromisslos, entnervend. Die Mavericks konnten sich darauf nicht einstellen. Zwar erzielte Dirk trotzdem in zwei Spielen der Serie jeweils mehr als 30 Punkte. Aber auf die ganze Serie bezogen, ging die Rechnung der Kings auf. Viermal verloren die Mavericks bei nur einem Sieg und mussten sich abermals von den Hoffnungen auf einen Meistertitel ernüchtert verabschieden.

Für Dirk Nowitzki war indes die Saison noch nicht beendet. Noch stand für ihn eine weitere, letzte Herausforderung auf dem Programm: Indianapolis, die Weltmeisterschaft im Sommer, für die sich die deutsche Nationalmannschaft im Jahr vorher in der Türkei qualifiziert hatte. Nowitzki freute sich auf das Ende August 2002 beginnende Turnier im Mutterland des Basketballsports. Aber dann tauchte ein Problem auf, das seine Teilnahme in Frage stellte. Die Mavericks wollten Nowitzki für den Einsatz in der Nationalmannschaft nur freigeben, wenn sie im Falle einer Verletzung finanziell abgesichert waren. Das hieß, dass Nowitzki vom Deutschen Basketball Bund versichert werden musste. Schon im Jahr zuvor, bei der Europameisterschaft in der Türkei, war dies der Fall gewesen. Damals ging es um zweieinviertel Millionen Dollar, die Dirk Nowitzki in der darauffolgenden Saison verdienen sollte und für die sein Arbeitgeber

Victory Lane

im Falle einer Verletzung die volle Entschädigung verlangte. Doch jetzt hatte Nowitzkis Mitwirken im Nationalteam eine ganz neue finanzielle Dimension bekommen. Jetzt ging es darum, viele Millionen Dollar zu versichern, den materiellen Wert, den Nowitzki nach seinem neuen, über sechs Jahre laufenden Vertrag für seinen Klub verkörperte. Mark Cuban bestand darauf, dass sein Klub für die volle Vertragslaufzeit abgesichert wurde. Die dafür erforderliche Prämie wäre für den Deutschen Basketball Bund unerschwinglich gewesen, umso mehr, als eine zusätzliche Forderung hinzukam, denn Nowitzki hatte nach der Saison in Dallas kleinere Knochenabsplitterungen aus dem linken Sprunggelenk entfernen lassen. Zwar war der Eingriff nicht riskant und gefährdete auch nicht einen Einsatz in der Nationalmannschaft, aber die Standardversicherungen für Spieler schließen Zahlungen als Folge von Verletzungen an frisch operierten Körperteilen ausdrücklich aus. Die Prämienforderung würde sich also weiter erhöhen. Noch drei Wochen vor der Weltmeisterschaft schien Nowitzkis Teilnahme am Veto aus Texas zu scheitern.

Nervenkrieg. Erst im letzten Moment akzeptierte Mark Cuban einen Kompromiss. Er bestand nur noch auf einer Versicherung, die den Ausfall für eine Saison abdeckte. Die Prämie reduzierte sich dadurch auf rund 200 000 Euro.

Aber auch sie war für den Deutschen Basketball Bund zu hoch.

Ein Sponsor musste her. Und wunderbarerweise wurde er gefunden. Oder anders: Er bot sich an. Er hieß Dirk Nowitzki.

Mit seinen bei den Mavericks verdienten Dollars wollte er dem Verband unter die Arme greifen. Es sollte eine Geste gegenüber dem Verband sein. Und es war ein beispielloser Vorgang in einer Zeit, in der andere, wie die Fußballer, in oft würdeloser Weise vor Europa- und Weltmeisterschaften um Erfolgsprämien feilschen.

Dirk Nowitzki wollte nur spielen, wollte dabei sein, wenn sich die Besten der Welt miteinander messen, koste es, was es wolle.

Und er war dabei. Mit ausgeheiltem Sprunggelenk. Nur einer durfte nicht mehr in der deutschen Mannschaft auftreten: Shawn Bradley. Die Versicherungsprämie auch für ihn konnte sich der Deutsche Basketball Bund trotz Nowitzkis finanziellem Beitrag nicht zusätzlich leisten. Doch auch ohne Bradley wiederholte die Nationalmannschaft den Erfolg von Istanbul aus dem Jahr vorher, auch wenn dieser in den Hintergrund gedrängt wurde angesichts des Debakels, das die amerikanische Mannschaft vor den Augen ihrer entgeisterten Landsleute erlebte.

Was war nur aus dem Dream Team geworden? Seit ihrem bewunderten Auftritt bei Olympia in Barcelona zehn Jahre zuvor hatten die amerikanischen Superstars alle Spiele auf internationaler Bühne souverän gewonnen, insgesamt 58 Begegnungen. Auch wenn das neue Team nicht mehr den Glanz von Barcelona aufwies – wer wollte in Indianapolis die Unschlagbaren schlagen? Aber dann wurde das Dream Team zur Albtraummannschaft. Niederlage gegen Argentinien. Niederlage gegen Jugoslawien. Niederlage gegen Spanien. Die Amerikaner landeten auf dem sechsten Platz. Von dem Schock sollten sie sich noch nach Jahren nicht erholt haben. Auch bei den Olympischen Spielen 2004 und der Weltmeisterschaft 2006 gingen sie als Geschlagene vom Feld, geprügelt von Europäern und Südamerikanern, den Lehrlingen in der NBA, die etwas mitbrachten, was den Lehrmeistern selbst fehlte: Teamwork, Disziplin und Leidenschaft.

Die deutsche Mannschaft mit Dirk Nowitzki erreichte in Indianapolis hingegen nach Erfolgen über China, Algerien, Neu-

Victory Lane

Die deutsche Nationalmannschaft feiert mit Dirk Nowitzki (ganz hinten) den dritten Platz bei der Weltmeisterschaft 2002

seeland, Russland und Spanien überraschend das Halbfinale und verlor erst dort gegen Argentinien. Nach einem erneuten Sieg über Neuseeland beendete sie das denkwürdige Turnier auf einem unerwarteten dritten Platz hinter den wie schon in Istanbul siegreichen Jugoslawen und den Argentiniern. Und Dirk Nowitzki wurde nicht nur als bester Werfer ausgezeichnet. Sondern diesmal auch zum wertvollsten Spieler des WM-Turniers erklärt.

Ganz oben in der Weltspitze war er angekommen.

Auch wenn die Schlagzeilen nicht ihm galten, sondern den gedemütigten Amerikanern.

Victory Lane

«Am beeindruckendsten war, gegen Michael Jordan anzutreten»

Die Weltmeisterschaft 2002 in Indianapolis zähle ich zu den Höhepunkten meiner Karriere, weil ich dort mit der Nationalmannschaft zum ersten Mal eine Medaille gewann, doch die Europameisterschaft in der Türkei im Jahr davor stufe ich sogar noch höher ein – obwohl wir dort ohne Medaille geblieben sind. Aber damals hatte uns keiner etwas zugetraut, und die Stimmung in der Türkei war unbeschreiblich. An das Halbfinale gegen die Türkei denke ich bis heute. Nicht nur, weil wir dieses Spiel nie hätten verlieren dürfen. Sondern vor allem wegen der Atmosphäre, wie ich sie bis dahin nicht erlebt hatte. Natürlich gibt es auch in der NBA hin und wieder große Begeisterung, gerade in den Playoffs. Aber dass die Leute schon bei der Fahrt in die Halle entlang der Straße schreien und winken und dich, die Mannschaft, den Bus erwarten – das war unglaublich! Ich bekam richtig Gänsehaut.

In Indianapolis dagegen war stimmungsmäßig fast nichts los, zumindest bei unseren Spielen. Die WM hat zwar schon auch Spaß gemacht, und am Ende den dritten Platz zu erreichen, war natürlich ein riesiger Erfolg für uns und den deutschen Basketball. Aber angefangen hat alles in der Türkei, dort hatte dieser Erfolg seinen Ursprung. Wenn man jetzt, nach Jahren, auf die EM 2001 zurückschaut, war es ein Super-Turnier. Unmittelbar danach waren wir zwar unendlich frustriert, dass wir eine Medaille quasi verschenkt hatten.

Erst als wir zurückkehrten nach Deutschland, merkten wir aber, was wir aber geleistet hatten: Viele Leute kamen auf uns zu und sagten, was das für eine tolle EM gewesen war. Ich war erstaunt, dass wir in Deutschland einen solchen Rummel ausgelöst hatten und sich auf einmal so viele Menschen für Basketball interessierten. Das war ein schönes Gefühl. Ich empfand es als Bestätigung, etwas geleistet zu haben.

Dass sich in dieser Zeit auch die Boulevardmedien stärker für mich interessierten, fand ich dagegen nicht so schön. An den Berichten über eine Liaison mit der Sängerin Geri Halliwell war ja nichts dran: In jenem Sommer kam gerade ihre neue CD auf den Markt, und ihr Management lancierte wohl dieses Gerücht, um den Verkauf anzukurbeln. Ich fand das zunächst sogar witzig: Meine damalige Freundin wusste ja, dass ich sie kenne, und deswegen war das nicht schlimm. Aber ich realisierte durchaus, dass ich mich von nun an auf solche Geschichten einstellen musste. Vielleicht war ich vorher auch etwas naiv gewesen, dass ich glaubte, ich käme darum herum. Weil ich jemand bin, der sein Privatleben lieber zurückhält, selbst heute noch, auch wenn ich etwas offener geworden bin über die Jahre. Meine Einstellung ist die: Warum sollte mich denn interessieren, was einer abends macht, wenn er heimkommt von seiner Arbeit? Also geht auch niemanden etwas an, was ich mache. Natürlich mag dieses Denken ein bisschen utopisch sein, weil anscheinend jeder wissen will, was die Stars und Möchtegern-Stars gerade so treiben. Aber wenn ich bedenke, wie manche Hollywood-Berühmtheiten von Paparazzi verfolgt werden, bin ich schon sehr froh, dass es bei mir nicht so ist. In Dallas gibt es diese Art der Berichterstattung zum Glück überhaupt nicht, und in Deutschland geht es auch erträglich zu. Wenn ich zu Hause in Würzburg bin, kann ich mich jedenfalls immer noch relativ frei bewegen. Deshalb will ich mich

Dirk Nowitzki: Aus meiner Sicht

nicht beklagen: Ich glaube, es hätte alles noch viel schlimmer kommen können.

Mir ist jedenfalls die sportliche Leistung wichtiger als der Rummel, der um einen gemacht wird. Als ich dann zum ersten Mal in der NBA für das All-Star-Game nominiert wurde, im Februar 2002, war das also eine große Ehre für mich. Es war ja mein Traum gewesen, einmal in meiner Karriere dabei sein zu dürfen bei diesem Spiel, und dann erfüllte sich dieser Traum schon mit 23 Jahren. Ich durfte mit Kobe Bryant, Shaquille O'Neal und Kevin Garnett – den Superstars der NBA – die ganze Zeit zusammen sein, in der Umkleidekabine, bei den Teammeetings, im Hotel. Wenn man sich während der Saison bei den Spielen trifft, sagt man normalerweise kurz «Hallo», und das war's dann. Aber beim All-Star-Game kann man ein persönlicheres Verhältnis zu anderen Spielern aufbauen. Ich spürte zum ersten Mal wirklich, dass ich respektiert werde. Das tat mir gut.

Am beeindruckendsten war jedoch, gegen Michael Jordan anzutreten. Als ich in die NBA kam, dachte ich ja, dass ich nie mehr die Chance haben würde, gegen ihn zu spielen, weil er gerade zurückgetreten war. Doch dann gab er zwei Jahre später sein Comeback bei den Washington Wizards. Und ich verpasste ausgerechnet die erste Gelegenheit, im direkten Vergleich auf ihn zu treffen! Als ich vor der ersten Begegnung mit den Wizards vor dem Aufwärmtraining in meinen Schuh schlüpfen wollte, trat ich ein wenig zu heftig auf, knickte dabei um und musste das Spiel aussetzen. Ich hätte mich schwarzärgern können! Zum Glück bekam ich ein paar Wochen später beim Rückspiel noch eine Chance. Da war er natürlich nicht mehr der Michael Jordan, den man von den Chicago Bulls her kannte. Er hatte nicht mehr diese athletischen Fähigkeiten, konnte nicht mehr einfach über seine Gegenspieler hinwegspringen und werfen. Aber

Kapitel 6

für einen Mann von 38 Jahren war er immer noch sensationell gut. Er hat anders gespielt, intelligenter. Aber seine
Ausstrahlung war nach wie vor da. Man spürte sie in jedem
Moment. Dass ich im Jahr darauf bei seinem letzten Auftritt
im All-Star-Game mitmachen durfte, war für mich ebenfalls
ein denkwürdiges Ereignis. Davon, im letzten All-Star-Spiel
von Michael Jordan dabei gewesen zu sein, werde ich wahrscheinlich noch meinen Kindern erzählen.

Bühnenwechsel und ein außerirdischer Auftritt

Vier Spielzeiten hatte Dirk Nowitzki bei den Mavericks absolviert, 24 Jahre alt war er geworden, und noch immer gab es keine Anzeichen für eine Schwäche. Aber musste nicht irgendwann der Ermüdungsbruch in der so sauber nach oben weisenden Leistungskurve kommen? Professioneller Sport in den USA ist ein Geschäft, das auf die Knochen geht, buchstäblich. Auch im Basketball. Fast jeden zweiten Tag ein Spiel. 82 Punktspiele in der Saison, vielleicht auch hundert oder mehr, sofern man mit der Mannschaft die Playoffs erreicht. Manche Spieler haben nach ein paar Jahren physisch und psychisch dem Druck der Jungen nichts mehr entgegenzusetzen, die nachdrängen und ihren amerikanischen Traum von Erfolg, Ruhm und Reichtum träumen. Und Dirk Nowitzki mutete sich darüber hinaus in der Sommerpause der NBA, in der sich die Spieler eigentlich erholen sollen, zusätzlich den Einsatz in der deutschen Nationalmannschaft zu.

Bei der Bewältigung von Stress helfen Nowitzki dessen angeborenes Phlegma und die Unbefangenheit, mit der er auch als Profi seinen Sport betreibt. Seine körperliche Robustheit tut ein Übriges. Aber je länger seine Karriere so linear verlief, desto mehr musste er nach den Gesetzen der Wahrscheinlichkeit mit Situationen rechnen, mit denen fertig zu werden ihm schwerer fallen würde als zu Beginn seiner Profikarriere, als er Anpassungsschwierigkeiten hatte. Er war kein Rookie mehr, dem Zeit gelassen wird, sich einzugewöhnen. Er war nun ein Star, der Tag für Tag einen 80-Millionen-Dollar-Vertrag rechtfertigen musste.

Und würde es dann, wenn eine Krise tatsächlich kam, ausreichen, noch einmal Joseph Conrads Parabel vom Kapitän und dessen Steuermann nachzulesen?

Und würde der plötzliche Starruhm Dirk in dessen Entwicklung behindern?

«Er muss sich weiterhin als Lernender begreifen», mahnte Holger Geschwindner, als sich Nowitzki auf seine fünfte Saison bei den Mavericks vorbereitete.

Der Trainer wusste, wo bei seinem Schüler anzusetzen war. Auf Dauer würde es zu wenig sein, dass Dirk nur immer mehr Körbe warf. Er musste den Erfolg absichern, genauer: nach hinten absichern, buchstäblich.

«Offense wins spectators, defense wins championships», heißt ein amerikanischer Aphorismus. Mit der Offensive gewinnt man die Zuschauer, mit der Verteidigung die Meisterschaften. Und tatsächlich sollte in den folgenden Jahren, am Ende der jeweiligen Saison, die Defensive der Mavericks Anlass für Diskussionen voller ätzender Kritik geben. Sie sollten sich zwar nicht allein auf Nowitzki beziehen, wie am Anfang von dessen Laufbahn, aber eben doch auch auf ihn.

Holger Geschwindner sah voraus, mit welchen Vorwürfen Dirk Nowitzki konfrontiert werden würde. Schließlich hatte er selbst in der Trainingsarbeit mit ihm lange der Offensive Priorität gegeben, vielleicht zu lange. Jetzt, da Nowitzki das Publikum gewonnen und Ehrungen und Auszeichnungen eingeheimst hatte, erkannte Geschwindner, dass es für Dirk höchste Zeit war, zu lernen, wie Korbwürfe verhindert werden konnten.

Geschwindner musste über den eigenen Schatten springen.

Kapitel 7

Er selbst war ein ausgesprochener Offensivspieler gewesen. Sein Credo war stets, dass Basketball auch etwas fürs Auge sei und attraktiv bleiben müsse durch die Artistik, die Wurfakrobatik des Spielers vor und unter dem gegnerischen Korb. Gleichwohl: Bei den gemeinsamen sommerlichen Übungseinheiten in der Turnhalle von Rattelsdorf wollte er jetzt verstärkt das Abwehrverhalten lehren, zusätzliche Bewegungsabläufe einstudieren.

Aber damit konnte es nicht sein Bewenden haben.

«Es geht nicht darum, dass man nur das Training ändert, man muss auch das Denken ändern», so Geschwindners pädagogischer Ansatz.

Und deshalb verlegte er Rattelsdorf zeitweise nach Tauberbischofsheim, in eine alte Stadt, nicht weit weg von Würzburg, wenn auch nicht mehr im Fränkischen gelegen, sondern bereits im Badischen. Bekannt geworden ist sie in neuerer Zeit durch einen besessenen Fechttrainer namens Emil Beck, der Talente an sich gezogen und zu Olympiasiegern geformt hatte. Und dies regte den eigenwilligen Geschwindner zu neuen Überlegungen an. Konnte man nicht von den Fechtern lernen? Fechten heißt blitzschnell reagieren zur Selbstverteidigung. Fechter müssen nicht nur flink in den Beinen sein und beweglich im Oberkörper, sondern auch wach im Kopf. Sie schulen immer wieder blitzartige Reflexe. Vom Wissen um den Wert solcher Qualitäten konnte Dirk nur profitieren. Er sollte erleben, was Verteidigung bedeutet, bei Olympiasiegern und Weltmeistern, solchen wie Alexander Pusch und Matthias Behr. Sie machten Dirk Nowitzki in Tauberbischofsheim mit Fechten, Finten und Finessen vertraut.

Ob die Begegnungen dazu beitrugen, dass sich Nowitzki in der Saison 2002/03 in Dallas in besserer Verfassung denn je präsentierte – belegen lässt sich dies nicht. Tatsache jedoch ist, dass Dirk Nowitzki und die ganze Mannschaft besser als je zuvor

Showtime

in die neue Saison starteten. 14 Siege nacheinander zum Start. Klubrekord! Und am Ende der Punktspiel-Saison: 60 Siege in 82 Spielen. Noch ein Klubrekord! Die Dallas Mavericks zählten vor Beginn der Playoffs plötzlich zu den ernsthaften Titelkandidaten. Und was Nowitzki persönlich betraf: Nicht nur, dass er wieder ins All-Star-Team berufen wurde, zum ersten Mal wurde sein Name auch im Zusammenhang mit dem begehrtesten Titel genannt, der einem Einzelspieler in der NBA zuteil werden kann: der Auszeichnung als Most Valuable Player, als wertvollster Spieler der Liga.

Es war die Lokalpresse, die ihn ins Gespräch brachte. Die «Dallas Morning News» dachten laut darüber nach, «ob der beste Spieler des derzeit besten Teams es nicht verdient hat, bei der Abstimmung berücksichtigt zu werden».

Nowitzkis Reaktion darauf war eher schroff.

«Unsinn, ich würde nicht einmal sagen, dass ich der wertvollste Spieler unserer Mannschaft bin.»

Steve Nash und Michael Finley, seine beiden älteren Mannschaftskameraden – beide stufte er höher ein. Tatsache war, dass erst im Zusammenspiel von Nash, Finley und Nowitzki, genannt «The Big Three», die texanische Angriffsmaschine ihre volle Kraft entfalten konnte. Sie überrollte die Gegner. Kein anderes Team der NBA erzielte derart viele Punkte. Mehr als hundert im Schnitt. Die Mavericks wurden zur Attraktion der Liga. Alle wollten sie spielen, wirbeln und werfen sehen.

Als einer der Favoriten auf den nationalen Titel gingen sie in die Playoffs. Und taten sich plötzlich unerwartet schwer. In der ersten Runde, die jetzt erstmals im Modus Best-of-seven ausgespielt wurde, mussten sie über die volle Distanz, über sieben Spiele gehen, um gegen die Portland Trail Blazers die Oberhand zu behalten. Die «Dallas Morning News» kommentierten sarkastisch, die Abwehr der Mavericks sei stabil wie Baumwolle.

Doch das Blatt konstatierte gleichzeitig, dass es, wenn es darauf ankomme, in der NBA keinen besseren Spieler gebe als Nowitzki. Und es kam darauf an, bereits in der zweiten Runde, in der Serie gegen die gleichen Sacramento Kings, gegen die man im Vorjahr ausgeschieden war. Wieder benötigte man, wie gegen Portland, alle sieben Spiele, um sich am Ende durchzusetzen. Im entscheidenden siebten Spiel war Nowitzki nicht nur der beste Korbschütze. Er holte auch mehr Rebounds als alle anderen.

«Er ist der unbestrittene Meister des Showdowns», jubelten die «Dallas Morning News».

Aber der eigentliche Showdown stand noch bevor. Im Finale der Western Conference hatten die Mavericks die San Antonio Spurs zum Gegner, ihre Rivalen aus der Nachbarstadt. San Antonios melancholisch wirkender Scharfschütze Tim Duncan gegen den zurückhaltenden Deutschen – die Spiele würden zur persönlichen Auseinandersetzung der beiden Stars werden.

Nowitzki erzielte im ersten Spiel in San Antonio 38, Duncan sogar 40 Punkte. Aber die Mavericks gewannen trotzdem. 113:110! Die Spurs machten ihre Niederlage im zweiten Spiel wett, siegten 119:106. Aber nun mussten sie ins 280 Meilen entfernte Dallas reisen. Die Mavericks durften auf den Heimvorteil hoffen. Und taten es bis ins letzte Viertel. Doch dann Entsetzen bei den Mavericks-Anhängern. Im Sprung landete Nowitzki auf dem Fuß von Manu Ginobili, dem Argentinier im Team der Spurs. Nowitzkis Knie verdrehte sich. Gestützt auf Teamkollegen humpelte er in die Umkleidekabine. Vergebliches Warten auf die Rückkehr. Nowitzki kam nicht zurück, nicht wie damals, als ihm ein Zahn ausgeschlagen worden war. Das Spiel ging ohne ihn zu Ende. Mit einer Niederlage. 83:96. Das Resultat war bitter, aber deprimierender noch war das Ergebnis der Untersuchung von Nowitzkis Knie durch den Teamarzt: Bän-

Showtime

Dirk Nowitzki mit Nationaltrainer Dirk Bauermann

Kapitel 7

derdehnung. Und das bedeutete das Playoff-Aus für Nowitzki. Ohne ihn verloren die Mavericks auch das nächste Heimspiel, bäumten sich dann zwar in San Antonio noch einmal gegen das Ausscheiden auf, mussten aber anschließend, nun wieder in Dallas, ihre vierte Niederlage hinnehmen. Sie hatten den Einzug ins Finale der NBA verpasst.

Bitteres Ende einer Erfolgssaison in Dallas. Aber noch hatte Nowitzki für das Jahr ein Ziel vor Augen. Wieder einmal stand in der Sommerpause der NBA eine Europameisterschaft an, abermals eine, die als Qualifikation für Olympische Spiele galt, diesmal für die Spiele 2004 in Athen. Beim letzten Mal, im Jahr 1999, ein Jahr vor Sydney, hatten die Deutschen mit dem jungen Dirk Nowitzki die Qualifikation nicht geschafft. Dass das Ziel damals nicht erreicht wurde – es war für Dirk zwar eine Enttäuschung, aber weitere Olympische Spiele würden kommen. Jetzt, inzwischen 25 Jahre alt, hatte er die nächste Chance. Er war mittlerweile einer der besten Spieler der Welt. Die Mannschaft und die deutschen Fans erwarteten von ihm, dass er die Mannschaft bei der Europameisterschaft zumindest zur Olympiaqualifikation führen würde, wenn nicht zu mehr.

Nach den Erfolgen bei der Europameisterschaft in der Türkei und der Weltmeisterschaft in Indianapolis gehörten die Deutschen tatsächlich zu den Favoriten, und einige in der Mannschaft sprachen bereits offen vom Titel. Aber die Geschichte der EM in Schweden ist schnell erzählt. Sie bleibt ohne Happy End. Auftaktsieg gegen Israel, mühsam genug. Weiterer, erwarteter Erfolg gegen Lettland. Aber dann ein Debakel gegen Litauen, das Deutschland regelrecht an die Wand spielte. 71:93! Nicht nur das Spiel ging verloren, auch das Selbstvertrauen. Es fehlte im vierten Spiel, gegen Italien. Deutschland verlor 84:86. Und wieder war man im Rennen um den Titel und ebenso um die

Qualifikation für Athen ausgeschieden. Olympia würde abermals ohne die Deutschen, ohne Dirk Nowitzki über die Bühne gehen.

Nachher gab es reichlich Grund zum Räsonieren. Konnte der Misserfolg vielleicht damit erklärt werden, dass Nowitzki bis unmittelbar vor Beginn der Titelkämpfe zum Pausieren gezwungen war, weil er sich nach seiner Verletzung im Spiel gegen San Antonio in einem Testspiel gegen Frankreich erneut eine Bänderdehnung, diesmal im Sprunggelenk, zugezogen hatte? Oder lag es daran, dass sich zu viele in der Mannschaft als Stars gefühlt hatten? Jedenfalls erwies sich als richtig, was der Bundestrainer Dettmann bereits während des Turniers kritisch angemerkt hatte, nämlich dass die Mannschaft «nicht die gleiche Qualität hat wie im vorigen Jahr, obwohl es die gleichen Spieler sind».

Wenige Wochen später musste sich Dirk Nowitzki bereits wieder auf eine neue Runde im Ringen um den Titel in der NBA konzentrieren. Dirk Nowitzki, Steve Nash, Michael Finley – würde das Trio diesmal die Mannschaft bis ins Finale bringen? Die drei Stars bildeten nach wie vor das Rückgrat der Mannschaft. Aber um sie herum hatte Don Nelson neue Mitspieler gruppiert, hatte eigene Spieler mit denen anderer Klubs getauscht. Will ein Klub einen Profi eines anderen Klubs aus dessen Vertrag lösen, muss er einen eigenen Spieler von vergleichbarem Vertragswert, mehrere Spieler von entsprechend geringerem finanziellem Wert oder aber Draft-Rechte anbieten. Es gehört zum Geschäft Donnie Nelsons als Sportdirektor der Mavericks, solche Deals zu machen. Auf einer Anzeigetafel, welche die ganze Rückfront seines Büros einnimmt und aussieht, als entstamme sie einer altmodischen Aktienbörse, hat er die wichtigen Spieler aller Klubs mit ihren Einkommen tabellarisch erfasst. Der einzelne Spieler

Kapitel 7

als börsennotiertes Wertpapier: Der Blick auf die Tafel versetzt Donnie Nelson jederzeit in die Lage, ein Transaktionspaket zu schnüren. In den zurückliegenden Jahren hatten die Mavericks dabei stets eine glückliche Hand gehabt. Aber im Sommer 2003 hatte sie ihr Gespür verlassen. Zur Ergänzung des Teams hatten sie zwei exzellente Korbwerfer verpflichtet, aber beide wie Dirk Nowitzki Flügelspieler, beide in ihren besten Jahren und beide mit einem starken Ego ausgestattet. Beide waren sich ihres Wertes bewusst, gaben sich als Stars. Der Konflikt war programmiert. Die Neuen, Antawn Jamison und Antoine Walker, beanspruchten Spielzeit und Wurfgelegenheiten. Und das musste zu Lasten von Dirk Nowitzki gehen, dem Don Nelson, um das Problem mit der Überzahl an Flügelspielern zu lösen, zeitweise die Center-Position zuwies – genau jene Position, die der Würzburger einzunehmen sich stets gescheut hatte. Hatte er nicht gerade deshalb darauf verzichtet, vor der NBA-Karriere eine Lehrzeit in einem amerikanischen College zu absolvieren, wo er wegen seiner Körperlänge vermutlich in eine eher statische Rolle unter den Körben gezwungen worden wäre?

Und jetzt schienen plötzlich die Überlegungen bei den Mavericks in die gleiche Richtung zu gehen. Aber welche Strategien Don Nelson auch angesichts der beiden Neuerwerbungen anwandte – keine wirkte sich zum Vorteil der Mannschaft aus. Dirk Nowitzkis Leistungskurve ging erstmals nicht weiter nach oben. Er erzielte weniger Körbe als in der Vorsaison, war weniger effizient, wenngleich immer noch effizient genug, um doch wieder ins All-Star-Team berufen zu werden. Zu einer Fortsetzung der Erfolge des letzten Jahres konnte er seiner Mannschaft aber nicht verhelfen. Nach einer Punkterunde mit 52 Siegen und 30 Niederlagen erreichten die Mavericks im Frühjahr 2004 zwar wieder die Playoffs. Aber die Fehlplanung mit den Neuverpflichtungen ließ sich nicht mehr wettmachen. Dallas schied bereits

Showtime

in der ersten Runde aus, wieder gegen die Sacramento Kings, wie zwei Jahre zuvor. Jamison und Walker verabschiedeten sich nach dieser Saison der Enttäuschungen von den Mavericks. Niemand trauerte ihnen nach.

Aber sie waren nicht die Einzigen, die Dallas nach dem Ende der Saison 2003/04 verließen. Dirk Nowitzki erfuhr die Neuigkeit am 1. Juli, und sie schockierte ihn.

Es war Steve Nash, der anrief. Die Freundschaft zwischen dem Kanadier und dem Würzburger hatte sich von Saison zu Saison gefestigt. Wenn Steves Eltern nach Dallas kamen, war Dirk regelmäßig Gast der Familie Nash. Und umgekehrt war Steve immer mit eingeladen zum gemeinsamen Feiern, wenn Dirk Besuch aus seiner Heimatstadt bekam, nicht nur von der Familie, sondern auch von Fans, darunter einmal auch dem Bürgermeister und mehreren Stadträdten.

Eine Selbstverständlichkeit, dass Steve Nash als Ersten Dirk über die neueste Entwicklung bei den Mavericks informierte.

Er werde Dallas verlassen, sagte er am Telefon.

Stille.

Es brauchte Zeit, bis Dirk Nowitzki die Nachricht verdaut hatte.

Aber er verstand die Entscheidung. Steve Nash hätte bei den Mavericks sechs Millionen Dollar im nächsten Jahr verdient, dem letzten seines geltenden Kontrakts. Dirks Vertrag, später abgeschlossen, wies mehr als doppelt so hohe Bezüge aus, und Michael Finley verdiente sogar noch mehr. Steve Nash glaubte es seinem Ego schuldig zu sein, gegen das eklatante Gehaltsgefälle anzugehen, und den Hebel dafür bot eine Klausel in seinem Vertrag, die ihm eine vorzeitige Kündigung und das Aushandeln neuer finanzieller Bedingungen erlaubte. Mark Cuban war klar, dass er Zugeständnisse machen musste. Und er war

Eleganter Spielmacher: Steve Nash

Showtime

Autogramme, Autogramme: Steve Nash und Dirk Nowitzki

Kapitel 7

Showtime

dazu bereit. Aber andererseits: War der Kanadier nicht bereits 30 Jahre alt? Hatte er nicht mehr und mehr mit Verletzungen zu kämpfen, vor allem mit Rückenproblemen? Hatte es in den letzten zwei Jahren nicht so ausgesehen, dass ihm in den Playoffs die Kraft ausging? Deshalb unterbreitete Cuban seinem unzufriedenen Spieler ein Angebot, durch das dessen Jahresgage zwar um 50 Prozent angehoben worden wäre, gleichwohl noch immer nicht annähernd den Einkünften der beiden anderen Maverick-Stars entsprach. 36 Millionen Dollar, verteilt auf vier Jahre. Das war Cubans letztes Wort.

Aber Nashs Agent hatte längst eine bessere Offerte vorliegen. Nashs alter Klub, die Phoenix Suns, boten 53 Millionen für fünf Jahre und außerdem eine Option auf weitere 13 Millionen, wenn Nash danach noch altersmäßig in der Lage sein sollte, Basketball zu spielen.

Nash wäre gern bei den Mavericks geblieben. Aber 30 Millionen Dollar Differenz, wenn man alles zusammenzählt, sind ein starkes Argument, besonders wenn auch verletztes Selbstwertgefühl im Spiel ist. Dass das Verhältnis von Nashs Agenten Bill Duffy zu Mark Cuban gespannt war, spielte eine zusätzliche Rolle. Die Phoenix Suns erkannten jedenfalls ihre Chance und gingen auf Anwerbetour. Eigner, Coaches, Mitspieler der Suns – alle machten sich auf nach Dallas, um Nash einzufangen. Und hatten ihn am Lasso, als sie zurückkehrten.

Dirk Nowitzki hörte daheim in Würzburg noch anderes. Bald nach Nashs Entscheidung begannen Spekulationen zu wuchern. Musste nicht jetzt, da Nash das Team verließ, die ganze Mannschaft der Mavericks anders aufgestellt werden, endlich mit einem Center von Rang? Bot sich nicht Shaquille O'Neal an, der zwei Meter sechzehn große und nicht viel weniger breite Ko-

Donnie Nelson in seinem Büro vor der Wand mit den Namen der NBA-Spieler und deren Gagen

loss von Los Angeles, gegen den die Gegner anrannten wie gegen einen Brückenpfeiler? Er war kein *free agent* wie Nash, aber gleichwohl, trotz laufendem Vertrag, auf dem Transfermarkt, weil er und Kobe Bryant, der andere Superstar der Lakers, sich weder auf dem Parkett noch in der Umkleidekabine verstanden. Einer von beiden musste gehen. Doch wer O'Neal haben wollte, musste Vergleichbares bieten können. O'Neal also vielleicht zum Preis von Dirk Nowitzki? Die Gerüchte schwirrten. Ein 32-Jähriger für einen 26-Jährigen?

Für Dirk Nowitzki wäre es ein ehrenhafter Tausch gewesen. Denn O'Neal war damals noch der größere Star.

Aber wenn der Tausch für Mark Cuban eine ernsthafte Überlegung gewesen sein sollte, so verwarf er diese schnell wieder. Cuban beendete alle Spekulationen und erklärte unmissverständlich, er gehe davon aus, dass Nowitzki seine Karriere ganz bei den Mavericks verbringen werde.

Die Coaches hatten den Eigner der Mavericks in der Überzeugung bestärkt, dass Nowitzkis große Zeit erst noch kommen werde.

Erst mit dreißig Jahren, so kalkulierte etwa Del Harris, Assistant Coach der Mavericks und früher Head Coach der Los Angeles Lakers, werde Dirk Nowitzki im Zenit seines Könnens stehen.

Aber wie würde er ohne Steve Nash auf dem Parkett bestehen können? Don Nelson macht kein Hehl daraus, dass er seinerzeit den Verlust des Kanadiers für eine Katastrophe hielt. Steve und Dirk, das seien seine Kinder gewesen, sagt er. Alle Pläne, die er mit ihnen hatte, habe er als hinfällig angesehen.

Wer aber jetzt einen Zusammenbruch des Teams befürchtet hatte, musste sich verwundert die Augen reiben. Die Mavericks verkrafteten den Verlust des Kanadiers überraschenderweise ohne erkennbaren Leistungsabfall, eilten in der neuen Saison von Sieg zu Sieg. Als die Mavericks im American Airlines Center auf die Houston Rockets und deren Star Tracy McGrady trafen, hieß es euphorisch in den «Dallas Morning News»: «McGrady war sensationell mit 48 Punkten, aber Nowitzki war außerirdisch.»

53 Punkte durch den Deutschen zum 113:106-Sieg der Mavericks!

So viele Punkte erzielen Spieler eigentlich nur, wenn sie Namen wie Michael Jordan, Larry Bird oder Kobe Bryant tragen. 53 Punkte, das war Klubrekord der Mavericks und überdies Familienrekord, denn es war genau ein Punkt mehr, als Dirks Mutter während ihrer eigenen Laufbahn als Spielerin einmal erreicht hatte.

Die Mavericks erreichten wieder die Playoffs – scheinbar mühelos. Aber ohne ihren Coach Don Nelson.

Mitten in der Saison trat er ab. Vielleicht aus freien Stücken, vielleicht auch gedrängt von Mark Cuban. Es hatte schon vor dem Wechsel Steve Nashs zu den Phoenix Suns Spannungen zwischen dem Coach und dem Eigner gegeben, und Nelson merkte wohl, dass er nur noch ein Trainer auf Abruf war. Avery Johnson war als weiterer Assistant Coach zum Team gestoßen, und schnell war klar geworden, dass der junge Schwarze bei den Mavericks irgendwann das Kommando übernehmen würde, als der kleine General, wie er schon zu seiner Zeit als Spieler genannt wurde. Trotzdem war es eine Überraschung, als Nelson plötzlich mitten in der Saison nicht mehr Coach war.

«Meine Leidenschaft für das Team war weg», erinnert er sich.

Zwar blieb er zunächst noch als Berater bei den Mavericks, verließ dann aber die Stadt, wechselte eine Saison später nach Kalifornien, nach Oakland zu den Golden State Warriors – viel-

Showtime

leicht mit Bitterkeit, jedenfalls aber mit dem Wissen, durch welche taktischen Schachzüge er am besten Nowitzkis Wirkungsmöglichkeiten im Spiel begrenzen konnte, wenn seine neue Mannschaft auf seine alte treffen würde, irgendwann einmal auch in den Playoffs.

Im Frühjahr 2005 hatten es die Mavericks zum Auftakt der Playoffs wie in der vorausgegangenen Punktspielrunde wieder mit McGrady und den Houston Rockets zu tun. Ein hartes Stück Arbeit über die vollen sieben Spiele der Serie. Aber die Mavericks blieben im Rennen, und halb Amerika hatte es gehofft. Denn was konnte es Aufregenderes geben, als die Mavericks in der zweiten Runde gegen Phoenix spielen zu sehen, gegen den neuen Klub von Steve Nash? Eine Dramaturgie wie aus einem Hollywood-Spektakel. Nowitzki gegen Nash, Freund gegen Freund. Oder auch: Mark Cuban gegen Steve Nash, der Eigner der Mavericks gegen den Spieler, den er zum Entsetzen der Fans aus Dallas hatte ziehen lassen.

Mark Cuban mochte bereits bereut haben, dass er den Kanadier falsch eingeschätzt hatte.

Nach seinem Wechsel zu den Phoenix Suns hatte er eine derart brillante Saison absolviert, dass die Fachjournalisten ihm die Auszeichnung als Most Valuable Player zusprachen. Den in die Mittelmäßigkeit abgesunkenen Suns verhalf er zu einer erstaunlichen Renaissance. Sie präsentierten sich selbstbewusst wie zu den Zeiten, als noch Charles Barkley, Mitglied des amerikanischen Dream Teams, ihr Spiel geprägt hatte.

Jetzt kamen sie nach Dallas. Mit einem Steve Nash im falschen Trikot. Er trieb die Suns an, und sein altes Team konnte ihn nicht stoppen. Zwar führten die Mavericks nach drei Spielen mit zwei Siegen gegenüber einem der Suns. Aber dann 48 Punkte für Nash im vierten Spiel der Serie, ausgetragen in Phoe-

Kapitel 7

nix. Dann in Dallas noch einmal 34 Punkte. Die Suns lagen mit drei Siegen gegenüber zweien der Mavericks vorn, als in Dallas die sechste Partie anstand. Um weiter im Titelrennen zu bleiben, mussten die Mavericks das Spiel gewinnen. Aber da war wieder Steve Nash. Verlängerung. Entscheidender Korb. Von Steve Nash. Auf der Anzeigetafel leuchtete das Endresultat auf: Phoenix 130, Dallas 126. Dallas war raus.

Die Kameras suchten Dirk Nowitzki, hielten fest, wie er seinen Mitspieler Jason Terry anblaffte, den neuen Spielmacher seines Teams, weil diesem der entscheidende Fehler gegen Nash unterlaufen war.

Aber es war nicht die letzte Szene des emotionsgeladenen Spiels. Das Kamera-Auge verfolgte auch, wie sich zwei Spieler in die Arme fielen, zwei Freunde, Dirk Nowitzki und Steve Nash.

Showtime

«Was mich schockiert hat: dass auch Steve Nash ging»

Wenn man so viel spielt wie wir in der NBA, bleibt von einzelnen Partien wenig in Erinnerung, aber ich erinnere mich gut an fast jede Playoff-Serie mit den Mavericks. Da war das Western-Conference-Finale 2003 gegen die San Antonio Spurs, als ich mir das Innenband im Knie überdehnte. Ich wollte schon im nächsten Spiel wieder auflaufen, es ging ja um den Einzug ins NBA-Finale. Ich wärmte mich sogar auf. Aber es gab Streit zwischen Don Nelson und Mark Cuban. Heute glaube ich, dass das der Anfang vom Ende ihrer guten Beziehungen zueinander war. Mark meinte, ich müsse spielen. Und Nellie sagte: Der Junge ist erst 24 – wenn ihm jetzt etwas passiert, ist seine Karriere vorbei. Nellie hat sich durchgesetzt. Im Nachhinein denke ich, dass es die richtige Entscheidung war: Das Risiko eines Bänderrisses wäre einfach zu groß gewesen. Wenn mir das am Ende meiner Karriere passiert wäre, und es wäre meine letzte Chance gewesen, um den NBA-Titel zu kämpfen, hätte ich womöglich trotzdem gespielt. Aber ich stand ja immer noch am Anfang meiner Karriere.

So frustrierend es auch war, hilflos zuschauen zu müssen, wie meine Mannschaft ausschied, der eigentliche Tiefpunkt in diesem Jahr kam erst noch bei der Europameisterschaft in Schweden. Die war wirklich verkorkst. Obwohl die Vorrunde nicht optimal verlief, hätten wir das Achtelfinale gegen Italien gewinnen müssen. Wir waren ja bis zum Schluss dran, ehe wir doch mit zwei Punkten Unterschied verloren. Dass wir dadurch die Qualifikation für die Olympischen Spiele 2004 in Athen verpassten, war eine der größten Enttäuschungen für mich. Ich würde jedoch nicht sagen, dass Henrik Dettmann, der Bundestrainer, schuld am Ausscheiden war, obwohl sich der Verband nach der EM von ihm trennte. Ich weiß, dass Dettmann nicht nur Freunde hatte im DBB; auch unter den Spielern gab es manche, die ihn kritisierten. Aber ich war nie einer, der die Autorität eines Coaches untergräbt. Ich habe nach besten Kräften versucht, umzusetzen, was Dettmann für erfolgversprechend hielt. Es hätte ja nichts genützt, wenn ich auch noch rebelliert hätte.

Selbst als ich wieder zu Hause in Würzburg war, wurde ich dieses Gefühl von Enttäuschung und Leere nicht los. Ich saß einfach nur da und dachte an nichts anderes als an die verpasste Olympia-Chance. Holger Geschwindner wollte so bald wie möglich wieder mit mir trainieren, aber es ging einfach nicht. Es war eine der wenigen Phasen, in denen ich keinen Spaß am Basketball hatte. Deshalb brachen wir das erste Training ab und nahmen es erst nach einer Woche oder sogar noch später wieder auf.

Danach kam auch in der NBA eine schwierige Zeit. In der Saison 2003/04 mussten wir die Rollenverteilung innerhalb der Mavericks, die wir in den Jahren zuvor ausgetüftelt hatten, erst wieder mühsam erarbeiten, nachdem im Sommer Antawn Jamison und Antoine Walker geholt wurden. Als wir uns den Spielertausch auf dem Papier anschauten, musste keiner lange überlegen – jeder in der Mannschaft hielt ihn für gut. Auf dem Papier war das kein Risiko, aber auf dem Spielfeld klappte es dann nicht so, wie wir das erhofft hatten. Walker, Jamison und ich spielen im Grunde alle auf derselben Position, der des Power Forwards. Aber Walker war ein eigenwilliger Typ, manchmal passte er den Ball, manch-

Dirk Nowitzki: Aus meiner Sicht

mal wollte er ihn auch nicht passen. Und Jamison kam zunächst von der Bank, fühlte sich aber in dieser Rolle nicht wohl. Dann sollte Walker von der Bank kommen, war darüber aber auch unglücklich. Und als Nellie wollte, dass wir alle gleichzeitig spielen, funktionierte das auch nicht. Mit uns dreien war die Verteidigung schwächer, und im Angriff standen wir uns im Weg. Dann musste ich manchmal auf einer anderen Position spielen, der des Centers oder der des Small Forwards. Auch Michael Finley musste seine Position oft wechseln. Die Chemie innerhalb der Mannschaft stimmte nicht mehr.

Obwohl wir noch 52 Spiele gewannen, ich es wieder ins All-Star-Game schaffte und guten Basketball spielte – auch in den Playoffs gegen Sacramento: Dieses Jahr war ein Rückschritt für mich. Und nachdem wir gleich in der ersten Runde ausschieden, war uns klar, dass im darauffolgenden Sommer wieder alles umgewürfelt werden würde. Und so kam es auch: Jamison und Walker wurden weitergetauscht.

Was mich jedoch fast schockierte, war, dass auch Steve Nash ging. Oder gehen musste. Als er mich anrief und von dem Angebot aus Phoenix erzählte, hörte ich raus, dass er eigentlich nicht weggehen wollte. Aber er sagte, er könne nicht so viele Millionen Dollar verschenken und sich derart unter Marktwert verkaufen. Ich hatte ein ganz mulmiges Gefühl. Das war eine Situation, von der ich nie gedacht hätte, dass sie eintreten würde, obwohl man in meinem Beruf relativ schnell lernt, dass jedes Jahr, jeder Monat, jede Woche, jeder Tag etwas bringen kann, womit man nicht rechnet. Natürlich sagt in Dallas mittlerweile jeder, dass mich die Mavericks nie abgeben werden, aber das ist inzwischen schwer zu glauben. Dafür bin ich zu lange in der NBA, habe zu viel gesehen und zu viel erlebt. Mit dem Risiko, von einem Tag auf den anderen die Sachen packen zu müssen und zu einem anderen Klub geschickt zu werden, muss man leben. Dafür ist unser Einkommen gesichert.

Aber nachdem wir 2003 das Western-Conference-Finale erreicht hatten, dachte ich, die Mannschaft bleibt ein paar Jahre zusammen. Und dann – innerhalb von nicht einmal anderthalb Jahren – hatten wir bis auf Michael Finley und mich ein komplett neues Team. Ich hatte zu dieser Zeit immer geglaubt, dass Mike, Steve und ich das Herz der Mannschaft seien, dass wir gemeinsam vielleicht einmal einen NBA-Titel holen und unsere Karrieren in Dallas beenden würden. Aber dann entschieden sich die Mavericks eben gegen Steve. Das war eine klare Business-Entscheidung. Von der Leistung her konnte man ihm nichts vorwerfen, und auch außerhalb des Spielfelds repräsentierte Steve den Klub immer vorbildlich.

Natürlich spielte er in den Playoffs gegen Sacramento nicht gut, weshalb Mark Cuban damals meinte, dass Steve langsam zu alt werde, dass sein Körper die Strapazen einer NBA-Saison nicht mehr durchhalte. Dabei hatte seine Leistung mit der Fitness nichts zu tun. Kurz vor den Playoffs hatte er erfahren, dass seine Freundin schwanger war und Zwillinge erwartete. Das hieß: Er hatte den Kopf nicht hundertprozentig frei. Ich vermute, dass Mark dies nicht wusste, als er entschied, Steve kein besseres Angebot zu machen.

Im Nachhinein betrachtet war das wohl eine der größeren Fehlentscheidungen in der NBA-Geschichte: Wir ließen Steve ziehen, und er wurde in den beiden Jahren danach zweimal MVP, wertvollster Spieler der Liga. Aber das konnte man zu der Zeit nicht ahnen. Am Anfang war ich jedenfalls sehr enttäuscht und frustriert über die Politik der Mavericks. Aber als ich sah, dass wir gute Leute holten und nicht wieder bei null anfangen mussten, schöpfte ich wieder Hoffnung. In der NBA sind fast alle Spieler zu ersetzen – diese Lektion lernt man dort schnell.

Dirk Nowitzki: Aus meiner Sicht

Sportlich war es jedenfalls kein Rückschlag für mich, dass Steve weg war. Ich glaube sogar, dass sein Weggang mich als Spieler weitergebracht hat. Steve hat immer den freien Mann gefunden und damit das Spiel für alle leichter gemacht. Bei ihm konnte ich darauf wetten, in einer Partie die Gelegenheit zu fünf, sechs Würfen zu bekommen, bei denen ich so frei stand, dass ich den Wind noch hätte prüfen können, ehe ich warf. Diese freien Würfe bekam ich nun nicht mehr, weil Jason Terry, Steves Nachfolger, ein ganz anderer Spielmachertyp ist, einer, der eher selbst wirft und weniger seine Mannschaftskameraden in Position bringt. Ich war also gezwungen, mir meine Chancen selber zu erarbeiten, aktiver zu sein, mehr zu passen, mein Potenzial mehr auszuschöpfen, einfach vielseitiger zu spielen. Das wirkte sich auf meine Entwicklung positiv aus.

Dass wir dann gleich im Jahr 2005 in den Playoffs gegen Steve und seine neue Mannschaft ausschieden, war eine Ironie des Schicksals, wenn man das so nennen mag. Steve war motiviert wie selten zuvor, weil er es mit den Suns allen in Dallas zeigen wollte, dass es ein Fehler gewesen war, ihn gehen zu lassen. Er spielte eine unglaubliche Serie gegen uns, schoss die wichtigen, entscheidenden Körbe. Die Niederlage in den Playoffs gegen die Suns war bitter, weil wir im Grunde die bessere Mannschaft waren und alles hatten, was man braucht, um sogar Meister zu werden. Aber wir spielten gegen Phoenix nicht unseren besten Basketball, uns passierten Fehler, die nicht passieren dürfen. Speziell ich wurde viel kritisiert, weil ich im entscheidenden sechsten Spiel Jason Terry angeschrien habe vor lauter Frust – da sind bei mir einfach die Emotionen übergekocht. Später habe ich das bereut. Ich wollte keinem Einzelnen die Schuld am Ausscheiden geben. Wir spielten damals alle nicht clever genug, und ich musste noch lernen, mich richtig zu verhalten, gerade als Führungsspieler, als den mich die Medien bezeichneten. Obwohl meiner Meinung nach die Sache mit der Führungsrolle überbewertet wird. Ich sage innerhalb der Mannschaft immer meine Meinung, aber nicht vor aller Öffentlichkeit. Dafür bin ich nicht der Typ: auf dem Spielfeld laut Anweisungen zu geben und nachher Mitspieler zu kritisieren. Ich versuche lieber, mit gutem Beispiel voranzugehen. Das verstehe ich eher unter einem Führungsspieler.

In dieser Hinsicht war Michael Finley mein Vorbild bei den Mavericks. Er war ja der unumstrittene Teamleader, als Steve und ich nach Dallas kamen. Doch als er merkte, dass wir beide immer besser wurden und die Mannschaft dadurch auch, hat er sein Ego dem Erfolg untergeordnet. Er sorgte dafür, dass auch wir zu Mannschaftskapitänen gewählt wurden. Und als Steve und ich ins All-Star-Team berufen wurden und er nicht, nahm er das hin wie ein Profi. Wie er leise in den Hintergrund trat – das zeugt von einer außergewöhnlichen Persönlichkeit. Mike war immer durch und durch ein Profi, von dem man lernen konnte. Im Lauf der Jahre entwickelten Steve, Mike und ich eine Freundschaft, die über das Ende unserer Karrieren hinaus Bestand haben wird.

Fiskus, Finale und der große Frust

Sommer in den Rebhängen des Maintales. Urlaubszeit. Zeit zum Kräftesammeln. Nach dem Ausscheiden aus den Playoffs, der bitteren Niederlage gegen den Freund, bereitete sich Dirk Nowitzki auf neue Aufgaben vor. Wie in jedem Jahr stand auch in diesem Sommer Rattelsdorf auf dem täglichen Programm, das Einzeltraining mit Holger Geschwindner. Aber in wenigen Tagen wollte Dirk Nowitzki wieder mal an den Starnberger See fahren, ins Rudercamp. Die Termine in der NBA und mit der Nationalmannschaft hatten es ihm in der Vergangenheit nicht mehr oft erlaubt, die ungezwungene Atmosphäre des Camps, die Ferienstimmung dort, zu genießen. Doch diesmal würde der Basketball-Bundestrainer seine Dienste erst später benötigen, bei der Europameisterschaft in Serbien und Montenegro im September. Eine Woche Zeit für Starnberg würde bleiben. Manche von denen, die Dirk Nowitzki von früher kannte, würden wieder zum See kommen. Ernie Butler mit seinem Saxophon in jedem Fall. Außerdem der eine oder andere aus der Würzburger Clique, darunter auch Robert Garrett, der Teamkollege früher bei der DJK Würzburg und dann auch in der Nationalmannschaft. Vielleicht würde sogar Oliver Bierhoff vom gegenüberliegenden Seeufer rüberkommen, mit seiner schönen Lebensgefährtin, die einmal die Freundin von Dražen Petrović war, dem Star der New Jersey Nets, um den die Kroaten getrauert hatten wie um einen Nationalhelden nach seinem Unfalltod auf der Autobahn bei München.

Bild links: Avery Johnson, Mavericks-Trainer bis Ende April 2008, mit Nowitzki und dessen Mannschaftsgefährten Jerry Stackhouse

Ja, doch, Dirk Nowitzki würde durchatmen können, bevor ihn die Nationalmannschaft benötigte. Aber noch war er daheim in Würzburg, wenn auch nicht im Elternhaus. Er hielt sich bei seiner Schwester Silke auf. Später wollte er nach Rattelsdorf aufbrechen.

Es war der 19. Juli 2005, 8 Uhr morgens, als es an der Haustür klingelte.

Es war nicht die einzige Haustür, an der es klingelte. Zur gleichen Zeit klingelte es an der Tür von Dirk Nowitzkis Elternhaus und ebenso an der Tür des Malergeschäfts seines Vaters und an der Tür von Holger Geschwindners Büro in Bamberg und am Portal des Alten Schlosses in Peulendorf und in der daneben stehenden Mühle, die Geschwindners Freundin Ellen Hallier gehörte. An insgesamt acht verschiedenen Türen klingelte es. Und überall aus dem gleichen Grund: Steuerfahndung! Razzia! Hausdurchsuchung! Verdacht auf Steuerhinterziehung!

Es traf alle wie ein Blitz aus heiterem Himmel. Nowitzki hatte seine Einkünfte korrekt in den USA und in Deutschland versteuert. Der Verdacht richtete sich auch gar nicht gegen ihn. In Verdacht war Holger Geschwindner. Dessen Steuererklärungen wiesen keine Einnahmen aus einer Trainer- oder Managertätigkeit für Dirk Nowitzki aus. Und genau das war es, was Argwohn weckte. War Geschwindners Name nicht immer in einem Atemzug mit jenem von Nowitzki genannt worden? War über diesen nicht zu lesen, dass er nach dem Rennfahrer Michael Schumacher der bestverdienende deutsche Sportler sei? Konnte es wirklich sein, dass für den Mann, der Nowitzki zum Millionär gemacht hatte, nichts von dessen Geld abfiel?

Also überfallartig Suche nach Belegen, Rechnungen, Kontoauszügen, Notizen, nach irgendetwas, woraus hervorging, dass sich Geschwindner von Dirk Nowitzki bezahlen ließ und diese Einnahmen nicht versteuerte.

Holger Geschwindner selbst wurde von der Steuerfahndung in Peulendorf überrascht, wo er gerade dabei war, den Flügel des Alten Schlosses zu renovieren, um dort, nach dem privaten Umzug in die Mühle seiner Lebensgefährtin, künftig auch sein Büro unterzubringen. Vieles war schon in Kisten verpackt. Leichtes Spiel deshalb für die Beamten. Sie konnten alles mitnehmen. Einschließlich Geschwindner.

Für den blieb gerade noch Zeit, Dirk Nowitzki anzurufen und ihm zu sagen, er solle nicht zum Training nach Rattelsdorf kommen. Alles Weitere später, Dirk! Dann war die Leitung tot. Holger Geschwindner war nicht mehr zu erreichen. Er bezog eine Zelle in der Justizvollzugsanstalt Hof.

Es gibt Spekulationen, dass die Staatsanwaltschaft einen Tipp bekommen hatte. Und tatsächlich fanden die Steuerfahnder schnell, wonach sie offenbar gesucht hatten. Es war abgelegt in einem ledergebundenen Ordner und befand sich unter Memorabilien, von denen man sich schwer trennt. In den Ablagerungen eines Lebens befand es sich, zwischen Geburtsurkunden, Zeugnissen und persönlichen Dokumenten, sogar solchen noch von Geschwindners Großeltern – ein Blatt Papier, DIN A4, auf dem sich die Unterschriften von Dirk Nowitzki und dessen Mutter befanden und auch diejenige von Holger Geschwindner selbst. Es war ein schnell aufgesetzter Vertrag aus der Zeit, in der noch nicht abzusehen gewesen war, dass Dirk Nowitzki mit Basketball je das große Geld verdienen würde. Der Vertrag war 1996 nach seinem 18. Geburtstag ausgefertigt worden, und in ihm wurde festgehalten, dass Holger Geschwindner für den Zeitraum von zehn Jahren Anspruch auf 20 Prozent von Dirks Basketball-Einnahmen haben sollte. Nach der Erinnerung aller Beteiligten waren es Dirks Eltern, die auf eine Regelung gedrängt hatten, nachdem sich Anrufe gehäuft hatten, in denen sich Fremde als Manager oder Berater des noch nicht volljähri-

Showdown

gen Sohnes aufzudrängen versuchten. Die Eltern wollten klare Verhältnisse schaffen, manifestieren, dokumentieren, etwas in Händen haben, aus dem hervorging, dass sich ihr Sohn dem bekannten Basketballspieler Geschwindner anvertraut hatte und kein Bedarf an zusätzlicher Betreuung bestand. Aber mehr, sagen die Nowitzkis, habe der Vertrag für sie nie bedeutet. In Anspruch sei er zu keiner Zeit genommen worden, schon gar nicht, als sich zwischen Holger Geschwindner und Dirk Nowitzki fast ein Vater-Sohn-Verhältnis entwickelte.

Aber jetzt lag das heiße Dokument auf dem Tisch. Was half es, dass die Nowitzkis zu Protokoll gaben, nie Zahlungen gemäß dem Vertrag an Geschwindner getätigt zu haben? Was half es, dass der konsternierte Dirk Nowitzki erklärte, er habe seine Kopie des Vertrages irgendwann beim Aufräumen zerrissen? Was half es, dass diejenigen, die Geschwindner näher kannten, seine Redlichkeit beteuerten? Ein Lebenskünstler, ja, das sei er immer gewesen, einer, der den Umgang mit Behörden locker nahm, sie auch herausforderte. Aber ein Betrüger? Nie und nimmer. Gelderwerb sei ohnehin stets zweitrangig für ihn gewesen.

Aber da war eben dieses Stück Papier, geborgen aus der Vergangenheit.

Es diente nicht gerade zur Klärung des Falles, dass Geschwindner während des Umzugs für seine privaten Steuersachen Schuhkartons und Ähnliches als passenden Aufbewahrungsort angesehen hatte. Und alles, nicht nur Geschwindners Ablagen, wurde jetzt in Peulendorf, Bamberg, Würzburg gefilzt – alles, bis hin zu Dirk Nowitzkis Geldbeutel, als er mit der Steuerfahndung konfrontiert wurde.

Für ihn war die Festnahme des Freundes und Förderers eine dramatische Erfahrung. Kein Rattelsdorf, kein Starnberg, kein Kontakt mit dem Lehrmeister. Zum ersten Mal sah sich No-

Kapitel 8

Plötzlich selbst im Rampenlicht: Holger Geschwindner

witzki auf sich allein gestellt. Den Deutschen Basketball Bund ließ er niedergedrückt wissen, dass es ihm nicht leichtfalle, sich unter den gegebenen Umständen auf die bevorstehende Europameisterschaft vorzubereiten.

Die Staatsanwaltschaft suchte währenddessen weiterhin nach Belegen, um eine Anklage gegen Geschwindner formulieren zu können, davon ausgehend, dass es mindestens fünf Millionen Euro waren, die dem Fiskus vorenthalten worden waren. Aber auf keinem von Geschwindners Konten tauchten Summen auf, die einen solchen Vorwurf belegen konnten.

Tag um Tag verging. Geschwindner blieb in Untersuchungshaft, und der Beginn der Europameisterschaft rückte immer näher. Dirk Nowitzki wollte, musste Geschwindner um sich haben. Nicht nur bei der Europameisterschaft, sondern erst recht ein paar Wochen später in Dallas, wenn dort die neue Saison begann, der die Mavericks mit noch größeren Erwartungen als je zuvor entgegensahen.

Dringendes Ersuchen bei der Anklagebehörde deshalb: Könnte, bitte, der Beschuldigte nicht wenigstens auf Kaution freikommen?

Der Vorwurf, Steuern in Millionenhöhe hinterzogen zu haben, wiegt schwer, selbst wenn nichts bewiesen ist. War bei dieser Dimension des Falles nicht dringende Fluchtgefahr gegeben? Geschwindner hatte keine Ehefrau und keine unmündigen Kinder, die ihn an Deutschland banden. Auch keinen Immobilienbesitz. Das Schloss in Peulendorf gehörte nicht ihm. Er zahlte dort einen symbolischen Mietpreis, nachdem er die Sanierung des Flügels, in dem er sich niederließ, selber übernommen hatte. Musste man also Geschwindner nicht in Haft halten, solange man noch auf der Suche nach Beweisen war? Und diese war noch lange nicht beendet. Ein immer größeres Umfeld Geschwindners wurde jetzt ausgeleuchtet. Selbst bei Nowitz-

Kapitel 8

kis Mannschaftskollegen Greene und Garrett tauchten die Ermittler auf. Wer weiß, vielleicht hatten ja auch sie an Geschwindner geheime Zahlungen geleistet. Sogar beim Deutschen Basketball Bund wurden die Fahnder vorstellig. Und bei Dirk Nowitkis Sponsoren Nike und ING-DiBa. Überall konnte irgendetwas verborgen liegen.

Verständlich, dass die Staatsanwaltschaft sichergehen wollte, dass Holger Geschwindner für sie greifbar sein würde, wenn die Sache so weit gereift war, dass sie vor Gericht gebracht werden konnte. Und das schraubte eine mögliche Kautionssumme in die Höhe.

Wie viel, meine Herren?

Fünfzehn Millionen Euro!

Die Summe nahm nicht nur Holger Geschwindner, sondern auch Dirk Nowitzki den Atem.

Holger Geschwindner hätte nicht einmal einen Bruchteil davon aufbringen können. Dirk Nowitzki erklärte sich zwar sofort bereit einzuspringen, das war ihm sein Freund und Förderer wert. Aber fünfzehn Millionen Euro – die konnte nicht einmal er von heute auf morgen bereitstellen.

Ob eine Bankbürgschaft genüge?

Ja, sie genüge.

Auch von einer amerikanischen Bank?

Nein, nur von einer deutschen Bank.

Ein neues Problem. Nowitzkis Vermögen war in Amerika fest angelegt. Eine deutsche Bank würde Sicherheiten von ihm haben wollen. Amerikanisches Geld musste darum in aller Eile nach Deutschland transferiert werden.

Am Ende aber dann doch Aufatmen. Geschwindner konnte freigespielt werden. Nach fast fünf Wochen durfte er die Justizvollzugsanstalt Hof verlassen. Der Haftbefehl wurde außer Vollzug gesetzt, ohne Reisebeschränkungen.

Showdown

Befreit war auch Dirk Nowitzki. Er hatte den Freund und Trainer wieder an seiner Seite, schon beim Supercup, den letzten Testspielen der Nationalmannschaft vor der Europameisterschaft. Das war es, was zählte. Wie eh und je saß Holger Geschwindner auf der Tribüne, als Einzelgänger, als einer, der Gesellschaft nicht braucht, und aus seinem Gesicht waren Emotionen noch weniger herauszulesen als zuvor. Inwieweit der Vorwurf der Steuerhinterziehung seinen Kopf in Aufruhr versetzte, war für Außenstehende nicht zu erkennen. Er konzentrierte sich auf das, was Dirk tat, wie er sich bewegte, wie er warf.

Und was er dann bei der Europameisterschaft sah, muss ihn mit Genugtuung erfüllt haben. Nowitzki agierte selbstbewusst, treffsicher in einem Team, das nach einer Verletzungsserie neu hatte zusammengestellt werden müssen – ohne den Spielmacher Steffen Hamann, ohne Ademola Okulaja, der nach Nowitzki stets bester Schütze im Team war, und ohne Stefano Garris, der schon 2002 bei der Weltmeisterschaft in Indianapolis mithalf, den dritten Platz zu erkämpfen. Aber die neu formierte Mannschaft zeigte bereits im ersten Spiel gegen Italien, den Silbermedaillengewinner bei Olympia 2004 in Athen, dass mit ihr trotz der Ausfälle zu rechnen war. Zwar ging das Spiel in der Verlängerung verloren, aber die Mannschaft sah, dass sie mithalten konnte. Und tatsächlich sollte das Turnier zu einem der größten Erfolge einer deutschen Nationalmannschaft und für Nowitzki nach den Depressionen des Sommers zu seinem vielleicht größten Triumph auf dem Spielfeld werden.

Nach dem Italien-Spiel ein Pflichtsieg gegen die Ukraine. Dann eine dramatische Begegnung mit einem russischen Team, gegen das die deutsche Auswahl in der ersten Halbzeit lediglich 16 Punkte erzielte, ehe sie in der zweiten Hälfte Punkt für Punkt aufholte. 48:50 lag sie zurück, und 15 Sekunden waren

Die deutsche Nationalmannschaft im Jahr 2003: Stephen Arigbabu, Robert Maras, Dirk Nowitzki, Jan Jagla und Patrick Femerling (von links); vorn: Ademola Okulaja und Sven Schultze

Showdown

noch zu spielen, als Dirk Nowitzki den Ball zugespielt bekam, nach links täuschte, nach rechts täuschte und dann warf. Von außerhalb der Drei-Punkte-Linie segelte Nowitzkis Ball in den Korb. 51:50! Mit weiter gewachsenem Selbstbewusstsein dann ins nächste Spiel, gegen überharte Türken. Auch dieses Spiel gewonnen, dank 33 Punkten von Dirk Nowitzki. Das Viertelfinale war erreicht. Deutschland durfte aus der Provinzstadt Vršac nach Belgrad umziehen, traf dort auf die Slowenen, die mit gleich drei NBA-Profis antraten. Und siegte trotzdem ziemlich mühelos. Halbfinale also, wie schon 2001 bei der Europameisterschaft und 2002 bei der Weltmeisterschaft! Und diesmal, gegen Spanien, sollte das Halbfinale nicht wieder Endstation sein. Die Mannschaft erarbeitete sich einen Vorsprung von elf Punkten, konnte diesen aber nicht halten, fiel wieder zurück. Aber wie gegen Russland war es Dirk Nowitzki, der in den letzten Sekunden für den Sieg sorgte. Halb im Zurückfallen hob er den Ball über einen Gegner hinweg in den Korb. 74:73 – Finale! Die Mannschaft hatte mehr erreicht, als irgendwer für möglich gehalten hatte. Aber sie hatte im Turnier auch zu viel Energie verbraucht. Im Endspiel gegen Griechenland war sie chancenlos, lag dreieinhalb Minuten vor Schluss mit 17 Punkten im Rückstand. Bundestrainer Bauermann nahm Nowitzki aus dem Spiel – ein Zeichen, dass er das Match verlorengab.

Als Nowitzki das Feld verließ, geschah Ungewöhnliches, Unerwartetes, Bewegendes. Die Zuschauer erhoben sich von ihren Plätzen. Standing Ovations. 18 000 Menschen verneigten sich in einer großen Geste vor dem Deutschen, Menschen ganz unterschiedlicher Nationalität, Serben genauso wie Griechen, und auch die französischen und spanischen Fans, die vom vorausgegangenen Spiel um den dritten Platz noch in der Halle waren. Der Beifall wollte nicht enden, selbst dann noch nicht, als das Spiel schon weitergegangen war.

Die Europameisterschaft war zu Ende. Im Steuerfall Geschwindner war hingegen noch lange kein Finale in Sicht. Die großen Kontenbewegungen wurden zwar nach wie vor nicht gefunden, aber da war eben dieser Vertrag. Es war deshalb schweres Gepäck, mit dem Geschwindner wenig später nach Dallas reiste. Eine neue NBA-Saison begann, und er trug die Last eines gegen ihn anhängigen Verfahrens, bei dem ihm mehrere Jahre Gefängnis drohten. Eingreifen in den Gang der Dinge konnte Geschwindner kaum noch. Er hatte alles ausgesagt, was auszusagen war. Als Beklagtem blieb ihm nur eine passive Rolle. Vielleicht auch um sich abzulenken, widmete er sich in Dallas wieder ganz Nowitzki.

Don Nelsons Nachfolger bei den Mavericks, Avery Johnson, wurde von Mark Cuban als Motivator und Taktiker geschätzt. Er hatte andere Vorstellungen vom Spiel als sein auf Offensive ausgerichteter Vorgänger. Offensive gewinnt Zuschauer. Defensive gewinnt Meisterschaften. Johnson machte seinen Spielern klar, dass das Ziel die Meisterschaft war und die Verteidigung aggressiver werden musste.

Wie strikt der neue Coach seine Forderung durchsetzen würde, hatte Dirk Nowitzki schon am Ende der vorausgegangenen Saison am eigenen Leib erfahren müssen. Ein Exempel hatte Johnson an ihm statuiert, hatte ihn bei einem Spiel gegen die Charlotte Bobcats aus dem Spiel genommen, nachdem er einem Gegenspieler leichtfertig einen Korbwurf gestattet hatte. Die Botschaft ging an die ganze Mannschaft: Wenn schon dem Star Nachlässigkeit nicht verziehen wird, dann erst recht nicht allen anderen.

Aber natürlich war sich Johnson des Potenzials Nowitzkis bewusst. Zu Beginn der Saison schenkte er allen Spielern als Geste ein Buch, und im Falle Nowitzkis war es eine Biographie Larry

Birds, des letzten ganz großen Weißen auf dem Basketballparkett. Du kannst einer werden wie er, du wirst einer werden wie
er – das war die neue Botschaft. Johnson war überzeugt, dass
Nowitzki selbst in der Offensive noch stärker werden konnte,
wenn er sich nicht zu sehr auf Distanzwürfe verlassen, sondern
stärker den Nahkampf unterm Korb suchen würde, fast wie ein
Center-Spieler, mit dem Rücken zum Brett, um durch eine blitz-
schnelle Drehung zum Korb ziehen zu können.

Das bedeutete für Nowitzki eine neue Rolle. Und wieder half
ihm Holger Geschwindner, sie zu lernen.

Wenn Geschwindner in Dallas dem Mannschaftstraining
beiwohnt, betrachtet er scheinbar gelangweilt das Geschehen.
Aber seinen Augen und seinen Ohren entgeht nichts von dem,
was die Coaches von ihren Spielern verlangen. Nachher ver-
bringt er oft allein mit Nowitzki den Abend. Dann ist plötzlich
Rattelsdorf in Dallas! Geschwindner übt dann weiter mit dem
Star, als sei der noch immer Anfänger. Gesprochen wird dabei
nicht viel. Eigentlich gar nichts. Und trotzdem schwingt in der
Stille ein Echo von Geschwindners Credo mit: Nur wenn sich
Dirk als Lernender begreift, wird er weiterkommen.

Auch zu Beginn der Saison 2005/06 zeigte sich Nowitzki als
Musterschüler, hielt sich an Avery Johnsons Anweisungen und
lernte von Geschwindner, sie in Bewegung umzusetzen, auch
wenn sein Lehrer innerlich murren mochte, das neue taktische
Konzept schränke Dirks Wirkungsmöglichkeiten eher ein. Aber
Geschwindner musste auch anerkennen, dass Avery Johnsons
Konzept durch die Trainingsintensität erfolgreich war. So souverän die Mavericks zuletzt unter Don Nelson aufgetreten waren – unter ihrem neuen Coach taten sie es nicht weniger souverän. Ob altes oder neues Spielsystem, in beiden fand sich Nowitzki gleichermaßen zurecht. Gemessen an der Korbausbeute
sollte die Saison 2005/06 sogar zur besten seiner bisherigen

Karriere werden. 26,6 Punkte pro Spiel erzielte er im Schnitt, so viel wie nie zuvor.

In Hof versuchten die Steuerfahnder zur gleichen Zeit, Punkte gegen Holger Geschwindner zu machen. Es ging um abgegebene und nicht abgegebene Einkommensteuererklärungen. Es ging um strittige steuerliche Abrechnungen von Geschwindners Büro «sisyphos», das er als selbständiger Projektentwickler betrieb. Es ging, über Nowitzki hinaus, um Beratertätigkeiten in der Basketballszene, auch bei Sponsoren. Da wurden Versäumnisse entdeckt. Aber eigentlich ging es um anderes, um eine Firma, einen Gewerbebetrieb, von dem die Finanzbehörde die Abführung von Steuern in Millionenhöhe verlangte. Die Firma war nicht greifbar. Es gab keine Firmenräume, keine Firmenbezeichnung, keinen Firmenbriefkopf. Eigentlich gab es überhaupt keine Firma. Sie war ein steuertechnisches Konstrukt, nur virtuell existierend. Aber ihr wurde von der Staatsanwaltschaft ein konkreter Name gegeben. Als Gewerbebetrieb «Manager- und Trainertätigkeit» wurde sie geführt. Geschwindners Forderungen an Nowitzki hätten gemäß dem Vertrag von 1996 als Betriebseinnahmen ausgewiesen werden müssen, die wiederum der Gewerbe- und der Einkommensteuer unterworfen waren, gleichgültig, ob sie tatsächlich zugeflossen waren oder nicht. Auch für den Fall, dass gar kein Geld aus Nowitzkis Einnahmen auf den Konten Geschwindners gelandet war, hätte Letzterer seinen finanziellen Anspruch gegenüber Nowitzki als Umsatz versteuern müssen. Und dies eben hatte er nicht getan.

Was die realen Kontenbewegungen anging, so fand die Staatsanwaltschaft einzelne nicht zuordenbare Beträge, aber eine betrügerische Absicht konnte nicht ermittelt werden. Waren sie nicht, bilanztechnisch, durchlaufende Posten, Gelder, die Geschwindner für Nowitzki ausgegeben hatte – zum Beispiel für die Organisation der Sommercamps in Starnberg, zum Beispiel für die Miete der Trainingshalle in Rattelsdorf, zum Beispiel für ein Klavier? Und auch Spesen konnten ins Feld geführt werden, die vielen Reisen nach Amerika und zu den anderen Schauplätzen, an denen Nowitzki als Basketballspieler im Einsatz war.

Mit dem Vertrag aus dem Jahr 1996, meine Herren von der Staatsanwaltschaft, haben diese Gelder doch nichts zu tun.

Auch nicht der Transfer von 800 000 Euro von Nowitzkis Konto auf ein Baukonto für die Sanierung der Mühle von Holger Geschwindners Lebensgefährtin?

Ein Darlehen sei dies, argumentierte Geschwindner, und Nowitzkis Familie bestätigte es.

Dirk Nowitzki selbst hörte von der stockenden Entwicklung im Steuerfall allenfalls gedämpft. In Dallas eilte er von Erfolg zu Erfolg. Am Ende der *regular season*, der Punkterunde vor den Playoffs, hatten die Mavericks von den 82 Spielen insgesamt 60 gewonnen, nur drei weniger als der Dauerrivale aus San Antonio. Beide standen sich erneut in den Playoffs gegenüber, nachdem sie mühelos die erste Runde überstanden hatten.

Wieder das Duell Nowitzki gegen Tim Duncan. Aber die Spekulationen gingen bereits weiter. Würde es vielleicht danach wie im Vorjahr wieder dieses andere Duell geben, das Duell Nowitzki gegen Nash? Denn auch die Phoenix Suns meldeten ihren Anspruch auf die Meisterschaft an. Und würde es, wenn auch dieser Gegner geschlagen war, dann zu einem großen Finale kommen, vielleicht gegen die schillernden Miami Heat mit ihrem Superstar Shaquille O'Neal? In Dallas wuchs die Erregung. Dem Team um Nowitzki war alles zuzutrauen.

Aber noch stand erst die Begegnung mit San Antonio an, eine Auseinandersetzung, die – in Anspielung auf das amerikanische Heldenepos in den Mauern des Alamo im Jahr 1836 – als

«Schlacht um Texas» in die Annalen der NBA eingehen sollte. Sie ging über die volle Distanz, wieder einmal. Sieben Spiele. Die entscheidende letzte Partie fand in San Antonio statt. Wenn eine Playoff-Serie erst im siebten Spiel entschieden wird, gewinnt in der Regel die Heimmannschaft. Doch die 19 000 Zuschauer im AT&T Center von San Antonio sahen zunächst mit Besorgnis, wie die Mavericks scheinbar mühelos auf 20 Punkte Vorsprung davonzogen. Aber die Spurs holten auf und wurden frenetisch bejubelt, als sie kurz vor Ende 104:101 in Führung lagen. 32 Sekunden waren noch zu spielen, und Dallas brauchte einen Drei-Punkte-Wurf, um in die Verlängerung zu kommen. Oder einen Zwei-Punkte-Wurf mit einer Freiwurfchance, wenn der Werfer gefoult würde. Oder . . . Im Basketball gibt es viele Varianten für die letzten Sekunden. Nur so viel war abzusehen: Dirk Nowitzki als treffsicherster Schütze würde vermutlich der Vollstrecker des Angriffszugs sein. Wie erwartet, bekam er den Ball zugespielt, kämpfte sich zum Korb durch. Dann machte sein Gegenspieler Manu Ginobili einen verhängnisvollen Fehler, hielt nicht Abstand, wollte Nowitzki am Korbwurf hindern, der allein nicht ausgereicht hätte zum Ausgleich. Der Argentinier packte beim Abwehrversuch Nowitzki am Arm, was den Korberfolg nicht verhinderte, aber einen Freiwurf des Gefoulten nach sich zog. 103:104 – und damit noch eine Chance zum Ausgleich. Würde Nowitzki die Nerven behalten? Die Zuschauer hinterm Korb schwenkten die langen Plastikwürste, die in allen Basketballarenen inzwischen fester Bestandteil eher kindischer Ablenkungsmanöver sind. Und mit Plakaten wedelten sie, auf denen Hasselhoff zu lesen war, nichts als der Name Hasselhoff. Die Fans der Spurs glaubten zu wissen, womit sie Nowitzki aus dem Konzept bringen konnten. Um sich von der Angst des Werfers vor dem Wurf zu befreien, hatte es sich Dirk Nowitzki angewöhnt, sich bei Freiwürfen eine Melodie durch den Kopf

Showdown

gehen zu lassen: ein Tipp von Holger Geschwindner. Die Medien hatten Wind davon bekommen und herausgefunden, dass es sich gelegentlich um David Hasselhoffs «I've been looking for freedom» handelte. Deshalb die Plakate. Als Nadelstiche, als Irritation, als Hohn. Aber Nowitzki ließ sich nicht irritieren. Er verwandelte den Freiwurf zum 104:104 und brach damit den Widerstand der Spurs. In der Verlängerung gewann Dallas klar.

Die Schlacht von Texas war geschlagen, die Serie gewonnen, der Favorit, der NBA-Champion des Vorjahres, in dessen eigenem Haus aus dem Wettbewerb geworfen. 37 Punkte zum 119:111-Sieg hatte allein Nowitzki erzielt.

Die «Dallas Morning News» krönten den Deutschen zum «Basketball-König von Texas», und das Konkurrenzblatt «Star Telegram» schrieb im Überschwang, die denkwürdige Serie habe aus dem Deutschen schon jetzt eine Mavericks-Legende gemacht. Alle rühmten an dem Würzburger das, was sie zuvor an ihm bemängelt hatten. Für zu passiv und zu ruhig für einen Führungsspieler hatten sie ihn gehalten. «Aber dabei», resümierte jetzt das Magazin «Sports Illustrated», «hat man einen Aspekt seiner Persönlichkeit übersehen. Dadurch, dass er niemandem seinen Willen aufzwingt, können sich seine Teamgefährten selbst entwickeln. Anstatt von ihnen Unterordnung zu fordern, ermutigt er sie, selbst Größe zu zeigen.»

Vergessen war der Spott, den Dirk Nowitzki zu Beginn seiner Karriere hatte ertragen müssen, nämlich, dass er nicht Dirk, sondern Irk heißen müsse, weil das D – das Initial für *defense* – in seinem Vornamen fehl am Platze sei.

Plötzlich nannten sie ihn Big D.

Big D ist das Synonym für Dallas, für die Prosperität der Stadt, für deren ungestüme Entwicklung von einem Kuhdorf am Trinity River zu einer der Metropolen im Herzen der USA.

Doch jetzt war Nowitzki selbst Big D, der große Dirk, Dreh- und Angelpunkt der Mannschaft.

Mit ihm in einer Mannschaft, die unter Avery Johnson weiter gereift war, wollten sich die Mavericks auf dem Weg ins Finale nicht wieder von den Phoenix Suns stoppen lassen, nicht wieder von Steve Nash, der zum zweiten Mal zum Spieler des Jahres der NBA gekürt worden war. Diesmal, so die Prognosen, würde Nash dem Freund gratulieren müssen. Man fieberte der Revanche entgegen, hoffte auf eine schnelle Entscheidung, um die Kräfte fürs Finale zu schonen.

Die Hoffnung erfüllte sich nicht. Phoenix war kein Team, das sich im Schnelldurchgang abfertigen ließ. 2:2 nach vier Begegnungen. Zweimal Steve. Zweimal Dirk. Dann die fünfte Begegnung, ausgetragen in Dallas. Die Mavericks verspielten einen frühen Vorsprung, und Phoenix führte Mitte des letzten Viertels mit sieben Punkten. Das Playoff-Aus für Dallas drohte. Denn nach einem Sieg in Dallas würde Nashs Mannschaft ein einziger weiterer Erfolg in eigener Halle zum Einzug ins Finale reichen.

Nach dem Spiel bekannte Nowitzki: «Ich habe unsere ganze Saison davonschwimmen sehen. Die großartige Saison, die großartigen Playoffs bis dahin – alles schien den Bach runterzugehen. Wir mussten die Suns stoppen, und ich wollte alles tun – alles, was uns doch noch zum Sieg verhelfen konnte.»

Und er tat es. 15 Punkte erzielte er in einer atemraubenden Aufholjagd innerhalb von nur vier Minuten. Im Alleingang machte er den Rückstand wett. Am Ende hieß es 117:101 für die Mavericks, und 50 Punkte davon waren auf Nowitzkis Konto gegangen. Es war mehr als nur der Gewinn des fünften Spiels. Es war der vorweggenommene Sieg in der ganzen Serie. Zwei Tage später, in Phoenix, holten sich die Mavericks mit 102:93 den noch fehlenden vierten Sieg.

Showdown

«Finally, Finals», schrien am nächsten Morgen die «Dallas Morning News» heraus.

Mehr als ein Vierteljahrhundert nach ihrer Gründung hatten die Mavericks zum ersten Mal die Championship Series der NBA erreicht, das Meisterschaftsfinale. Und tatsächlich ging es gegen das Team der Miami Heat, den Sieger der Eastern Conference. Durch die bessere Bilanz in der *regular season* würde man in der Best-of-seven-Serie die ersten beiden Spiele in Dallas austragen, musste dann jedoch in Miami gleich drei Spiele nacheinander bestreiten, sofern die Finalserie nicht schon vorher entschieden war. Und wenn nach fünf Aufeinandertreffen noch immer kein Champion ermittelt war, würde man nach Dallas zurückkehren, um vor heimischem Publikum nach der Krone im Basketball zu greifen, notfalls in zwei weiteren Partien.

Ja, doch, man würde sie sich sichern, und Shaquille O'Neal, der Superstar aus Miami, der Center-Spieler mit seinen 145 Kilo Körpermasse, würde die Mavericks daran nicht hindern können. War er nicht zu alt dafür? Und war Dwyane Wade, der erstaunlich treffsicher gewordene Korbwerfer an seiner Seite, der kommende Superstar, hingegen nicht noch zu jung, mit seinen 23 Jahren?

In Dallas baute sich ein Hype auf, eine Erwartungshaltung wie seit den glorreichen Tagen nicht mehr, als die Footballer der Stadt, die Cowboys, in den neunziger Jahren dreimal die Super Bowl gewannen.

Finally, Finals!

Die Karten für die beiden ersten Spiele, die Heimspiele, waren vergeben, kaum dass die Verkaufsstellen richtig geöffnet hatten. 4130 Dollar mussten für die teuersten Plätze am Spielfeldrand hingelegt werden, aber im Internet wurden die Karten bereits wenig später für das Dreifache gehandelt. Die günstigsten Tickets im Angebot lagen bei 70 Dollar, aber sie sicherten keinen Platz im American Airlines Center, sondern lediglich einen Parkplatz daneben.

Die Fernsehsender stimmten mit Sondersendungen und die Zeitungen mit Extraausgaben die Fans auf die bevorstehenden Ereignisse ein. Mit einem seitenfüllenden Porträt Dirk Nowitzkis lockte das «Star Telegram» die Leser an die Zeitungsstände und ließ Shaquille O'Neal, den Gegner der Mavericks, die Spielstärke des Deutschen rühmen. «An ihm werden künftig die Spieler seiner Körpergröße gemessen werden», prophezeite der Superstar aus Miami. Und weiter: «Man wird sie fragen, ob sie so spielen können wie Dirk, ob sie aus jeder Distanz werfen können. Meinen Kindern werde ich sagen, sie sollen ihn sich ansehen.»

Die Fans in Dallas verschlangen begierig alles, was über die Mavericks verbreitet wurde. Man war siegessicher. Schon wurden Überlegungen angestellt, durch welche Straßen unter den Hochhausriesen von Downtown Dallas die *ticker tape parade* führen sollte, die Siegesparade. Die Spieler würden im Konfettiregen ertrinken.

Zur Unterstützung war außer Holger Geschwindner auch Nowitzkis Familie in Dallas eingetroffen, in Person von Vater Jörg und Schwester Silke. Man hatte Grund zum Jubeln. Zunächst. Alles lief nach Plan. Die ersten beiden Partien versetzten Dallas in einen Siegestaumel. Zwei klare Siege. Die Mavericks, die Nowitzkis, die Fans aus Texas fuhren in der sicheren Annahme nach Florida, nicht mehr zu weiteren Spielen der Serie nach Dallas zurückkehren zu müssen, sondern nur noch zum Feiern. Was konnte jetzt noch schiefgehen, nachdem die beiden ersten Etappen auf dem Weg zur Meisterschaft geschafft waren?

Manchmal kündigt sich eine Wende eher beiläufig an, manchmal auch gar nicht. Manchmal kommt sie mitten im Er-

Showdown

folg. Oder sogar durch den Erfolg. Waren sich die Mavericks ihrer Sache zu sicher? Sechs Minuten vor Ende ihres ersten Auswärtsspiels in Miami führten sie mit 13 Punkten Vorsprung. Der Sieg Nummer drei nur noch Formsache? Eine sichere Führung kann gefährlich sein. Im Tennis kann der plötzliche Einbruch eines Spielers mitten im Satz erfolgen. Den Matchball vor Augen, bekommt er plötzlich eine zittrige Hand. Den Mavericks erging es so. Auf einmal trafen sie nicht mehr. Miami hingegen, angeführt von einem sich in einen Spielrausch hineinsteigernden Dwyane Wade, warf Korb um Korb. 22 Punkte in den letzten sechs Minuten gegenüber nur sieben von Dallas. Zwei Punkte Vorsprung für Miami, 98:96. Wie so oft kam es auf Dirk Nowitzki an, das Blatt noch einmal zu wenden. Aber sein Ball kreiselte unentschlossen den Ring entlang und entschied sich, nicht hineinzufallen. Aus. Das Spiel war verloren.

«Keine Sorge», verkündete anderntags das «Star Telegram» und sprach sich selbst und den Fans Mut zu.

Keine Sorge? Auch das vierte Spiel verloren die Mavericks. Und beängstigend war, was jeder an der Statistik ablesen konnte: Die Leistungskurve Nowitzkis zeigte nach unten. Die Playoff-Serien gegen San Antonio und Phoenix hatten an Kraft und Konzentration gezehrt.

Es stand 2:2 in der Finalserie, noch war alles möglich. Dallas betete, dass die Reserven der Mavericks noch für das fünfte und sechste und das mögliche siebte Spiel ausreichen würden. Tatsächlich hätten sie das nächste Spiel in Miami beinahe für sich entschieden, aber Augenblicke vor Ertönen der Schluss-Sirene erzwang Miami eine Verlängerung und lag wenige Sekunden vor deren Ende mit einem Punkt in Führung. Dramatik und, wie stets in solchen Situationen: Auszeiten, taktische Fouls, Freiwürfe. Nowitzki verwandelte zwei für Dallas, Dwyane Wade zwei für Miami. Es änderte sich nichts an der Punktedifferenz, und am Ende hieß es 101:100 für Miami. Nowitzki kickte den Ball wütend in Richtung Hallendecke. Miami war in der Finalserie mit 3:2 in Führung gegangen.

Ernüchterung in Dallas. Doch noch gab es eine Chance, den Titel zu holen, durch zwei Erfolge im eigenen Haus, angetrieben von den eigenen Fans. Man würde nicht mehr vor 20 000 außer Rand und Band geratenen Miami-Fans spielen müssen. Nun würden die Mavericks wieder vor der eigenen Kulisse spielen dürfen, vor ihren eigenen kreischenden Anhängern auf den Rängen.

Showdown also. Das erste von zwei noch möglichen Spielen fand am Tag nach Nowitzkis 28. Geburtstag statt. Die Mavericks starteten an diesem 20. Juni 2006 glänzend, allen voran Dirk Nowitzki. Doch dann schwanden seine Kräfte. Miami ging in Führung. Nowitzki stemmte sich gegen die drohende Niederlage. Traf wieder. Am Ende sollte er 29 Punkte erzielt haben. Aber sie reichten nicht aus. Dwyane Wade machte 36 Punkte. Miami blieb in Führung. Es stand 92:95 aus Sicht der Mavericks, als diese eine letzte Wurfchance bekamen, eine letzte zum Ausgleich, eine letzte im Rennen um den Titel. Weil Avery Johnson wusste, dass Dirk Nowitzki mit allen verfügbaren Kräften vom Gegner abgeschirmt werden würde, fiel dessen Mitspieler Jason Terry die Aufgabe zu, diesen einen Wurf zu machen. Diesen einen, alles entscheidenden Wurf, der begleitet sein würde von den Gebeten der 20 000 Fans auf den Rängen und von Hunderttausenden an den Fernsehschirmen. Aber drei Punkte durch einen Distanzwurf kann man nicht herbeibeten. Jason Terry warf. Er warf daneben.

Fassungslos mussten die Mavericks und ihre Fans mit ansehen, wie David Stern, der Commissioner der National Basketball Association, auf ihrem eigenen Territorium, in der luxuriösen Welt, die Ross Perot und Mark Cuban geschaffen hatten,

Showdown

die goldene Meisterschaftstrophäe an den Gegner aus Florida überreichte. Dallas erlebte am Ende der Saison seinen traurigsten Tag.

Dirk Nowitzki konstatierte nüchtern: «Es wird dauern, bis sich die Enttäuschung gelegt hat; es wird ein langer und grausamer Sommer.»

Er sagte es zwischen Tür und Angel, denn in Japan stand noch die Weltmeisterschaft an. Das Turnier wird ihm nicht als Highlight in Erinnerung bleiben. Eine Medaille wie im Jahr 2002 war unerreichbar. Zwar schaffte man, mit zum Teil mühsam errungenen Siegen gegen afrikanische Mannschaften, das Viertelfinale, hatte aber dort gegen die USA keine Chance, verlor mit einer Differenz von 20 Punkten und flog als Achter des Turniers nach Hause und, was Nowitzki betraf, physisch und wohl auch psychisch erschöpft. Er spürte erstmals den enormen Verschleiß, den er Jahr für Jahr seinem Körper zugemutet hatte, und deutete an, dass er über das Ende seiner Karriere als Nationalspieler nachdachte. Zumindest eine Pause wollte er einlegen – hoffentlich erst, nachdem sich ein Traum erfüllt hatte. Für die Olympischen Spiele 2008 in Peking wollte er sich noch qualifizieren, wollte das Erlebnis von Eröffnungszeremonie und Olympischem Dorf genießen.

Holger Geschwindner bereitete sich auf anderes vor, auf seinen Auftritt im schmucklosen Ambiente eines Amtsgerichts.

Auch bei angestrengtester Suche der Staatsanwaltschaft hatte sich kein systematischer Geldfluss aus Nowitzkis Einkommen an ihn erkennen lassen. Und wenn es einen gegeben haben sollte, warum hat dann Dirk Nowitzki die zweistelligen Millionensummen nicht als Betriebsausgaben steuermindernd vom Gewinn abgesetzt, in Amerika, wo er über 40 Prozent von jedem Dollar an den Fiskus abführt? Und warum war, als sich

Zahlendreher: Als deutscher Nationalspieler ...

... trägt Nowitzki die Nummer 14 anstatt der Nummer 41 wie in Dallas

Kapitel 8

herausstellte, dass Nowitzki in den USA ein Vielfaches dessen verdienen würde, was 1996 im Bereich des Möglichen erschien, dieses eine Stückchen Papier mit der eher flüchtig auf-
gesetzten nur einseitigen Abmachung zwischen Nowitzki und
Geschwindner nie durch einen fachmännisch formulierten
Vertrag ersetzt worden, in dem Klauseln, Paragraphen und ge-
gebenenfalls Kleingedrucktes die Rechte und Pflichten der Ver-
tragspartner regeln? Auf solche Fragen gab es wenig plausible
Antworten. Aber relevant wären sie ohnehin nicht gewesen.
Relevant waren nur dieser vergilbte DIN-A4-Bogen aus dem
Jahr 1996 und die daraus errechneten Einnahmen Geschwindners in seiner real nicht existierenden, aber gleichwohl ertrags-
steuerpflichtigen Firma namens «Berater- und Trainertätigkeit».

Der Vertrag war die Trumpfkarte der Staatsanwaltschaft.
Aber nicht unbedingt eine, mit der man den ganz großen Stich
machen konnte. Beiden Parteien war daran gelegen, den Fall zu
einem Ende zu bringen. Die Staatsanwaltschaft brauchte einen
gerichtlichen Erfolg nach dem Aufwand, den sie betrieben hatte, und dem Aufsehen, das den Fall bis dahin begleitet hatte.
Und auch Holger Geschwindner konnte es sich nicht erlauben,
dass das Verfahren eine Hängepartie blieb. Für Dirk Nowitzkis weitere Karriere hätte dies unabsehbare Folgen haben können. Was wäre etwa, wenn Nowitzki zu einem Zeitpunkt in den
Zeugenstand gerufen würde, zu dem bereits die neue Saison der
NBA im Gang war? Würde er, um dem Gericht zur Verfügung
zu stehen, auf Spiele mit den Mavericks verzichten müssen –
mit allen Auswirkungen, die dies auf seine Einnahmen, sein
Ansehen und auf das Abschneiden seiner Mannschaft haben
konnte?

Also: Die Kuh musste vom Eis.

Und sie kam vom Eis.

Showdown

Es war ein Geben und Nehmen, Letzteres vor allem aus Sicht des Fiskus. Was Geschwindners Verfehlung anging, war die Staatsanwaltschaft bereit, diese als Verbotsirrtum anzusehen und nicht als einen in krimineller Absicht begangenen Akt. Das würde es dem Gericht erlauben, den Strafrahmen entscheidend zu mindern. Im Gegenzug würde Geschwindner Steuerverfehlungen einräumen und einen Schuldspruch akzeptieren, sofern dieser ihn in seiner persönlichen Freiheit nicht einschränkte und Dirk Nowitzki nicht als Zeuge vor Gericht erscheinen musste. Nowitzki wiederum beglich für seinen Mentor die aus dem Vertrag resultierende fiktive Steuerschuld, die vollen fünf Millionen Euro, sogar noch vor einem Urteilsspruch, um dem Gericht einen weiteren Grund für eine Strafmilderung zu geben.

So war schließlich alles gerichtet für den Showdown in Hof. Er war auf den 9. Oktober 2006 vor dem Amtsgericht angesetzt und verlief kurz, undramatisch und für die Prozesszuhörer im Saal enttäuschend. Die meisten dürften auf ein Erscheinen Dirk Nowitzkis gehofft haben. Aber es gab nur eine einzige Zeugenvernehmung eines Steuerfahnders. Ansonsten lediglich ein Urteil. Der Amtsrichter Zech verkündete es: ein Jahr Gefängnis auf Bewährung. Die Sitzung war geschlossen. Der Steuerfall Geschwindner konnte abgelegt werden.

In der schriftlichen Urteilsbegründung konzediert das Gericht dem Angeklagten, dass er sich durch seine «Taten nicht persönlich bereichern wollte und sie aus einer letztlich nicht vorhersehbaren Einkommensentwicklung bei Dirk Nowitzki herrühren», was einem moralischen Freispruch von Schuld nahekommt – freilich nicht von Steuerschuld. Der Fiskus bekam, was er verlangte. Dass er die fünf Millionen Euro von Nowitzki erhielt und nicht von Holger Geschwindner, konnte ihm egal sein. Dem Steuergesetz war Genüge getan.

Holger Geschwindner fühlt sich freilich mehr denn je unschuldig vom Fiskus verfolgt und lässt prüfen, ob die Einforderung von fünf Millionen Euro Steuerschuld durch das Finanzamt Bamberg rechtens war.

«Dirk sollte sein Geld wiederbekommen, zumindest zum Teil», sagt er trotzig.

250

Der alte und der junge Superstar: Kobe Bryant (Los Angeles Lakers) und Michael Jordan (Chicago Bulls)

Kapitel 8

251

Showdown

«Ich fühlte mich ohnmächtig, ausgeliefert»

Die Steueraffäre hat Holger, meine Familie, mich völlig überrascht. Die Fahnder erklärten zwar, worum es ging, aber ich
verstand zunächst gar nichts, wollte sogar noch zum Training zu Holger fahren. Für mich war es eine fast beängs-
tigende Situation. Als die Beamten bei mir nach Material
suchten, kam ich mir wie ein Krimineller vor, obwohl ich ja
gar kein Beschuldigter war. Ich fühlte mich ohnmächtig, ausgeliefert. Die Beamten nahmen ja erst mal alles mit, auch
meinen Computer mit all meinen privaten E-Mails, und ich
weiß bis heute nicht, was sie alles kopiert haben. Einer
nahm einfach meinen Geldbeutel aus meiner Hosentasche
und schaute hinein. Als ich später in Hof von der Staatsanwaltschaft vernommen wurde, fühlte ich mich noch einmal
völlig hilflos. Bis dahin hatte ich mir ja nie Gedanken um
meine Finanzen gemacht, Geld war mir immer nebensäch-
lich. Darum haben sich andere gekümmert – Holger, meine
Eltern. Und in Hof warfen mir dann die Beamten Fragen an
den Kopf, und ich saß da und hatte überhaupt keine Ahnung
von irgendwas.

Dieses Ereignis war prägend, eine Art Weckruf, dass ich
mich selbst mehr um meine finanziellen Angelegenheiten
kümmern muss. Mittlerweile weiß ich, was mit meinem
Geld geschieht – wohin es fließt, wie es investiert wird, wo
es angelegt ist. Nur mit Werbeangeboten beschäftige ich
mich nach wie vor nicht, und um Vertragsdetails kümmere

ich mich auch ungern. Beides erledigt nach wie vor Holger für mich. Aber damals war er eben einige Wochen nicht da, und das war keine einfache Zeit. Am schlimmsten war die Ungewissheit. Was würde mit ihm passieren? Was würde bei den Vorwürfen herauskommen? Wie lange würde er weg sein? Es gibt ja Fälle, da sitzen Leute jahrelang in Untersuchungshaft.

In diesem Sommer hatte ich viele Meetings mit Anwälten, um zu besprechen, wie wir Holger helfen konnten. Abgesehen davon zog ich mich total zurück, saß nur noch zu Hause bei meiner Familie. Holger ist ja auch ein Teil unserer Familie geworden im Lauf der Jahre, und jeder weiß, wie viel ich ihm zu verdanken habe. Für mich war es selbstverständlich, alles für ihn zu tun, was in meiner Macht stand. Natürlich gab es damals auch Leute, die versuchten, einen Keil zwischen uns zu treiben. Aber wir hielten gut zusammen.

Auch wenn es schwerfiel, trainierte ich weiterhin jeden Tag. Am Anfang leisteten Robert Garrett und Demond Greene mir dabei Gesellschaft, aber sie fuhren schon bald zur Europameisterschafts-Vorbereitung der Nationalmannschaft; ich sollte ja, wie immer, erst später dazustoßen. Das war eine völlig neue Situation für mich, ganz alleine zu trainieren, und oft musste ich mich dazu zwingen. Diese Wochen waren eine Qual. Wenn man mental nicht bei der Sache ist, ist es schwierig, sich körperlich fit zu halten. Umgekehrt ist es genauso: Wenn man körperlich nicht fit ist, kann der Kopf noch so wollen, dann ist der Schritt einfach zu langsam. Körper und Kopf – beides spielt in unserem Beruf zusammen. Jedenfalls zog ich das Training konsequent durch. Im Nachhinein war ich aber selbst überrascht, dass es bei der EM so gut klappte – nachdem ich im Sommer den Kopf eigentlich nicht frei hatte für Basketball. Holger wurde ja erst aus der Untersuchungshaft entlassen, als ich schließlich zur

Nationalmannschaft kam. Und das war auch für mich befreiend! Ich freute mich, dass ich nicht mehr zu Hause hocken und mir Sorgen machen musste. Sondern dass ich wieder das machen durfte, was ich liebe: Basketball spielen.

Später sprachen mich viele Leute darauf an, dass sie den Eindruck hatten, ich hätte in dem Jahr nach Holgers Steueraffäre viel aggressiver gespielt. Natürlich kann man interpretieren, ich hätte mir den Frust von der Seele gespielt, aber wenn es so war, dann habe ich das nicht bewusst getan. Das Verfahren gegen Holger war zwar noch lange nicht zu Ende, er wartete mehr als ein Jahr auf seine Verhandlung, und ich konnte in dieser Zeit nur hoffen, dass alles glücklich ausgeht für ihn. Für mich war aber vor allem wichtig, Holger wiederzusehen, endlich wieder unbeschwert meinem Job nachzugehen. Umso schöner war dann die folgende EM.

Manche Spiele dieser Europameisterschaft werde ich nicht vergessen, vor allem nicht das Finale gegen Griechenland, obwohl wir da keine Chance hatten. Als mich Bundestrainer Dirk Bauermann kurz vor Schluss des Finales auswechselte, war ich nur froh, mich endlich hinsetzen zu können; froh, dass das Turnier für mich vorbei war; froh, dass wir als Mannschaft wider Erwarten super abgeschnitten und die Silbermedaille gewonnen hatten. Ich war platt, wie es in der Sportsprache heißt: am Ende meiner Kräfte. Ich wollte mich nur noch bei den deutschen Fans für ihre Unterstützung bedanken. Während ich vom Feld ging, drehte ich mich also in ihre Richtung und klatschte ihnen Beifall. Und dann geschah etwas, was mich überwältigte. Ich bin oft umjubelt worden, auch und gerade in der NBA. Aber dass alle in der Halle kollektiv aufstehen, alle 18 000 Zuschauer, und klatschten – das hatte ich so noch nie erlebt. Es ging ihnen ja offensichtlich nicht um meine Leistung im EM-Finale. Ich glaube, sie würdigten vielmehr, was ich im Laufe des ganzen Turniers für mein Land und für den Basketballsport geleistet hatte; dass ich gekämpft und alles gegeben habe. Für mich waren diese Standing Ovations ein großer Moment in meiner Karriere. Und eine riesige Genugtuung nach diesem verkorksten Sommer.

Zeit, den Erfolg zu feiern und zu genießen, meine Gedanken zu ordnen und meine Gefühle sacken zu lassen, hatte ich leider nicht. Am Montag kehrte ich aus Belgrad nach Würzburg zurück, bereits am Freitag flog ich wieder nach Dallas, zum Trainingslager für die neue NBA-Saison. Ich hatte Mühe, mich zu motivieren. Avery Johnson, unser neuer Coach, schenkte mir die Biographie von Larry Bird. Es war so eine Art Motivationstrick. Ich bin ja seit Beginn meiner NBA-Laufbahn immer wieder mit Larry Bird verglichen worden, aber ich selber habe das nie getan. Er hat viel mehr erreicht in seiner Karriere und ist vor allem von seiner Denkweise her ein ganz anderer Typ – viel selbstbewusster, als ich es je sein könnte. Wenn ich mir alte Filmausschnitte mit ihm anschaue, habe ich oft den Eindruck, er hat die unmöglichsten Schüsse getroffen allein dank seines Selbstvertrauens.

Seine Lebensgeschichte hat mich jedenfalls fasziniert: Dass er aus einem kleinen Nest in Indiana kam, dass sein Vater Selbstmord beging, als er noch jung war, dass er es trotzdem zu einem der besten Spieler der NBA brachte, dreimal Meister wurde – das ist eine eindrucksvolle Story. Er war ja im Grunde kein großer Athlet – er ist weder sonderlich hoch gesprungen, noch war er übermäßig schnell auf den Beinen. Trotzdem kam er immer an den Ball, warf über Gegner hinweg aufgrund seiner Größe, konnte mit links wie mit rechts schießen, im Zurückfallen, auf einem Bein, einfach aus jeder Lage. Es gab kaum einen, der schlauer spielte als Larry Bird. Wenn er auch noch athletisch gewesen wäre, hätte er mit Michael Jordan konkurrieren können. Natürlich wünsche ich

Dirk Nowitzki: Aus meiner Sicht

mir manchmal das Ballgefühl von Larry Bird, sein Auge für den Pass. Oder die Eleganz von Michael Jordan. Aber das sind Träumereien, das werde ich alles nicht mehr bekommen. Im Endeffekt muss jeder mit dem zurechtkommen, was er hat, und anerkennen, was andere besser können.

Es gibt ja Athleten in der NBA, bei denen es einfach Spaß macht zuzuschauen – auch wenn man selber Profi ist. Kobe Bryant von den Los Angeles Lakers ist so einer. Er ist für mich derzeit der mit Abstand beste Spieler der Welt, was die individuellen Fähigkeiten angeht. Sein Repertoire ist komplett, er hat einen guten Wurf, einen schnellen Schritt, enorme Sprungkraft. Kobe kann null Punkte machen in den ersten drei Vierteln, aber wenn es darauf ankommt, macht er im vierten Viertel plötzlich noch 25 oder sogar 30. Außer Michael Jordan habe ich keinen gesehen, der ein Spiel so übernehmen kann wie er.

Aber zurück zur NBA-Saison 2005/06. Die Serie gegen San Antonio, in der zweiten Playoff-Runde, wird sicher als eine der spannendsten in die NBA-Geschichte eingehen. Das fanden alle, selbst Tim Duncan, und der war damals schon zehn Jahre in der Liga. Dass er diese Serie als die mit Abstand beste seiner Karriere bezeichnete, obwohl seine Spurs am Ende verloren hatten, empfinde ich noch heute als großes Kompliment. Als Sportler lebst du für solche Spiele.

Als wir dann auch noch Phoenix aus dem Weg geräumt hatten, feierten wir schon überglücklich: Wir hatten zum ersten Mal die Trophäe für den Meister der Western Conference nach Dallas geholt! Aber im Finale gegen Miami waren wir nicht mehr dieselbe Mannschaft. Die Erfolge über San Antonio und Phoenix hatten so viel Kraft gekostet, emotional und physisch, dass wir im Finale nichts mehr zuzusetzen hatten. Vielleicht kam die Finalserie auch zu früh für unsere junge Mannschaft. So einen Hype wie in diesen Tagen hatte ich jedenfalls vorher noch nicht erlebt: jeden Tag nach jedem Training eine Pressekonferenz, andauernd Fotoshootings. Ich versuche immer, die Playoffs zu genießen, soweit es geht, aber dieser Rummel war möglicherweise doch zu viel. Trotzdem glaubte ich bis zuletzt nicht, dass wir die Serie verlieren könnten, selbst als wir nach drei Niederlagen in Miami plötzlich 2:3 zurücklagen. Ich war sicher, dass wir das sechste Spiel zu Hause gewinnen und dann alles wieder anders aussehen würde: Im entscheidenden Spiel würden wir ja erneut Heimrecht haben. Aber wir schafften es einfach nicht, das Spiel sechs erfolgreich über die Runden zu bringen – trotz des Vorsprungs, den wir zwischendurch bereits hatten.

Am Ende mit leeren Händen dazustehen, war äußerst frustrierend. In den Playoffs zwei Monate auf höchstem Niveau zu spielen, mit dem ganzen Druck und der hohen Intensität – das ist eine unglaubliche Anspannung. In jeder Serie kann jedes Spiel verdammt wichtig sein, selbst wenn man schon 1:0, 2:0 nach Siegen führt. In den Playoffs gibst du zwei Monate lang alles, selbst an freien Tagen kommst du nicht zur Ruhe. Nach jedem Spiel versucht man ja, sich als Mannschaft etwas Neues auszudenken; du überlegst für dich selbst, wie du individuell das nächste Spiel angehst. Und vor besonders wichtigen Partien schläft man kaum.

So kurz vor dem ersehnten Triumph einzubrechen, ist frustrierend. Das tat noch lange weh.

Man darf trotzdem nicht vergessen, dass es immer wieder ein Erfolg ist, in die Playoffs zu kommen. Es gibt Basketballer, die sind zehn, zwölf Jahre in der NBA und kein einziges Mal in den Playoffs. Da bin ich schon in einer glücklichen Position, jedes Jahr aufs Neue dabei zu sein. Aber irgendwann zählt nur noch die Meisterschaft. Es gibt so viele NBA-Stars, die es nicht geschafft haben, einmal den Titel zu gewinnen. Diesen Makel möchte ich mir gern ersparen.

Olympia, einmal dabei sein ...

In Zahlen kann sich Respekt ausdrücken, auch Bewunderung. Zum Beispiel wenn sich die Ziffern zur Nummer 41 zusammenfügen. Fans der Mavericks stehen für die Nummer im Fanshop des American Airlines Center Schlange und tragen sie anschließend auf dem Rücken. Auch Mark Cuban streift sich bisweilen das begehrte Shirt mit der 41 über, um zu demonstrieren, dass er sich nicht nur als Arbeitgeber, sondern, mehr noch, als Teil des Teams begreift. Seitdem Dirk Nowitzki von Cubans Vorgänger Ross Perot jun. nach Dallas verpflichtet worden war, hat die Rückennummer mit ihrem Träger eine Weltkarriere gemacht. Im Winter 2007 war sie ganz oben angelangt, auf der höchsten Stufe, die im Mannschaftssport zu erklimmen ist. Aber da war es nicht Dirk Nowitzki, der sie trug. Der Handballer Christian Schwarzer wurde mit ihr Weltmeister. Indirekt stieg indes auch Nowitzki mit aufs Siegespodest. Denn dass Schwarzer die Nummer 41 trug, war eine Hommage an den Landsmann in Dallas, die Verbeugung eines Großen vor einem anderen Großen, auch wenn dieser bis dahin nie einen Titel von Rang errungen und nie eine Olympiamedaille um den Hals gehängt bekommen hatte. Noch nicht einmal teilgenommen hatte er an Olympischen Spielen.

Christian Schwarzer hatte indes Trophäen im Dutzend gesammelt, auch er ein Spieler, der lange im Ausland als Profi gearbeitet hatte, in Spanien, bei jenem FC Barcelona, der für Nowitzki eine Alternative zu den Dallas Mavericks gewesen wäre, als der

Würzburger am Anfang seiner Laufbahn stand. Als Schwarzer dann im Alter von 37 Jahren im Januar 2007 bei der Weltmeisterschaft im eigenen Land vom Bundestrainer Heiner Brand als Nothelfer ins Handball-Nationalteam zurückgeholt wurde, konnte er sich seine Rückennummer selbst auswählen. Auf einer Reise nach Texas hatte Schwarzer wenige Tage zuvor den Kontakt zu Nowitzki geknüpft und diesen im American Airlines Center bewundert. Später, als er nach einer Verletzungsserie bei den deutschen Handballern für die Weltmeisterschaft nachnominiert worden war, fragte er höflich bei Nowitzki nach, ob der etwas dagegen habe, wenn er dessen Nummer auf seinem Rücken trage. Nein, natürlich nicht, kam es zurück. So gelangte die Nummer 41 auf Schwarzers Rücken zu Weltmeister-Ehren.

Dirk Nowitzki hingegen lief weiterhin dem ganz großen Mannschaftserfolg hinterher. Aber vielleicht würde es ja diesmal, im Jahr 2007, endlich klappen mit dem von allen in Dallas herbeigesehnten Meistertitel.

Dirk Nowitzki war mittlerweile 28 Jahre alt geworden, und jeder erhoffte von ihm, dass er seine Mannschaft wieder ins Finale der NBA führen konnte.

Die Voraussetzungen sahen so vielversprechend aus wie nie zuvor. Jason Terry und Josh Howard hatten sich langfristig an die Mavericks gebunden und bewiesen, dass der Verlust von Steve Nash ohne sichtbaren Leistungsabfall verkraftet werden konnte. Vor allem Josh Howard war immer mehr ins Blickfeld gerückt, ein junger Mann, den sich die Mavericks bei der Draft im Jahr 2003 gesichert hatten. Es war ein richtiger Glücksfall gewesen. Dass Dallas ihn überhaupt verpflichten konnte, daran hatte auch Dirk Nowitzki seinen Anteil. Howard mit seinem enormen spielerischen Potenzial in Offensive und Defensive stand in der Bewertungsskala der Mavericks so weit vorn, dass sie annehmen mussten, er gehöre zu den Top Five der Draft und sei längst vergeben, wenn Dallas an die Reihe kam, Rechte zu reklamieren. Aber der 22-Jährige vom College in Wake Forest war dann erstaunlicherweise doch noch zu haben gewesen. Denn Nowitzkis steile Karriere als Ausländer ohne College-Erfahrung hatte dazu geführt, dass sich die NBA-Klubs auf der Suche nach neuen Nowitzkis bei der Draft mehr denn je auf das ausländische Angebot stürzten und den Markt vor ihrer Haustür, die heimischen Hochschulen, vernachlässigten. Am großen Einkaufstag der NBA konnten die Mavericks Josh Howard als Schnäppchen erwerben.

Aber unangefochtener Führungsspieler war nun Dirk Nowitzki. Mark Cuban hatte ihm im Sommer 2006, zwei Jahre vor Auslaufen des Vertrags, eine Verlängerung bis zum Jahr 2011 angeboten, die Nowitzki für die drei zusätzlichen Jahre ein Einkommen von 60 Millionen Dollar garantierte – die Höchstsumme, die ein Klub nach den Regularien der NBA für Spieler ausgeben konnte. Dass Nowitzki dennoch zunächst mit seiner Unterschrift zögerte, lag vor allem daran, dass er abwarten wollte, wie das Team am Ende personell aussehen würde. Erst als gesichert war, dass Terry, Howard und andere Stammspieler weiter dabei waren, faxte er den unterschriebenen Vertrag nach Dallas. Er selbst flog wenige Tage später mit dem Original im Gepäck hinterher und konnte dann nachlesen, in welchem Ansehen er bei Mark Cuban und den Medien stand. Reportern sagte der Besitzer der Mavericks, Nowitzkis Beitrag zum Erfolg des Klubs sei unermesslich, und die «Dallas Morning News» erkannten in der Vertragsverlängerung ein Zeichen, dass die Mavericks ihn als Eckpfeiler für eine Meistermannschaft ansahen. Im Übrigen wiesen sie darauf hin, dass er mit seinem geschätzten künftigen Jahreseinkommen von 20 Millionen Dollar ein Spitzenverdiener der NBA sei. Zuvor war er dies nämlich trotz seines 80-Millionen-Dollar-Vertrages über sechs Jahre nicht einmal in der eigenen Mannschaft gewesen, hatte sogar weniger Gage bekommen als sein eigener Ersatzmann Keith van Horn, dessen hochdotierten Vertrag die Mavericks hatten übernehmen müssen, als sie ihn nach Dallas holten.

Als Nowitzki die Saison 2006/07 anging, war der Superverdiener van Horn freilich nicht mehr im Team. Aber die Mannschaft präsentierte sich erfolgreicher denn je. Zwar schockte sie ihre Anhänger mit vier Niederlagen zum Auftakt, stürmte dann aber unwiderstehlich durch die Punkterunde. Zwölf Siege nacheinander noch im Herbst, dreizehn weitere etwas später und dann sogar 17 Siege in Serie – eine der längsten Erfolgsserien in der NBA-Geschichte. Die Frage war bald nur noch, ob die Mannschaft in den insgesamt 82 Spielen die magische Marke von 70 Siegen schaffen würde, die nur eine Mannschaft bis dahin übertroffen hatte, die Chicago Bulls in ihrer großen Zeit mit Michael Jordan.

Aber auch anderes beschäftigte die Fans. Würde Dirk Nowitzki diesmal von den amerikanischen Sportjournalisten zum Spieler des Jahres der NBA gewählt werden, nachdem er in den vorausgegangenen beiden Jahren jeweils auf dem dritten Platz gelandet war? Würde er seinen Freund Steve Nash bei der Ehrung ablösen? Würde er der erste Europäer sein, dem sie zuteil wird? Noch während der Punkterunde begannen die Spekulationen zu kreisen. Nicht nur Steve Nash war wieder ein Kandidat. Da war auch noch Kobe Bryant, der egozentrische Star der Los Angeles Lakers, der mit akrobatischen Showeinlagen auf dem Parkett seine Punkte machte, manchmal 50 in einem Spiel, und dabei nicht nur den Gegner, sondern oft genug auch die eigenen Mitspieler zu Statisten degradierte. Aber der große Favorit auf den Titel des Most Valuable Player war er trotzdem nicht. Sowenig er sich in seinem Lebensstil außerhalb der Are-

Kapitel 9

nen als anpassungsfähig erwies, so wenig mannschaftsdienlich agierte er auf dem Parkett. Dirk Nowitzki passte da besser ins Bild. Seine Statistik wies zwar weit weniger Punkte auf, in der Saison 2006/07 sogar weniger, als er selbst in den Vorjahren erzielt hatte. Aber wenn er warf, traf er mit beeindruckender Sicherheit: 90 Prozent Trefferquote bei Freiwürfen, 50 Prozent bei Korbwürfen generell, 40 Prozent bei Distanzwürfen jenseits der Drei-Punkte-Linie. Dass daraus lediglich 24,6 Punkte im Schnitt resultierten, lag daran, dass er, statt selbst zu werfen, seine Mitspieler jetzt öfter in Wurfposition zu bringen versuchte.

Die Playoffs haben noch nicht begonnen, wenn die Voten für die Wahl des Most Valuable Player abgegeben werden, die dann freilich noch bis zu einem passenden Anlass für die Verleihung unter Verschluss gehalten werden. Die Kandidaten sind noch in den letzten Punktspielen vor den Ausscheidungsrunden im Einsatz. Oder auch nicht. Dirk Nowitzki und einige seiner Mitspieler saßen zum Ende der *regular season* immer häufiger auf der Bank. Die Mavericks spielten mit gedrosselter Energie. Durch ihre vorausgegangenen Siegesserien hatten sie sich bereits den Spitzenplatz in der Setzliste der Playoffs gesichert. Dass sie jetzt ihre Stammkräfte schonten, trug dazu bei, dass sie die Marke von 70 Siegen nicht erreichten. Am Ende fehlten ihnen dazu drei Erfolge. Dafür waren sie ausgeruht und wähnten sich gut gerüstet für die Playoffs.

Und wurden schmerzhaft von ihrer eigenen Vergangenheit eingeholt.

Gegen sie kämpfte ihr früherer Coach Don Nelson. Und dies gleich an zwei Fronten – im Gerichtssaal gegen Mark Cuban, von dem er nach dem Abschied aus Dallas noch ausstehende Gage forderte, und auf dem Parkett gegen Nowitzki und den Rest seiner früheren Mannschaft. Schon zu Beginn der Saison hatte er mit seinem neuen Team, den Golden State Warriors aus Oakland, Kalifornien, gegen die Mavericks gewonnen und dann auch noch ein weiteres Mal, im vorletzten Spiel der Punkterunde. Es war für Dallas sogar eine regelrechte Abfuhr gewesen. Aber wirklich besorgniserregend war das dennoch nicht, denn Nelsons Nachfolger Avery Johnson hatte Dirk Nowitzki und Jason Terry gar nicht erst aufs Feld geschickt. Dennoch gab es nachher kritische Töne. War es richtig, das Spiel nicht ernst zu nehmen? Die Warriors hatten den Sieg unbedingt gebraucht, um als achte und letzte Mannschaft aus der Western Conference noch in die Playoffs einzuziehen, wo sie dann gleich wieder auf die Mavericks treffen würden, die Ersten der Setzliste. Wäre es nicht angebracht gewesen, alles zu tun, um den Warriors den Weg in die Playoffs zu versperren und damit einem abermaligen Zusammentreffen mit ihnen aus dem Weg zu gehen? Andererseits: Musste man die Warriors wirklich ernst nehmen? Noch nie hatte eine Nr. 1 gegen eine Nr. 8 der Setzliste verloren, seitdem der Best-of-seven-Modus schon für die erste Runde eingeführt worden war. Nach den beiden Siegen in der Punkterunde vier weitere Siege gegen die Mavericks – nein, die würden die Warriors nicht schaffen, auch nicht mit Don Nelson, sosehr dieser davon profitieren mochte, dass er die Mavericks und vor allem Dirk Nowitzki besser kannte als irgendjemand sonst in der NBA.

Aber schon im ersten Spiel der Playoff-Serie, in Dallas, im eigenen Haus, dem American Airlines Center, die Ernüchterung. Und die Erkenntnis: Diese Warriors waren ernst zu nehmen, bitterernst.

Nur 85 Punkte erzielten die Mavericks, zu wenig gegen die Warriors. Die machten 97. Zwar gewann Dallas drei Tage später das zweite Heimspiel 112:99. Aber dann musste das Team nach Oakland – mitten hinein in den ohrenbetäubenden Lärm von mehr als 20 000 Warriors-Fans in der Oracle Arena von San Franciscos Nachbarstadt.

«We believe», stand auf den gelben Fanhemden, mit denen die Zuschauer zum Spiel gekommen waren. Dreizehn Jahre hatte es gedauert, bis sie wieder einmal ein Playoff-Spiel ihrer Mannschaft zu sehen bekamen. Das Spiel war zu ihrer Glaubenssache geworden.

We believe, wir glauben . . .

Die Fans in Oakland glaubten an Don Nelson, an dessen simple Taktik gegen Dirk Nowitzki. An welcher Ecke des Feldes Nowitzki auch auftauchte, sofort stürzten sich zwei, manchmal drei Gegner ihm entgegen, sobald er in Ballbesitz kam. Die Mavericks reagierten hilflos, konnten mit den Freiräumen nichts anfangen, die durch die Doppel- oder Dreifachdeckung Nowitzkis für die anderen Spieler entstanden waren. Im Begeisterungssturm der Zuschauer gingen sie im ersten Spiel an der Pazifikküste mit 91:109 unter. Die Warriors schwammen auf einer Woge der Begeisterung, lagen jetzt in der Serie 2:1 in Front.

Und wurden vom Jubel ihrer Fans weitergetragen, führten plötzlich in der Serie sogar 3:1. Denn auch im zweiten Spiel in Oakland gelang den Mavericks nichts, den Warriors hingegen alles. Was hätte die Treffsicherheit der Warriors an diesem Tag besser symbolisieren können als der Wurf ihres Spielmachers Baron Davis Sekundenbruchteile vor Ertönen der Halbzeitsirene? Es war einer jener Wurfversuche von der Mitte des Feldes aus, bei denen niemand, auch nicht der Schütze, ernsthaft damit rechnet, dass er ins Ziel geht. Aus dreizehn, vierzehn Metern Entfernung segelte Davis' Ball im hohen Bogen zum gegnerischen Korb, um dann sauber durch den Eisenring mit seinen 45 Zentimetern Durchmesser zu fallen. Drei unerwartete Punkte jedenfalls. Am Schluss hatten die Warriors noch einen

Der Traum

Punkt mehr an Vorsprung herausgearbeitet, und die Mavericks flogen mit einer bedrückenden 99:103-Niederlage nach Hause. Aber noch immer durften sie sich an die Hoffnung klammern, dass das fünfte Spiel der Serie, nun wieder in Dallas, die Wende bringen würde. Aber um weiterzukommen, mussten sie nun alle drei noch möglichen Spiele gegen die Warriors gewinnen.

Die Mavericks erreichten ihr Nahziel, gewannen das Heimspiel. Es war freilich kein Sieg, der die Begeisterung überschäumen ließ. Bis dreieinhalb Minuten vor Schluss hatte Dirk Nowitzki keine große Wirkung erzielt. Schon gaben viele Mavericks-Anhänger ihre Mannschaft auf. Mit neun Punkten lag sie im Rückstand. Doch dann, endlich, zeigte Nowitzki seine Stärken, machte noch zwölf Punkte und verhalf im Schlussspurt, fast im Alleingang, den Mavericks zum kaum noch für möglich gehaltenen 118:112-Erfolg.

Aber die Mavericks mussten nun wieder an die Pazifikküste, nach Oakland, wieder ins Meer der gelben Hemden, wieder in den Orkan hinein. Und gingen wieder unter.

Sie verloren das Spiel. Sie verloren die Serie. Sie verloren alles, alle ihre Hoffnungen und Erwartungen. Der Außenseiter hatte über den großen Favoriten triumphiert. Und Don Nelson über Mark Cuban. Der Schlussstand des Spiels lautete 86:111 aus Sicht von Dallas, der Endstand der Serie 2:4. Nur acht Punkte konnte Dirk Nowitzki im letzten Spiel erzielen. Und da war keine Gelegenheit mehr, noch irgendwann in dieser NBA-Saison die dürftige Punktausbeute vergessen zu machen. Die Saison der Mavericks war zu Ende. Und Nowitzki stand im Zentrum der Kritik.

«In nur sechs Spielen», kommentierte das «Star Telegram» bissig, «hat sich Dirk Nowitzki vom wertvollsten Spieler der Liga in den am wenigsten sichtbaren verwandelt.» Auch die «Dallas Morning News» gaben Nowitzki die Schuld an dem Ausscheiden gegen Oakland und prophezeiten düster: «Die Mavericks werden nie eine Meisterschaft gewinnen, solange Dirk Nowitzki ihr bester Spieler bleibt.»

Schon gab es in Dallas Forderungen, der Kader der Mavericks müsse radikal umgebaut werden und für Nowitzki sei kein Platz mehr.

Mark Cuban reagierte barsch: «Unsinn, das Ausscheiden wird ihm eine Weile wehtun – aber er bleibt unser Mann.»

Dirk Nowitzki war bis zu den Playoffs auch der Mann der Sportjournalisten für die Auszeichnung als Most Valuable Player gewesen. Die Bemerkung im «Star Telegram», dass er bis zu den Playoff-Begegnungen der wertvollste Spieler der Liga gewesen sei, gab einen Hinweis darauf, dass ihm diesmal vermutlich die Auszeichnung zufallen würde. Aber manche der Stimmberechtigten hätten ihr Votum jetzt gern zurückgenommen. «Falls Dirk Nowitzki die Auszeichnung bekommen sollte», forderte ein Reporter, «sollte er sie sofort an Steve Nash weiterreichen.»

Doch nur ein paar Tage nach den Schmähungen in den Zeitungen erhielt Dirk Nowitzki die Aufforderung, sich für eine Pressekonferenz bereitzuhalten. Was das bedeutete, lag auf der Hand. Er konnte sich ausrechnen, dass ihm die höchste Auszeichnung für einen Basketballspieler zuteil werden würde.

Er würde sich in die Reihe der besten Basketballspieler stellen, die es je in der Welt gegeben hatte. Er würde neben solchen Legenden wie Wilt Chamberlain, Bill Russell oder Kareem Abdul-Jabbar stehen. Und neben Earvin Johnson, den alle Magic nannten, und Michael Jordan, den bewunderten Air Jordan, gegen den zu spielen er, der junge Dirk Nowitzki, im Frühjahr 2002 als Auszeichnung empfunden hatte. Und neben Larry Bird, dem großen Weißen, mit dem er zu Anfang seiner Laufbahn in der NBA verglichen worden war. Und neben Tim Duncan, seinem großen Gegner in den Playoffs mit San Antonio in zurückliegenden Jahren. Und, natürlich, neben seinem Freund Steve.

Niemand würde ihn auffordern, den Titel des Most Valuable Player an Steve Nash weiterzureichen. Es gab dazu keinen Anlass. Die Ehrung wird dem wertvollsten Spieler der Punkterunde zuteil, nicht demjenigen der Playoffs, und Nowitzki hatte eine große Saison hinter sich, auch wenn sie traurig endete.

Es war der 15. Mai 2007. Nowitzki warf sich in seinen schwarzen Anzug, band sich eine Krawatte um und begab sich zu der Ehrung, die ihm einen Platz in der Ahnengalerie des Basketballs sichert. Schauplatz war Nowitzkis Arbeitsplatz, das American Airlines Center. Dort war die Maurice-Podoloff-Skulptur aus New York eingetroffen, ein schweres Bronzeding, benannt nach dem ersten Chairman der NBA. Und David Stern war da, der heutige Commissioner der NBA. Und Mark Cuban. Und die Medien in Bataillonsstärke. Und im Mittelpunkt stand Dirk, der große Junge aus Würzburg, der er noch immer war, auch wenn inzwischen neun Jahre vergangen waren, seitdem er im Rampenlicht des Showbiz der NBA zum Star gereift war. Jetzt wurde ihm feierlich sein Oscar in Gestalt eines Basketballspielers in Aktion überreicht.

Aber es war kein von der Bedeutung des Augenblicks mitgerissener Dirk Nowitzki, der die Statuette in die Hand nahm, eher einer, der sich selbst gegenüber ehrlich blieb.

«Es fällt mir schwer, mich glücklich zu fühlen, so wie die Saison zu Ende gegangen ist», sprach er nachdenklich in die Mikrophone. Und auch Sätze wie diesen: «Ich habe mir nie viel aus persönlichen Auszeichnungen gemacht, mir geht es immer um die Mannschaft, denn Basketball ist ein Mannschaftssport – ich will eine NBA-Meisterschaft gewinnen.»

Die Presseleute schrieben es auf, verbreiteten es, und die

Spieler des Jahres 2007

Der Traum

ganze Stimmung, die Dirk Nowitzki in den Tagen zuvor gegen sich hatte, wendete sich mit einem Schlag wieder.

Selbstkritisch kommentierte ein Kolumnist der «Dallas Morning News»: «Was sind wir doch für Heuchler. Unseren Kindern erzählen wir, dass es im Sport um mehr gehe als um den Sieg. Wir reden, wie Sport den Charakter forme und die Idee vermittle, für ein gemeinsames Ziel zu arbeiten. Keiner arbeitet härter als Nowitzki. Er hat ein starkes Gespür für Verpflichtungen. Und was passiert dann? Seine Mannschaft verliert gegen die Warriors, und auf einmal ist keine von diesen Tugenden noch etwas wert. Und noch eines sollte man wissen: Egal wie hart man ihn kritisiert – niemand geht härter mit ihm ins Gericht als er mit sich selbst.»

Dirk Nowitzki vernahm die Elogen nicht mehr. Er verließ Dallas schnell, wollte Abstand gewinnen, vom frischen Ruhm, von den bitteren Niederlagen, vom aufreibenden Job in der besten und härtesten Basketball-Liga der Welt. Holger Geschwindner organisierte für ihn einen Trip in die Einsamkeit. Australien, ins Outback. Neuseeland mit seinen weißen Bergen und neongrünen Tälern. Die Südsee mit Palmen, Sand und allem, was dazugehört. Fünf Wochen wollte Dirk Nowitzki eine Auszeit vom Leben im Fokus der Öffentlichkeit nehmen. Es sollte ihm nicht ganz gelingen. Er kletterte auf den Ayers Rock, das steinerne Wahrzeichen des Kontinents, und schaute hinunter auf das unwirklich leere Land, das sich zu allen Seiten bis zum Horizont ausbreitete. Andere Touristen waren ebenfalls hinaufgeklettert, schauten dann aber nicht hinunter in die Natur, sondern zu ihm hinauf. Und baten um Autogramme.

Aber richtig zurück in der realen Welt des Basketballs war er erst, als er heimgekehrt war nach Europa. Oder gab er sich dort in erster Linie auch nur einem Traum hin, einer Vision, seiner

Auszeit nach einer schweren Saison …

… im australischen Sydney

Der Traum

Urlaub auf dem Boot …

Kapitel 9

… und am Strand von Hot Water Beach, Neuseeland, in einer selbstgeschaufelten Badewanne

Obsession? Ein anderes, noch weiter entferntes und viel schwieriger als der Ayers Rock zu erkletterndes Ziel fasste er ins Auge. Olympia 2008 in Peking. Seine dritte Olympiachance. Die deutsche Mannschaft hatte die Spiele in Sydney und Athen verpasst. Im Spätsommer 2007 wollte Dirk Nowitzki die Voraussetzung dafür schaffen, sich ein Jahr lang ohne Einschränkung auf China freuen zu dürfen, darauf, endlich einmal dabei zu sein, wenn die Sportler aus allen Nationen der Welt winkend ins Olympiastadion einziehen. Peking würde vielleicht seine letzte Chance sein. Bei den Olympischen Spielen 2012 in London würde er schon 34 Jahre alt sein. Und schon vorher, so wusste Nowitzki, würde er sich nicht mehr der Doppelbelastung unterziehen, von Herbst bis zum Frühsommer im Trikot mit der Nummer 41 für Dallas zu spielen und im Sommer mit seiner alten Würzburger Nummer 14 für die Nationalmannschaft.

Aber einmal wollte er es noch wissen, wollte durch seinen Einsatz im Nationaltrikot den Traum von Olympia am Leben erhalten.

Wieder baute sich eine Qualifikation als Hürde vor Olympia auf, diesmal in Spanien, bei der Europameisterschaft Anfang September 2007.

Eine Sache nicht nur für Basketballer, sondern auch für Denksportler. Die Deutschen mussten das Finale erreichen, wenn sie ohne Umwege das Ziel Peking erreichen wollten. Denn nur zwei europäische Mannschaften konnten sich direkt für Olympia qualifizieren. Unter Umständen würde freilich auch der dritte Platz genügen, aber nur dann, wenn Spanien ins Finale vorstieß, das als Weltmeister die Teilnahme an Olympia bereits sicher hatte. Und ansonsten? Vier weitere europäische Mannschaften würden die Hoffnung auf Peking noch nicht begraben müssen. Im Sommer 2008 würden sie eine allerletzte Chance haben, sich in einem Turnier in Athen mit acht weiteren Nationalmannschaften aus außereuropäischen Ländern um insgesamt drei noch zu vergebende Last-Minute-Tickets nach Peking zu bewerben.

Das war die Ausgangssituation. Wer die Route nach Peking nicht genau im Kopf behalten wollte, musste sich lediglich merken, dass man sich bei der Europameisterschaft auf jeden Fall unter die besten sieben Mannschaften einreihen musste, wenn man nicht schon ein Jahr vor Olympia auf der Strecke bleiben wollte, und Platz sieben würde fürs vorolympische Turnier auch nur dann ausreichen, wenn Spanien bei der Europameisterschaft mindestens Sechster wurde.

Dirk Nowitzki und die Nationalmannschaft bereiteten sich in Palma de Mallorca auf den langen Marsch nach China vor, wären aber beim Start fast schon gestolpert. Im ersten Spiel in der Vorrunde gab es trotz 35 Punkten von Nowitzki lediglich einen 83:78-Zittersieg nach Verlängerung gegen den krassen Außenseiter Tschechien. Danach ein erstaunlich problemloser Sieg mit 30 Punkten Differenz gegen die stärker eingeschätzten Türken. Aufkeimende Zuversicht. Einen Tag später freilich ein schockierender Spielstand im dritten Viertel der Begegnung gegen Litauen. 21 Punkte Rückstand. Doch dann fing sich die deutsche Mannschaft. Am Ende waren es nur vier Punkte Rückstand, mit denen sie verlor. Trotz der Niederlage – die deutsche Mannschaft hatte die Zwischenrunde erreicht, kassierte dann aber Niederlagen – gegen Frankreich mit zwölf Punkten und, nach einer katastrophalen Leistung, gegen Slowenien mit sogar 30 Punkten Differenz.

Und damit ging es jetzt bereits um alles oder nichts. Wenn das deutsche Team das nächste Spiel verlor, würde es ausscheiden im Kampf um einen der vorderen Plätze in der Europameisterschaft und damit alle Hoffnungen begraben müssen, bei Olympia 2008 dabei zu sein. Die Zeichen standen nicht gut für

Deutschland. Denn Italien war der Gegner, und gegen den war in 16 Begegnungen auf Meisterschaftsturnieren nie ein Sieg herausgesprungen. Aber im 17. Spiel plötzlich ein anderes Bild. Dank einer starken Leistung von Dirk Nowitzkis Mitspielern Johannes Herber und Jan Jagla gelang ein Sieg mit elf Punkten. Deutschland war im Viertelfinale und weiter im Rennen nach Peking.

Spekulationen. Kühne Hoffnungen. Gegen Spanien musste man jetzt antreten. Für den Fall, dass man gegen den Weltmeister gewinnen würde, hätte man das Halbfinale erreicht und könnte, sofern man dann auch noch ins Finale kam, auf direktem Weg nach Peking zu den Olympischen Spielen fliegen. Und hätte, für den Fall, dass man das Finale verpasste, zumindest die Qualifikation für das Turnier der letzten Chance in Athen geschafft. Aber die Hoffnungen lösten sich schnell in Luft auf. Die deutsche Mannschaft brach auseinander, verlor gegen Spanien am Ende ohne Gegenwehr mit 28 Punkten Differenz. Niedergeschlagen resümierte Nowitzki: «Es sieht so aus, als hätten viele Mannschaften Fortschritte gemacht, nur wir sind dort stehen geblieben, wo wir schon vor Jahren waren.»

Doch der Weg nach Peking war noch nicht verbaut. Noch spielten die Deutschen um die Ränge fünf bis acht. Und Platz sieben würde reichen für Athen, für die allerletzte Qualifikationschance. Aber wieder würde Slowenien den Deutschen den Weg zu verstellen versuchen, das gleiche Slowenien, gegen das man ein paar Tage vorher mit 30 Punkten Unterschied verloren hatte. Und abermals sah es nicht gut für die Mannschaft von Dirk Bauermann aus. Nach drei Vierteln hatten sich die Slowenen abgesetzt, lagen mit acht Punkten vorn. Doch dann gelangen Nowitzki wichtige Punkte, und kurz vor Schluss hatte sich das deutsche Team nicht nur wieder herangekämpft, sondern sogar einen Punkt Vorsprung herausgearbeitet.

Und war im Ballbesitz. Fünfzehn Sekunden waren noch zu spielen. Es ging nur noch darum, das Ergebnis zu halten, damit man weiter, zumindest bis Athen, von Olympia träumen durfte.

Fünfzehn Schlusssekunden können sich im Basketball auf endlose fünf Minuten oder mehr dehnen durch Auszeiten, taktische Fouls und daraus resultierende Freiwürfe. Manchmal sind es fast nur diese Schlusssekunden, die von einem Basketballspiel in Erinnerung bleiben. Und auch bei dieser zweiten Begegnung gegen Slowenien war es so.

Zu viel stand auf dem Spiel. Vor allem für Dirk Nowitzki.

Nichts, was in der Vergangenheit geschehen war, zählte in diesen fünfzehn Sekunden, die noch zu überstehen waren. In diesen fünfzehn Sekunden war nicht der Spieler des Jahres der NBA auf dem Parkett, sondern ein junger Mann mit einer großen Sehnsucht. Würde die deutsche Mannschaft ihrem Star das Erlebnis Olympia ermöglichen – es wäre auch so etwas wie ein Dank des deutschen Basketballs an Dirk Nowitzki, der sich anderthalb Jahrzehnte, seit seiner Jugendzeit in Würzburg, in den Dienst des deutschen Basketballs gestellt hatte. Und der seinem Sport seine Freizeit, seine Urlaube geopfert hatte. Auch und vor allem, seitdem er in den USA Profi geworden war.

Vielleicht war sich die Mannschaft dessen nicht bewusst, aber sie spielte für Nowitzki in dieser für die Europameisterschaft eher belanglos gewordenen Partie gegen Slowenien. Zum ersten Mal trat das Team als verschworene Einheit auf. Aber den Schlusspunkt zu setzen blieb ihm, Dirk Nowitzki, dem Weltstar, vorbehalten.

Fünfzehn Sekunden noch, und Nowitzki bekam den Ball zugespielt für die, hoffentlich, entscheidende Aktion.

Wie oft hatte er das mit Holger Geschwindner trainiert, in Rattelsdorf, in Würzburg, in Starnberg, in Dallas. Zehntausend-

Kapitel 9

Der Traum

mal und mehr hat er diesen einen Bewegungsablauf seinem Körper eingetrichtert, den er jetzt abrufen wollte.

Breitbeinig verharrte er an der Drei-Punkte-Linie, die Füße wie festgeschraubt auf dem Boden, den Ball mit beiden Händen umklammernd. Gebückt, mit pendelnden Armen, ließ er Sekunde um Sekunde herunterticken. Noch 12 Sekunden. Dann zog er mit einer abrupten Bewegung am Gegenspieler vorbei, sprang ab, bog den Körper leicht nach hinten. Noch in der Aufwärtsbewegung des Sprungs gab er dem Ball den entscheidenden Schwung. Er hob den Ball behutsam in den Korb.

Es war keine dieser spektakulären Aktionen, mit denen Basketballspieler die Zuschauer zu Ovationen hinreißen. Aber es war ein Wurf, bei dem eine große Hoffnung mitflog. Und es war die Vorentscheidung. Was folgte, war das übliche Ritual. Freiwürfe nach taktischen Fouls. Vier für Deutschland. Drei davon verwandelt von Dirk Nowitzki. Aber nur zwei Punkte für Slowenien. Deutschland gewann das Spiel mit vier Punkten Vorsprung – und Nowitzki war ein kleines Stückchen näher an Peking 2008 herangekommen.

In Athen darf er versuchen, sein großes Ziel, das Pekinger Olympiastadion, endlich zu erreichen, erfüllt von diesem Verlangen, einmal im Leben unter Tausenden anderen bei einer olympischen Eröffnungszeremonie in die Zuschauer hineinwinken zu dürfen.

Als einer, der durch seine Körpergröße kaum zu übersehen wäre.

Als ein in jeder Hinsicht überragender Athlet.

Kapitel 9

«Alle wollen den nächsten Nowitzki finden»

Die Saison 2006/07 war riesig, eine der besten, die es je gab in der NBA. Wir hatten eine enorm starke Mannschaft, die neuen Leute passten prima, wir hielten die Intensität die ganze Saison hindurch sehr hoch, hatten fast keinen Durchhänger. Das einzige Problem war, dass wir am Ende der Saison nicht konzentriert durchspielten und dadurch letztlich alles, was wir vorher geleistet hatten, zum Fenster hinauswarfen. Die Erinnerung daran tut noch heute weh.

Wir hatten den ersten Platz in unserer Conference ja schon zwei Wochen vor dem letzten Punktspiel sicher und nahmen dann den Fuß vom Gas. Unser Coach Avery Johnson schonte mal diesen Spieler, mal jenen. Wenn sich in den letzten beiden Wochen der Saison, als es um nichts mehr ging, einer von den Leistungsträgern verletzt hätte und für die Playoffs ausgefallen wäre, hätten die Fans und die Medien den Coach wahrscheinlich gelyncht. Vielleicht hätten wir das Verletzungsrisiko eingehen sollen, aber wir entschieden uns halt anders. In den Playoffs gegen die Warriors dann wieder auf hundert Prozent hochzuschalten, das funktionierte leider nicht.

Man muss anerkennen, dass die Warriors heiß gelaufen waren. Vor den Playoffs mussten sie alles gewinnen, um überhaupt die K.-o.-Runde zu erreichen. Da gewannen sie am Stück sechs, sieben Spiele und kamen einfach mit Schwung in die Playoffs, während wir, wie gesagt, den Fuß

vom Gas genommen hatten. Abgesehen davon sind die Warriors eine Mannschaft, deren Spielweise uns einfach nicht
liegt. Und zusätzlich profitierten sie natürlich davon, dass
ihr Coach Don Nelson unsere Schwächen sehr gut kannte,
weil er uns ja selbst viele Jahre betreut hatte. Gegen unseren Spielmacher Jason Terry verteidigten die Warriors so,
dass sie ihm praktisch seine rechte Hand wegnahmen, mit
der er wirft. Und mir nahmen sie die linke Hand weg, mit
der ich dribble. Wenn ich auch nur ansatzweise zum Dribb-
ling ansetzte, kam meinem direkten Gegenspieler schon ein
weiterer zu Hilfe, der mich von hinten in die Mangel nahm.
Zudem war in ihrer Halle die Hölle los, und diese Emotionen
übertrugen sie ins Spiel und wuchsen alle über sich hinaus.
Man hatte manchmal das Gefühl, sie hätten einen Mann
mehr auf dem Feld, so aufgedreht rannten sie rum.

Nachdem wir die Serie verloren hatten, nahmen die Medien uns als Mannschaft und mich persönlich ganz schön
auseinander. Ich stellte mich der Kritik, wollte aber nicht
länger in Dallas bleiben als unbedingt nötig. Das Problem
war nur die Ehrung zum MVP. Ich rechnete mir Chancen aus,
doch die NBA hält das Wahlergebnis immer geheim – selbst
gegenüber dem kommenden MVP. Also musste ich in Dallas
warten, warten, warten. Dass ich die Auszeichnung tatsächlich erhalten würde, erfuhr ich erst kurz vorher.

Am Abend vor der Ehrung war ich aufgeregter als vor ir-
gendeinem Spiel. Bevor ich schließlich ins Bett ging, hatte
ich alle meine Anzüge einmal aus dem Schrank genommen
und zurechtgelegt, weil ich mich nicht entscheiden konnte.
Und geschlafen habe ich nicht mehr als vier Stunden. Ich
war die ganze Nacht nervös, weil ich eine Rede halten sollte. Ich wollte sie mit einem Witz beginnen, als Auflockerung,
vor allem für mich selbst. Aber als es dann so weit war am
nächsten Morgen, realisierte ich: Man kann so viel planen,

Kapitel 9

wie man will – wenn Emotionen dazwischenkommen, kann man alles vergessen.

David Stern, der NBA-Commissioner, sprach als Erster, danach kam Avery Johnson, mein Coach, schließlich Mark Cuban, unser Teambesitzer. Ihm schossen bei seiner Lobrede auf mich plötzlich Tränen in die Augen, so bewegt war er darüber, dass ich ausgezeichnet wurde. Als Mark feuchte Augen bekam, wurde mir klar, wie viel ich ihm bedeutet haben muss über die ganzen Jahre. Ich war plötzlich selbst gerührt. Als ich dann direkt nach ihm an die Reihe kam mit meiner Rede, saß mir immer noch ein Frosch im Hals. Ich vergaß den Witz, den ich mir zurechtgelegt hatte, eigentlich alles, was ich sagen wollte.

Die Ehrung als MVP ist ein unglaublich stolzer Moment in meiner Karriere: Ich werde daran wahrscheinlich für den Rest meines Lebens zurückdenken. Aber die Erinnerung wird auch immer verbunden sein mit dem Erstrunden-Aus in den Playoffs. Im Endeffekt zählt in einem Mannschaftssport nur die Meisterschaft und keine individuelle Auszeichnung – auch wenn es die höchste ist, die man erreichen kann. Ich versuche natürlich, so gut es geht, das Positive an dieser Ehrung zu sehen. Der MVP-Award, den ich bekam, ist nun mal ein Preis für die *regular season* und nicht für die Playoffs. Dass ich ihn als erster Europäer bekommen habe, macht mich sehr stolz. Aber auch für die Playoffs wird ein MVP-Titel vergeben. Und so gab es dann sogar gleich zwei europäische MVPs in der NBA. Der Franzose Tony Parker wurde ein paar Wochen später, beim Titelgewinn seiner San Antonio Spurs, als Most Valuable Player der Finalserie geehrt. Das zeigt, dass Europa im Basketball unheimlich aufgeholt hat. Schon 2006 bei der WM waren ja zwei europäische Mannschaften im Finale. Jedes Jahr kommen mehr Europäer in die amerikanische Liga. Zehn Jahre vorher hätte keiner an eine solche Entwicklung geglaubt. Die ersten Europäer, die sich in der NBA durchsetzten, waren ja eher Einzelfälle – Detlef Schrempf, Vlade Divac, Toni Kukoč, Dražen Petrović. Dass eine richtige Welle nach Amerika schwappte, ging danach erst richtig los. Heute hat jedes Team einen Scout in Europa, alle wollen den nächsten Nowitzki finden. Ich sehe das als großes Kompliment für mich, dass ich offenbar Türen öffnen konnte für andere.

Wie hoch das Leistungsniveau in Europa mittlerweile ist, sah man dann auch bei der EM 2007 in Spanien. Wenn man bedenkt, wie groß dort das Leistungsgefälle innerhalb unserer Mannschaft war, war unser fünfter Platz ein sehr gutes Ergebnis.

Zwischendurch sah es jedoch mehrmals so aus, als ob unser Traum von Olympia platzen würde. Als ich vor dem Spiel gegen die Italiener erfuhr, welche Bilanz wir gegen sie hatten bei großen Turnieren – 0:16! –, da wurde ich schon nachdenklich: Das kann es jetzt doch wohl nicht gewesen sein, die letzten zehn Jahre mit der Nationalmannschaft können doch nicht umsonst gewesen sein! Dieses Schreckensszenario hatte ich tatsächlich mehrmals vor Augen.

Aber letztlich reichte es ja, um den Traum von Olympia zumindest aufrechtzuerhalten. Dass das Qualifikationsturnier extrem schwierig wird, ist uns allen klar. Nur drei von zwölf Teilnehmern kommen weiter nach Peking, und man braucht nur zu schauen, wer alles mitmacht, allein aus Europa: Griechenland, Slowenien, Kroatien. Dazu andere starke Basketball-Länder wie Brasilien, Kanada, Puerto Rico, alle wahrscheinlich mit NBA-Profis in ihren Reihen.

Der Zeitpunkt des Turniers ist natürlich auch ungünstig, schon Mitte Juli, fast unmittelbar nach der NBA-Saison. Für mich wird das eine heftige körperliche Belastung, aber die nehme ich auf mich, um wenigstens einmal dabei zu sein bei

Olympia. Bei der Eröffnungsfeier ins Pekinger Olympia-Stadion einzumarschieren – das muss ein unbeschreibliches Gefühl sein, das möchte ich wenigstens einmal erleben. Selbst wenn wir gleich am nächsten Vormittag ein Spiel hätten, würde ich da hingehen.

Falls wir es nach Peking schaffen, würde uns dort ein Spektakel erwarten. Darauf bekam ich schon 2006 bei einem Testturnier in China einen Vorgeschmack. Sobald ich im Hotel nur aus dem Lift stieg, brach eine Hysterie aus, wie ich sie noch nie erlebte um meine Person – schlimmer als alles, was sich in Amerika und Deutschland je um mich abspielte. Security-Leute haben teilweise noch im Hotel einen Ring um mich gebildet, zu sechst, um zu verhindern, dass die Fans an mir rumzerren. Ich kam mir vor wie ein Popstar, wie einer von den Backstreet Boys. Aber wenn ich mit meiner Mannschaft zu den Olympischen Spielen nach China fahren darf, nehme ich auch das gern auf mich.

Was meine Zukunft in der Nationalmannschaft betrifft, möchte ich mich generell nicht mehr so festlegen wie in der Vergangenheit. Die Entscheidungen, ob ich im Sommer für den DBB spiele, werde ich künftig nur noch kurzfristig fällen. Dass ich meine Karriere in der Nationalmannschaft nach Peking beende, will ich damit nicht sagen. Was ich mir jedoch nicht vorstellen kann, ist, schon 2009 bei der EM in Polen wieder dabei zu sein.

Mir ist bewusst, dass ich zehn Jahre lang Raubbau betrieben habe an meinem Körper. Jedes Jahr hundert Spiele und mehr in der NBA, die Turniere mit der Nationalmannschaft, dazwischen das Training mit Holger, das teilweise härter ist als jedes Spiel, dazu das ganze Jahr über die Fliegerei – das ist ein Mammutprogramm, das ich nicht bis zum Ende meiner Karriere durchziehen möchte. Mein Körper braucht allmählich etwas Ruhe.

Kleines Glossar der Basketballbegriffe

MVP
MVP steht für *Most Valuable Player* und ist eine Auszeichnung für den wertvollsten Spieler einer Saison, eines Turniers oder einer Final-Runde.

National Basketball Association (NBA)
Die NBA, gegründet 1946, ist die nordamerikanische Basketball-Profiliga. Sie ist die mit Abstand stärkste und populärste Basketball-Liga der Welt. Die NBA ist eine geschlossene Liga, das heißt, es gibt keine Auf- und Absteiger. In der NBA spielen 30 Mannschaften, jeweils 15 in den beiden *Conferences*, die dann wiederum in je drei Divisions unterteilt sind.

Western Conference
Northwest Division: Denver Nuggets, Minnesota Timberwolves, Portland Trail Blazers, Seattle SuperSonics, Utah Jazz
Southwest Division: Dallas Mavericks, Houston Rockets, Memphis Grizzlies, New Orleans Hornets, San Antonio Spurs
Pacific Division: Golden State Warriors, Los Angeles Clippers, Los Angeles Lakers, Phoenix Suns, Sacramento Kings

Eastern Conference
Atlantic Division: Boston Celtics, New Jersey Nets, New York Knicks, Philadelphia 76ers, Toronto Raptors
Southeast Division: Atlanta Hawks, Charlotte Bobcats, Miami Heat, Orlando Magic, Washington Wizards
Central Division: Chicago Bulls, Cleveland Cavaliers, Detroit Pistons, Indiana Pacers, Milwaukee Bucks

NBA Draft
Die NBA Draft (dt. in etwa «Ziehung», «Einberufung») ist ein jährlich stattfindendes Ereignis, bei dem die Teams der NBA neue Spieler verpflichten können. Dies geschieht nach einem streng reglementierten und komplizierten System, dessen Grundlage ist, dass die Teams, die in der voran-

gehenden Saison am schlechtesten abgeschnitten haben, als Erste einen neuen Spieler auswählen dürfen, während die besten Teams als Letzte an die Reihe kommen. Draftrechte können auch getauscht werden, wodurch die NBA Draft jedes Jahr zu einer strategisch komplexen und spannenden Veranstaltung wird.

Playoffs

Im Profi-Basketball ist der Tabellenführer am Ende der Saison nicht automatisch Meister. Die Meisterschaft wird in den *Playoffs* zwischen den jeweils besten acht Teams der *Western* und *Eastern Conference* ausgespielt. Dabei spielt zunächst der Achte gegen den Ersten, der Siebte gegen den Zweiten, der Sechste gegen den Dritten und der Fünfte gegen den Vierten so lange gegeneinander, bis eine Mannschaft vier Spiele gewonnen hat (*Best-of-7*-Modus). Im dann folgenden Viertelfinale spielen die verbliebenen vier Mannschaften jeder *Conference* dann im gleichen Modus gegeneinander, danach werden zwischen den zwei gewinnenden Teams die Sieger der jeweiligen *Conference* ermittelt. Diese spielen dann in der Finalserie (*Championship Series*) um den Titel der NBA nach dem Modus *Best-of-7*.

Salary Cap

Salary Cap (dt. «Gehaltsdeckel») ist die Bezeichnung für den maximalen Betrag, den ein NBA-Team für neue Spieler ausgeben darf. In der Saison 2007/08 lag er bei 55,63 Millionen Dollar pro Mannschaft. Diese Begrenzung soll verhindern, dass sich die Stars auf wenige finanzstarke Teams verteilen und so ein Leistungsgefälle zwischen diesen und den finanzschwächeren Teams entsteht, das die Liga für das Publikum unattraktiv machen würde.

Spielerpositionen

Point Guard

Der *Point Guard* (auch *Playmaker*, # 1, dt. Spielmacher) ist der sogenannte Aufbauspieler – er ist meistens relativ klein, schnell und zeichnet sich besonders durch exzellentes Ballhandling und gute Spielübersicht aus. Der Point Guard bringt den Ball aus der eigenen Spielhälfte ins Feld der gegnerischen Mannschaft und sagt auch den jeweiligen Spielzug an.

Shooting Guard

Der *Shooting Guard* (# 2) gehört wie der Point Guard zu den kleineren und schnellen Spielern einer Mannschaft und zeichnet sich durch ausgezeichnetes Ballhandling sowie einen sehr guten Distanzwurf aus.

Glossar

Small Forward

Der Small Forward (# 3, Flügelspieler) ist meistens etwas kleiner und wendiger als Center und Power Forward, aber größer als die Guards. Zu seinen Fähigkeiten zählen ein guter Wurf aus der Halbdistanz sowie das Erzielen einfacher Punkte durch das Ziehen zum gegnerischen Korb.

Power Forward

Der Power Forward (# 4, Flügelspieler) spielt im Allgemeinen hauptsächlich in der Zone, einem markierten Bereich in Korbnähe, in dem sich die Angreifer nicht länger als drei Sekunden aufhalten dürfen, und ist neben dem Center für Reboundarbeit und Würfe aus der kurzen Distanz zuständig. Dirk Nowitzki spielt auf dieser Position, ergänzt sie aber noch durch seinen exzellenten Distanzwurf.

Center

Der Center (# 5) ist meistens der größte und körperlich stärkste Spieler auf dem Feld. Er agiert hauptsächlich in der Zone, direkt unter dem Korb, ist sowohl im Angriff als auch in der Verteidigung für die Rebounds zuständig und soll für einfache Punkte unter dem Brett sorgen.

Bildnachweis

Hergen Schimpf: S. 2

Privat: S. 6, 9, 49, 51, 53, 56

Holger Geschwindner: S. 10, 77, 80/81, 87, 171, 272, 273

Peter Sartorius: S. 14, 185 unten, 211

Holger R. Sauer: S. 29, 36/37, 44, 62, 70, 72, 75, 89, 103, 124, 134, 145, 151, 159, 169, 174, 185 oben, 190, 196, 202, 207, 208/209, (2 x Nash), 227, 231, 245, 246, 258, 278/279

Picture-Alliance:/dpa: S. 112, 121, 222, 269;/AFP: S. 116, 139, 250/251

Georg Kendl: S. 171

Glenn James NBAE/Getty Images: S. 180

Joe Murphy NBAE/Getty Images: S. 182/183